Unternehmenserfolg und Informationsmanagement

Michael Peltzer (Hrsg.)

Unternehmenserfolg und Informationsmanagement

ADDISON-WESLEY

Bonn München Paris Reading, Massachusetts
Menlo Park, California New York Don Mills, Ontario
Wokingham, England Amsterdam Milano Sydney
Tokyo Singapore Madrid San Juan Seoul
Mexiko City Tapei, Taiwan

Die Deutsche Bibliothek – CIP-Einheitsaufnahme

Unternehmenserfolg und Informationsmanagement
/Michael Peltzer (Hrsg.). – Bonn; München; Paris [u.a.]:
Addison-Wesley, 1992
ISBN 3-89319-420-7
NE: Peltzer, Michael (Hrsg.)

1. Auflage 1992

Gestaltung, Satz, Grafiken: someTimes, München
Belichtung: CD Computer und Dokumentations GmbH, Neuler
Druck und Bindung: Bercker Graphischer Betrieb GmbH, Kevelaer
Herstellung: Helga Schörnig
Umschlaggestaltung: Hommer Grafik-Design, Haar bei München

Das verwendete Papier ist chlorfrei gebleicht und alterungsbeständig. Die Produktion erfolgt mit Hilfe von umweltschonender Technologie und strengsten Umweltauflagen in einem geschlossenen Wasserkreislauf unter Verwendung von Altpapieren aus eigener Produktion.

ISBN 3-89319-420-7

Inhaltsübersicht

Vorwort

Wer hartumkämpfte Märkte erfolgreich besetzt, hat schon heute oft das bessere Informationsmanagement. Vieles weist darauf hin, daß ohne Informationsmanagement künftig gar nichts mehr geht. Denn die klassische Datenverarbeitung kann diese Rolle nicht mehr ausfüllen. Die Zeiten, in denen man nur »Daten verarbeitet« hat und damit vor allem Verwaltungen rationalisieren wollte, sind nun wohl endgültig vorbei. Wir werden immer anspruchsvoller, während wir immer mehr Computer anwenden und sie vernetzen. Das Wirtschaftsleben wird heute schon weitgehend von Computern geprägt; nicht wenige meinen, es sei davon revolutioniert worden. Deshalb bin ich davon überzeugt: Unternehmensziele noch unabhängig und getrennt von moderner Informationsverarbeitung zu definieren, ist kurzsichtig, ja naiv – sie ohne Informationstechnik durchsetzen zu wollen, fahrlässig.

Um von der herkömmlichen betrieblichen Datenverarbeitung zu einem professionellen Informationsmanagement zu gelangen, müssen sich viele traditionelle DV-Bereiche radikal ändern. Und auch die Unternehmensführung muß sich darauf einstellen. In der Praxis kommt es dabei vor allem auf eins an: das Business- und das Informationsmanagement zusammenzufassen und auch gemeinsam zu analysieren. Das ist neu. Aber nur wenn diese beiden Bereiche ineinandergreifen und als Einheit begriffen werden, dann lassen sich kritische Erfolgsfaktoren steuern, wird man vertrags- und wettbewerbsfähiger. Schon oft haben uns anspruchsvolle Kunden dabei um Rat und Hilfe gebeten. Um deren Fragen möglichst konzentriert und kompetent beantworten zu können, haben wir vor drei Jahren die »IBM Unternehmensberatung für Informationsmanagement« gegründet. Sie ist inzwischen zu einem selbständigen Tochterunternehmen herangewachsen. Die folgenden Beiträge wurden von IBM Unternehmensberatern geschrieben. Sie haben aktuelle Problemlagen untersucht und fundierte Ratschläge für die Praxis herausdestilliert. Führungskräfte, die bereit sind, sich selbst zu wandeln und Wandel anzustoßen, werden darin eine lohnende Lektüre finden.

H.O. Henkel

Überblick

Der Titel unserer Sammlung erscheint auf den ersten Blick recht sperrig: »Unternehmenserfolg und Informationsmanagement – Wettbewerbsvorteile durch Interaktionsfähigkeit und Prozeßgestaltung«. Er bedarf der Erläuterung. Der Erfolg eines Unternehmens hängt von vielen durchaus voneinander unabhängigen Faktoren ab. Manche sind dem Agieren des Managements vorausgesetzt und nicht unmittelbar kontrollierbar, so z.B. die allgemeine konjunkturelle Lage, die Situation auf den Märkten. Andere unterliegen dem Steuerungspotential der Unternehmensführung. Hier sind vor allem zu nennen: die Struktur der Geschäftsprozesse, die innerbetriebliche Organisation und eben auch die Versorgung der verschiedenen Unternehmensfunktionen mit Information. An diesem Punkt setzen die Beiträge an. Sie fokussieren sämtlich in der einen oder anderen Weise auf die Rolle des Informationsmanagements für den Unternehmenserfolg. Die Autoren sind der Überzeugung, daß die verbreitete und auch gut beherrschte Analyse unter reinen Kostengesichtspunkten zu kurz greift. Damit soll ihre Bedeutung nicht in Abrede gestellt werden. Das wäre absurd. Aber wir meinen, daß sie ergänzt werden muß angesichts der wachsenden Bedeutung des Faktors Information sowohl innerhalb der Geschäftsprozesse als auch für das Produkt selbst. Gerade auf engen Märkten ist das kostengünstigste Produkt nicht unbedingt das erfolgreichste. Wenn durch effektives Informationsmanagement der Service und das Produkt selbst qualitativ verbessert werden können, ist dies unter Umständen ein entscheidender Differenzierungsfaktor am Markt. Ein einfaches Beispiel bilden Versicherungen. Mittels moderner Informationsverarbeitung kann sowohl die Akquisition kundenfreundlicher gestaltet werden – etwa indem Beispielrechnungen für Lebensversicherungen mit einem Notebook-PC »vor Ort« vorgenommen werden können –, als auch das Produkt selbst – so z.B. durch die Verkürzung der Schadensregulierung. Solche Vorteile, die durch die Ausnutzung hochentwickelter Techniken der Informationsverarbeitung entstehen, gibt es auch dort, wo das Produkt eine Ware ist. Ein Schweizer Düngerproduzent liefert mit dem Dünger gleichzeitig eine Analyse der Bodenzusammensetzung der wichtigsten Regionen der agrikolen Produktion, der sich das für die jeweiligen Anbaugebiete korrekte Mischungsverhältnis der verschiedenen Düngersorten entnehmen läßt. Die Ware selbst stellt in diesem Fall eine Kombination von Gut und Information dar.

Wettbewerbsvorteile können sich aus klugem Informationsmanagement also in zweierlei Hinsicht ergeben: zum einen bleibt – gleichsam als Fundament – die Rationalisierung innerbetrieblicher Abläufe in Produktion und Verwaltung. Hier ist bereits enorm viel geleistet worden. Zum anderen können durch direkte Service- und Produktverbesserungen Marktpositionen ausgebaut werden. Diese Seite des ökonomischen Einsatzes moderner Informationsverarbeitung steckt noch in den Kinderschuhen.

Voraussetzung erfolgreichen Informationsmanagements ist in jedem Fall, daß seine Bedeutung von der Geschäftsleitung klar erkannt und artikuliert wird. Auf dieser Grundlage stellt sich für die IS-Funktion (Informationssysteme) dann allerdings die Herausforderung, eine aktive Rolle im Spannungsfeld von Geschäftsleitung und Benutzer zu spielen. Hierzu wird Interaktionsfähigkeit ganz elementar benötigt. Die Verwirklichung anspruchsvoller Unternehmensziele unterstellt eine hohe Integration der IS-Funktion und einen partnerschaftlich-kooperativen Stil sowohl gegenüber dem Auftraggeber, der Geschäftsleitung, wie auch gegenüber den unmittelbaren Nutzern der IS-Leistung.

Die bisherige Informationsverarbeitung diente im wesentlichen der Rationalisierung vorgegebener Abläufe. Oft hat man sich dabei an der Hierarchie der Unternehmensorganisation orientiert. Dies wird unter zwei Gesichtspunkten problematisch. Erstens wird bei diesem Vorgehen die Angemessenheit des bestehenden Ablaufs vorausgesetzt. Sind aber wirklich alle Abläufe in unseren Unternehmen optimal? Das ist wenig wahrscheinlich. Viel vernünftiger ist es, den Ist-Zustand einer kritischen Analyse zu unterziehen, ihn also in Frage zu stellen, um zu seiner sinnvollen Gestaltung zu kommen. Zweitens liegen die wirklichen Geschäftsprozesse im allgemeinen quer zur Abteilungshierarchie. Es ist ein weitverbreiteter Ansatz, sie selbst in den Mittelpunkt der Betrachtung zu stellen. In der Tat ist es sinnvoll, die effektive Gestaltung der Geschäftsprozesse zu planen, statt im Organisatorischen steckenzubleiben, denn von ihrer Durchführung ist schließlich der Unternehmenserfolg abhängig.

Ich denke, der Titel der Sammlung ist nun soweit beleuchtet, daß ich ihren Aufbau vorstellen kann. Im Bereich unternehmerischer Strategie gibt es keinen quasi-naturwissenschaftlich ableitbaren Königsweg, auch wenn manchmal dieser Eindruck erweckt wird. Der Sache nach wird Position bezogen. Wenn sich das so verhält, kommt es darauf an, den eigenen Standort klar zu artikulieren. Nur dann steht er offen zur Diskussion und wird nicht gleichsam verdeckt eingeführt, um so der Kritik entzogen zu werden. Cornelius Schulz-Wolfgramms Beitrag erfüllt diese Funktion, eine Position deutlich zu machen. Er umreißt die Probleme heutigen Informationsmanagements unter dem Gesichtspunkt der Interaktionsfähigkeit.

Die Interaktionsfähigkeit der IS-Funktion ist eine steigende Herausforderung, sich seitens IS mit allen Beteiligten dialogisch, innovativ und konstruktiv zu arrangieren. Alle Beteiligten, das sind die Fachfunktionen mit ihren Anforderungen an IS-Unterstützung der von ihnen verantworteten Geschäftsprozesse zur Steuerung und effizienten Durchführung der geschäftlichen Anliegen, und dann der Vorstand oder die Geschäftsführung, die ihrerseits IS dafür einsetzen wollen, um ihre unternehmerische Zielsetzung und Strategien mit Hilfe von IS-Support durchzusetzen, und die die Investitionsentscheidungen fällen müssen.

In einem Umfeld des Wandels ist diese Interaktionsfähigkeit zunehmend gefragt: Es wandeln sich Märkte und Produkte, Technologie und Service, die Relation von Produkt und Service und natürlich auch der Führungsstil.

Die Bedeutung des Phänomens wird dadurch unterstrichen, daß innovative Vorhaben ohne IS-Unterstützung schwer denkbar sind: Vernetzung von Computern, Vernetzung von Finanzdienstleistungen zu Allfinanz, Kundennähe durch Zusammenfassung der Kundenanliegen, Beschleunigung der Kommunikation durch Mailing-Systeme, CAD-Techniken für effizientes Design und die Steuerung von Außendienstorganisationen sind entsprechende Beispiele hierfür.

Pre-Order-Processing, d.h. der Einsatz von IS-Techniken, um das »kritische Ereignis« zu erzielen, sind mehr gefragt als Post-Order-Processing, d.h. das Anwenden von IS-Techniken für die Verwaltung nach dem kritischen Ereignis.

IS braucht, so folgert Schulz-Wolfgramm, hierfür mehr Beweglichkeit als bisher. Dies gilt natürlich ganz besonders für alle Führungskräfte, die die bestehende Abwicklung in Frage stellen müssen, um innovative Freiräume zu entwickeln.

Die konventionellen Ziele der IS-Leitung, nämlich Performance im Rechenzentrum, Verfügbarkeit, Wartung, Plattformen und Standards und produktivitätsfördernde Mittel reichen hierfür nicht aus. Es bedarf neuer Ziele, z.B. Neudesign von Anwendungen auch mit Case-Techniken, Data-Modelling,

Einbeziehung der Benutzer, Aufbau einer Anwendungsarchitekturkompetenz und Orientierung am geschäftlichen Vorgang oder an Geschäftsprozessen.

Nur so kann das Denkmuster von Vorwurf und Verteidigung zwischen Fachabteilung und Anwendungsentwicklung ersetzt werden durch Innovation und Konsens. Schulz-Wolfgramm stellt produktive Fragen, die behandelt werden müssen, um Interaktionsfähigkeit zu erzeugen.

Außerdem charakterisiert er die infrastrukturelle Gliederung der IS-Funktionen und der IS-Ressourcen, die notwendig sind, um IS in die Lage zu versetzen, das neue Anforderungsprofil aller Beteiligten zu erfüllen.

Wer Strategien entwickeln will, braucht eine Vision. Sonst vertrocknen gerade Überlegungen, die zukunftsweisend sein sollen, zu einer mehr oder weniger zaghaft modernisierenden Fortschreibung des Hergebrachten. Deshalb müssen Entscheider lernen, in Brüchen zu denken und die Routine in Frage zu stellen. Provozierende Denkbilder sind gefragt, damit in der sich anschließenden Kontroverse das Ziel erkennbar werden kann, an dem sich die Mittel, Instrumente und Technologien, zu bewähren haben. Hierzu leistet Holst seinen Beitrag.

Er fokussiert auf die revolutionäre Auswirkung, die die Computer-Kommunikation in schnellen Netzwerken auf die hergebrachten Unternehmensstrukturen haben wird. In seinem Ansatz stehen die Begriffe Zeit, Geschwindigkeit und Medium im Vordergrund. Weil die gegenwärtige betriebswissenschaftliche Lehre derzeit nur bedingt Antworten auf die sich aus diesen Problemlagen ergebenden Fragen gibt, nützt er für die Darstellung der Konsequenzen für des Unternehmen Hinweise aus anderen Wissenschaftsbereichen. Ein Schlaglicht auf Holsts Überlegungen wirft seine These: »Die Zeitführerschaft tritt neben die Kostenführerschaft als Wettbewerbsstrategie.«

Dient die Vision der Zielssetzung, so geht es bei den Methoden um Mittel und Wege ihrer Verwirklichung. Das ist ein weites Feld. Ich habe die Aspekte Teamarbeit und Prozeßmanagement ausgewählt, da sie in besonders engem Zusammenhang zum Generalthema, der Verbesserung des Informationsmanagements, stehen. In vielen Häusern werden auch externe Berater eingesetzt, um die notwendigen Anpassungen der Geschäftsprozesse zu unterstützen, die sich aus dem Wandel der Unternehmensumwelt ergeben. Semens Text stellt dar, wie ein Berater erfolgreich mit einem Team arbeiten kann und welche Qualifikationen er dazu benötigt. Ihm gelingen hierbei Einsichten in die Problematik der effektiven Führung eines Teams, die weit über die Bestimmung der Rolle eines Beraters als Moderator hinausgehen. Er verdeutlicht überzeugend, wie wichtig ein kooperativer Stil ist und als wie zentral der Faktor »Motivation« sich erweist.

Bünte führt in den Bereich des Prozeßmanagements ein. Ausgehend von der Bedeutung der Zielorientierung als Wettbewerbsfaktor klärt er über die Geschäftsprozeßstruktur als analytisches Instrument auf. Er verdeutlicht, wie man zu diagnostischen Aussagen kommt, die dann eine Neustrukturierung der Prozesse zulassen. Wie diese Prozeßgestaltung aussehen kann, wird genau so behandelt, wie die Bedeutung, die hierbei der Unternehmenskommunikation und der Informationsverarbeitung zukommt.

Erfolgreiches Informationsmanagement braucht als Fundament Sicherheits-Management. Jakobowicz stellt klar, daß die Durchdringung aller Geschäftsprozesse durch die Informationsverarbeitung und die zunehmende Verknüpfung der bestehenden Netze zu unternehmensübergreifenden Netzstrukturen auch beim Thema Informationssicherung eine Überprüfung bisheriger Positionen erfordert.

Heute oft noch vorzufindende zentralistische Betrachtungen, die sich allein auf das Rechenzentrum und die Anwendungsentwicklung beschränken, reichen dabei nicht mehr aus.

Eine Lösung bietet die Einbindung des Themas Informationssicherung in die vorhandenen Geschäftsprozesse. Nur dort kann der Bedarf an Sicherheit den zu schützenden Werten entsprechend definiert werden, die Umsetzung dieser Forderungen ist dann eine Aufgabe, die alle Bereiche der Organisation betrifft und bei der der IS-Funktion eine wesentliche Rolle zukommt.

Die Informationssicherung wird damit zu einem bereichsübergreifenden Prozeß, bei dem die Verantwortlichen, die zu ergreifenden Maßnahmen und die Kontrollen zu einem in sich geschlossenen System verknüpft werden müssen, das in seiner Wirkungsweise einen Regelkreis wiederspiegelt.

Jakobowicz beschreibt eine Systematik, die sich in der Praxis bewährt hat. Die einzelnen Bestandteile des Konzepts werden dabei in einem Detaillierungsgrad behandelt, der einen Vergleich mit der derzeitigen Situation im eigenen Unternehmen zuläßt und möglichen Handlungsbedarf aufzeigt.

Mein Beitrag über CASE als Managementdisziplin macht deutlich, daß die Debatte über Automatisierung der Anwendungsentwicklung dringend einer Verschiebung bedarf. Sie ist häufig viel zu technisch orientiert und verliert sich in Details. Ich versuche herauszuarbeiten, wo die Probleme der Anwendungsentwicklung in einem großen Haus heute liegen, und was man zu ihrer Lösung tun kann. Mit dem Stadienkonzept von Humphrey stelle ich ein Diagnoseinstrument vor, das bei kluger Verwendung brauchbare Therapievorschläge hervorbringt.

Am Beispiel von Versicherungsunternehmen zeige ich auf, welche Reichweite dem Konzept verteilter Verbundverarbeitung zukommt. Besonderer Wert wird dabei auf das Problem der Datentopologie gelegt. Ein sinnvolles verteiltes System ist nämlich sehr viel mehr als ein funktionierendes Computer-Netzwerk.

Abschließend beleuchte ich die wichtigsten Facetten der Objektorientierung. Es handelt sich dabei um ein bedeutendes Konzept, das leider oft in derart ungebührlicher Weise zu Marketingzwecken mißbraucht wird, daß der naive Betrachter ziemlich verwirrt zurückbleibt. Ich umreiße, was man unter »Objektorientierung« auf den Gebieten Programmiersprachen, Datenbanken, Analyse, Design und Benutzeroberfläche sinnvoll verstehen kann.

Die folgenden Beiträge sind nicht aus einem Guß. Sie repräsentieren Ansichten und Einsichten, welche die verantwortlichen Autoren in ihrer beruflichen und beraterischen Tätigkeit gewonnen haben. Es geht ihnen nicht um ideale und generelle Lösungen, sondern um kreative Gedanken, die helfen können, die konkreten Probleme, die sich Managern heute stellen, anzugehen. Diese entziehen sich in ihrer Komplexität meist ohnehin allgemeinen Aussagen, und degradieren sie zu Allgemeinplätzen. Deshalb erfordern die wirklichen Probleme keine abstrakten Formeln und griffigen »Philosophien«, sondern konkrete Analysen, klare Zielvorstellungen und praktikable Methoden. Hierzu sollen die Texte einen Beitrag liefern.

A

C. Schulz-Wolfgramm

Die Interaktionsfähigkeit der IS-Funktion

Einleitung

Interaktionsfähigkeit der IS-Funktion, ist das ein neuer Begriff für ein altes Problem oder ist es eine neue Herausforderung?

Ich glaube sehr wohl, daß hier eine neue Herausforderung besteht, die gleichzeitig an Wirkung und Bedeutung stetig zunimmt und weiter zunehmen wird. In der Vergangenheit war die IS-Funktion damit beschäftigt, wiederkehrende Geschäftsvorgänge mit festgelegtem Algorithmus im Batch-Computing, d.h. stapelmäßig zu erledigen oder auch im Dialogverfahren dem Sachbearbeiter die vorgegebenen Algorithmen und Masken anzubieten, um einen Vorgang mit Hilfe des Computers abzuarbeiten. Derlei Aufgabenbereiche sind überall inzwischen soweit im Griff, daß hier eigentlich nur noch das Problem der Anwendungsprogrammerneuerung oder Anwendungsprogrammwartung für eben diese Vorgänge anfällt.

Wenn aber heutzutage Informationssysteme mehr und mehr dafür eingesetzt werden, um neue, innovative Unternehmensziele wirksam zu unterstützen, dann muß sich die IS-Funktion aus dem Rechenzentrum lösen und allen Beteiligten eine neue Interaktionsfähigkeit offenbaren.

Deshalb wollen wir unter Interaktionsfähigkeit von IS die Absicht und die Fähigkeit der IS-Funktion verstehen, die wechselnden Anforderungsprofile der anderen zu unterstützen und ihnen einen kontinuierlichen Service zu bieten. Dabei meine ich mit den anderen im wesentlichen zwei Gruppen:

- Einmal ist es die Geschäftsleitung der Vorstand, der Verantwortliche für eine bestimmte Linien- und Fachfunktion, der IS nutzen möchte, um seine Pläne, seine Ideen oder Initiativen mit Hilfe von IS umzusetzen oder IS zur Unterstützung dieser Pläne heranzuziehen. Damit entsteht gleichzeitig die Verantwortung der Geschäftsleitung, die Zielsetzung von IS festzulegen und kontinuierlich fortzuschreiben, um IS für ein kontrolliertes Investment auszurichten.
- Die andere Fraktion, die IS unterstützen muß, sind die Benutzer, die mit Hilfe von IS-Techniken und -Verfahren, d.h. mit Anwendungsprogrammen, in die Lage versetzt werden wollen, ihre operative Aufgabenstellung zu verbessern und die Intelligenz und Effizienz für jeden Arbeitsplatz vom Computer aus zu aktivieren.

In dieser Dreiecksbeziehung von Unternehmensleitung, IS-Nutzern und der IS-Funktion müssen deshalb eine Reihe wichtiger Parameter funktionieren, um IS erfolgreich und angemessen zu entwickeln. Ich habe mit Bedacht das Wort Interaktionsfähigkeit gewählt. Bei Interaktionsfähigkeit handelt es sich weniger um eine hierarchische Kommandostruktur, um ein Befehlen und Ausführen, um Auftragnehmer und Auftraggeber. Vielmehr geht es hierbei um ein subtiles Beziehungsgeflecht zwischen den Beteiligten, welches sorgfältig strukturiert und gepflegt werden muß, in welchem Rechte und Pflichten der Beteiligten zu definieren sind, und wo es Regeln der Zusammenarbeit gibt, um Geben, Nehmen, Fordern und Leisten zu strukturieren.

Hierzu bedarf es einer hohen Kommunikationsfähigkeit, ich wage zu sagen, eines hohen Sozialpotentials, um nach bestimmten Spielregeln interaktiv miteinander umzugehen. Eigentlich ist das ja nichts Neues, aber in einer Welt, die sich schneller ändert als je zuvor, wo immer wieder neue Anforderungen und gewandelte Parameter neue Konfrontationen oder Herausforderungen schaffen, ist das Kommunikationselement im Führungsstil, im Miteinander auf der obersten Etage und auf der operierenden Ebene essentiell. Partizipatives Management nannte man dies schon vor vielen Jahren, aber die eigentliche Bedeutung dieser Managementform wird erst in diesen Tagen deutlicher und klarer, wo die Zukunft und die zukünftigen Anforderungen immer weniger genau im voraus spezifizierbar sind und die Planungsabteilungen in vielen Unternehmen auf dem Rückzug sind.

Interaktion – eine Antwort auf den Wandel

Wir müssen zugeben, daß der Wandel, der schnelle Wandel von Anforderungen und Gegebenheiten von außen und von innen, uns zunehmend beschäftigt und damit wird für das Management die Fähigkeit, den Wandel zu gestalten, zur maßgeblichen Eigenschaft.

Wandel in den Märkten

Der Wandel in den Märkten der ehemaligen Bundesrepublik wird gestaltet durch neue Produkte, Dienstleistungen und durch neue Konföderation zwischen Unternehmen miteinander, die neue Produkte und Services bereitstellen. Die Öffnung der ehemaligen DDR oder die Öffnung östlicher Wirtschaftsgebiete haben weitere Veränderungen markiert, und die Öffnung der Märkte in der EG sei hier nur in Erinnerung gebracht. Ich konnte damals in meinen Gesprächen feststellen, daß insbesondere die neuen Verhältnisse in der ehemaligen DDR, die neue Marktchancen eröffneten, nahezu die gesamte Unternehmensleitungen hinsichtlich ihrer planenden und gestaltenden Aufgabe in Atem hielten, so daß darüber manch anderes Problem verdrängt wurde.

Dabei erstaunt es mich zu hören, wieviele traditionelle alteingesessene Unternehmen daran glauben, daß die EG 1993 an ihnen spurlos vorüberziehen könne. Möglicherweise müssen sich aber auch sogar Krankenversicherungen damit auseinandersetzen, daß sie plötzlich in einem internationalen Markt arbeiten und daß es Konkurrenten gibt, die aus anderen Ländern die Bundesrepublik als ein Exportland für Krankenversicherungen ansehen.

Wandel in Produkten

Längere Entwicklungszeiten für Produkte einerseits aufgrund von steigendem Anspruchsniveau oder technischer Innovation stehen dem gegenüber, daß sich in einem dynamischen Umfeld die Lebenszeit der Produkte eher verkürzt. Viele meiner Klienten sagen mir, daß die Entwicklungszeit eines Produktes schon länger sei als seine Lebenszeit im Markt. Dabei steigt die Substitutionselastizität vieler Produkte weiter an. Denken wir nur an die hohe Varianz im Bereich von Energieerzeugung und Energieverbrauch oder denken wir an die Polarität von Stahl und Kunststoff oder an das große Variationspotential im Bereich des individuellen und öffentlichen Verkehrs.

Und zusätzlich zu diesen Parametern werden alle Märkte zunehmend vom Käuferverhalten definiert, was für weitere Unsicherheiten sorgt und sorgen wird. Denken wir hierbei z. B. an die Trends auf dem Markt für Fast-Food gegenüber traditionellen Eßgewohnheiten oder an unsere Veränderung beim Vorratshalten und Einkaufen im eigenen Hause.

Wandel in Technologie und Technik

Der Wandel in zukünftigen oder verfügbaren Technologien beeinflußt einerseits die Prozeduren und Verfahren zur Erstellung von Produkten oder von Serviceleistungen und andererseits auch die Anforderungen an IS-Techniken, die sich weiterhin in einem Bereich geradezu explosiver Entwicklung befinden und die gleichzeitig ein hohes Maß an populistischer Verfügbarkeit brachten. Man wird mir zustimmen, daß der PC eine große Explosion an Anwendungssoftware zur Gestaltung aller erdenklichen Prozesse zur Folge hatte. Interessant dabei ist aber, daß alle Anwendungsprogramme, die auf PCs entwickelt wurden, ebenso auf Großrechnern hätten entwickelt werden können, wenn diese Großrechner für alle verfügbar gewesen wären. Aber erst der PC als technische Innovation bot tausenden von kreativen Denkern ein Werkzeug, um ihre Ideen in Computersprache zu formulieren und anderen verfügbar zu machen.

Gerade bei der Betrachtung der Technologie-Entwicklung muß erwähnt werden, daß man früher unternehmerische Strategien oder operative Abläufe mit IS-Techniken nachempfand. Hier haben sich die Dinge verschoben: Die technologische Innovation ist so stark, daß wegen innovativer Technologien unternehmerische Strategien oder operative Prozesse neu überdacht werden müssen, weil die Technologie Möglichkeiten geschaffen hat, die determinant sein können: Electronic Banking, Electronic Cash, tragbare Terminals u. a. bestimmen heute neue Verfahren und auch neues Marktverhalten. Insbesondere dann, wenn moderne Netze für die Ubiquität der Verbindung von jedem mit jedem sorgen.

Produkt und Service

Es stellt sich heute immer häufiger die Frage, ob ein Produkt wichtiger ist, seine Qualität und das Design, als der Service, der mit dem Produkt geliefert wird und diesem Produkt eine gute Initiierung und ein langes Leben in Qualität garantiert. Diese Relation zwischen Produkt und Service verschiebt sich mehr in Richtung Service oder schafft dort eine neue Dominanz, die wir bisher nicht kannten. So haben die Fluggesellschaften schon vor Jahren lernen müssen, daß sie bei ihrer Offerte eigentlich gänzlich ähnlich sind, weil sie die gleichen Apparate anbieten, um Menschen zu transportieren. Die Identität einer Fluggesellschaft und damit auch ihr Marketing-Approach mußte schon ganz früh über den Service definiert werden und diese Lektion lernen zunehmend andere Bereiche. »Quality of Handling« wird mindestens gleichwertig mit »Quality of Product«. Ich habe kürzlich meinem Lieferanten für ein so subtiles Produkt wie Wein das Verhältnis aufgekündigt, weil er es vergaß, die leeren Weinflaschen, die ich nach seiner Weisung umweltbewußt sammelte, bei der Anlieferung der neuen Tranche wieder einzuladen. Mein Weinhändler war sehr verwundert darüber, daß ich bei der Wertschätzung seiner Weine einen ihm so nichtig erscheinenden Anlaß zum Abbruch der Kundenbeziehung benutzte.

Firmen, die Service als ihr Produkt anbieten, haben sich längst mit dieser Frage intensiv auseinandergesetzt und sich für Quality of Handling entschieden. Quality of Handling ist aber ein viel weiteres Feld als die Qualität eines Produktes. Denken wir z. B. an die Vermögensanlage: Eigentlich längst bekannte Produkte, wie Aktien, Obligationen, Schuldverschreibungen, Lebensversicherungen u. a. werden hier in einer neuen Servicequalität angeboten, nämlich dazu, eine Vermögensberatung vorzunehmen, die den individuellen Bedürfnissen eines Anlage-Willigen gerecht wird.

Hierbei kann Quality of Handling nur in unterschiedlichen und strukturierten Servicemodulen angeboten werden. Denken wir weiter an das Beratungsprogramm in einem Bankunternehmen oder in einer Bausparkasse, wo die unterschiedlichen Anlageprodukte in einer höchst individuellen Mischung dem Servicenehmer nahegebracht werden müssen. Oder denken wir an eine Versicherungsagentur, die eigentlich klar determinierte Versicherungsleistungen kundenindividuell auf ihre Interessenten oder Kunden zuschneidert und das Handling, nämlich den Verkehr mit den Versicherungsgesellschaften, für den Kunden übernimmt. Nur aus diesem Handling kann hier ein gutes Geschäft gemacht werden.

Wandel im Führungsstil

Wenn unsere Fähigkeit, mit dem Wandel zu leben und den Wandel erfolgreich für unser Unternehmen zu gestalten, so wichtig ist, dann kommt keiner darum herum, seinen Führungsstil zu überdenken und dabei die Ausrichtung auf Kommunikationsfähigkeit und Interaktionsfähigkeit herauszustellen. Natürlich haben wir schon längst verstanden, daß das Befehlen und Rapportieren in starren hierarchischen Systemen dem Wandel nicht gerecht werden kann. Führungsstil bedarf heute eines steigenden Maßes an

Elastizität, an flexibler Aktion, an Aufgeschlossenheit und an Kommunikation. Je größer die Varianz und die Dynamik auf den Märkten wird, um so mehr büßen die obersten Etagen ihre Fähigkeit ein, die Antwort auf diese Varianz von oben nach unten zu definieren. Führungsstil heute bedarf der Fähigkeit, die Erfahrungen der operativen Ebenen, die unmittelbar mit Kunden oder Markt oder den Vorgängen zu tun haben, anzuhören, kennenzuleren und zu erfahren, um darauf zu reagieren und dabei das höchste Maß an Flexibilität den unteren Ebenen zu gewähren, die das Geschäft machen müssen. Business is people, lehren uns Peters & Waterman.

Führung ist nicht mehr denkbar durch Wissensvorsprung, der begründet sein kann in besseren Informationen oder durch Abschirmung des Informationsflusses von den untergeordneten Ebenen. Wenn wir verstehen, daß der Wandel überall an den Berührungspunkten des Unternehmens mit den Märkten, der Kundschaft, der Technologie und den Konkurrenten stattfindet, dann müssen wir zugeben, daß die maßgeblicheren Erfahrungen im Bereich der operativen Basis stattfinden, an den Schnittpunktbereichen mit dem Gegenüber.

Deshalb ist das Wort Kommandieren schnellstens mit dem Wort Kommunizieren auszutauschen. Und Kommunikation beginnt sinnvollerweise mit dem Zuhören, mit dem Verstehen. Dann folgt der interaktive Austausch von Meinungen, von Erfahrungen und die Abprüfung möglicher Absichten. Und wenn wir schon daran glauben, mit Kommunikation führen zu können oder führen zu müssen, dann müssen wir uns darum bemühen, alle organisatorischen oder hierarchischen Barrieren, alle Filter, die ein traditionell hierarchisch organisiertes System aufweist, abzubauen, um Durchgängigkeit vice versa zu erzielen. »Flat Hierarchies« in der Organisation und »Empowerment of the Basis« sind die dafür gebräuchlichen Leitworte. Unter diesen Leitworten kann Interaktionsfähigkeit als Fähigkeit verstanden werden, von oben nach unten und von links nach rechts und umgekehrt miteinander zu kommunizieren und gemeinsam zu handeln.

Daraus folgt, daß die Fähigkeit, den Wandel zu managen und zu gestalten, insbesondere der Fähigkeit bedarf, innerhalb oder außerhalb bestehender Strukturen Gliederungs- und Gruppierungselemente zu variieren, um einmal ein hohes Maß an innovativer Vielfältigkeit zu sichern und des weiteren dem Fachmann an der Basis Sitz und Stimme für die Entscheidungsfindung zu verleihen. Konventionen oder auf Langzeit gezimmerte Organisationen sind dem völlig unzuträglich. Task Forces, die Gruppierung von Mitarbeitern aus verschiedenen Ebenen und Abteilungen um eine spezifische Aufgabenstellung, sind bewährte Instrumente, um Interaktion zwischen Managementebene und operativer Ebene oder zwischen den Fachabteilungen zu erzeugen.

Management auf Zeit, Projektmanagement, nicht in Hierarchie, sondern in flexibler Strukturierung muß praktiziert werden. Eigentlich durchaus nichts Neues. Aber es fällt schwer, sich aus den hierarchischen Geborgenheiten oder den Statussymbolen der Hierarchie zu verabschieden, um sich flexiblen Gegebenheiten zuzuordnen. Wir wissen, daß es dabei mehr um soziale Talentierung geht, als um Dienstzeit in einer hierarchischen Laufbahn.

Interaktion zwischen Geschäftsleitung und IS-Leitung

Lassen Sie mich mit einer Frage beginnen: Waren die bisherigen Ausführungen eine Einleitung zum Thema oder gar nur ein Präludium? Nein, so habe ich es nicht gemeint. Vielmehr ging es mir darum, die Prämissen und Parameter aufzuzeigen, die für die Interaktionsfähigkeit zwischen IS und den Beteiligten neue und dramatisch gestiegene Anforderungen ergeben. Und ich glaube, dabei handelt es sich nicht um einen Statusbericht, sondern um die Beschreibung vorhersehbarer Trends, die das Thema immer stärker akzentuieren werden.

Und um die Interaktionsfähigkeit zwischen Geschäftsleitung und IS-Führung ist es nicht überall gut bestellt! Das liegt natürlich – wie üblich bei Streitereien – an beiden Seiten. Besonders schwierig sind jene Unternehmensführer dran, die über Jahrzehnte stolz genug waren, zu behaupten, von IS wollten sie nichts verstehen und deshalb verstanden sie auch nichts davon. Diese Unternehmensführer beschleicht heute ein zweifaches Unbehagen: Zunächst von der Kostenseite, wenn man erfährt, daß die IS-Kosten, die sich ja immerhin zwischen 1% und 3% vom Umsatz bewegen, weiterhin eine steigende Tendenz aufweisen.

Das sind z. B. im Automobilbau bei einem Mittelklassewagen, wo ja wirklich um Pfennige beim Preis gekämpft wird, schon einige hundert Mark. Oder aber schauen wir in ein Dienstleistungsunternehmen, z. B. in eine Versicherung oder eine Bank. Hier sind die IS-Kosten schon einige Prozent der gesamten Handling- und Verwaltungskosten. Hieraus könnte dann eine ganz sonderbare Einstellung oder unpassende Zielsetzung gegenüber IS entstehen, nämlich die Kosten einfach reduzieren zu wollen oder mindestens den Kostenanstieg zu stoppen.

Und leider kenne ich tatsächlich eine Reihe von Vorstandsbeschlüssen, die sich darauf beschränken, den Anstieg der IS-Kosten in Zukunft zu verbieten. Dies heißt mit anderen Worten: das, was sie heute haben, und nicht verstehen, von dem sie überhaupt nicht wissen, ob es zuwenig oder zuviel ist, muß schlichtweg genug sein!

Ob das nun eine sinnvolle Entscheidung ist, sollte der geneigte Leser selbst beurteilen. Und ich habe auch andere gehört, die das eigene Nichtwissen über einen wichtigen Sachverhalt schlichtweg als Chaotik der anderen charakterisieren und die dieses dann mit dem Kostenbewußtsein kombinieren zur Aussage »computing is chaos and cost«. Die Motivationslage des geplagten IS-Leiters in dieser Situation ist selbstredend und braucht nicht weiter erläutert zu werden.

Innovation ohne IS-Unterstützung?

Andere beschleicht ein neues Unbehagen: Sie ahnen, daß die meisten maßgeblichen, insbesondere neuen Aktionen ohne IS-Techniken wahrscheinlich nicht zu bewältigen sind. Sie verstehen, daß IS-Techniken ein Umsetzungsmittel für neue Zielsetzungen sind. Und auch dies ist ja keine angenehme Gefühlslage, wenn man versteht, daß man bei der Durchsetzung seiner Ideen und seiner Vorhaben abhängig ist von einer Unbekannten. Und für diese Situationen gibt es viele Beispiele:

- Eine Vernetzung der eigenen Bedarfsplanung und Lagerbewegungen mit den Lieferanten geht nun einmal mit elektronischen Systemen und dem Austausch von Informationen von Computer zu Computer über ein Netz effizienter, als über alle anderen Medien.
- Wenn Verkäufer auf den Verkauf von Allfinanz-Dienstleistungen umgerüstet werden sollen, die möglicherweise aus einer Sparkassen-Welt oder aus einer Versicherung stammen, dann wird dies heute schwerlich mög-

lich sein, ohne daß man diesen Mitarbeiter für ihre neue Aufgabe Beratungshilfen für ihr Kundengespräch per Computer und Terminal anbietet. Damit sei gleich auf eine maßgebliche Charakteriesierung moderner Computer-Anwendungsprogramme hingewiesen, die darin besteht, daß der instruierende Teil, der Intelligenz an den Arbeitsplatz schleust, größer ist als die eigentliche Datenerfassung und Datenübermittlung und Vorgangserledigung.

- Kundennähe, ein allgemein angestrebtes Ziel z.B. in einem Versicherungsunternehmen, kann nur dadurch erzeugt werden, daß die zunächst einmal getrennt arbeitenden Versicherungssparten per Computer das Gesamt-Obligo oder die Gesamtsicht des Kunden zusammenführen. Gleiches gilt sicher auch für das Bankgeschäft mit seinen unterschiedlichen Facetten pro Kunde. Nebenbei bemerkt beginnt Kundennähe eigentlich immer damit, daß man alle Belange eines Kunden von einer Stelle aus, noch besser von einem Mitarbeiter aus, wahrnehmen läßt, damit ein Kunde sich gut aufgehoben und betreut fühlt. Ich selber fühlte mich, das sei in diesem Zusammenhang berichtet, unangemessen von den verschiedenen Versicherungsunternehmen betreut, die ich im Laufe meines mobilen Lebens an verschiedenen Plätzen kontrahiert hatte. Als es mir »zu bunt« wurde, jeweils für die verschiedenen Fachbereiche mit anderen Partnern zu sprechen, beauftragte ich eine Agentur, meine Versicherungspolicen in einer Hand zusammenzuführen. Dies dauerte seine Zeit. Nun glaubte ich, mein Ziel erreicht zu haben. Alle Versicherungen waren bei einem Makler, aber siehe da, auch dieser Makler hatte sich wieder in Sparten zerlegt und ich hatte das gleiche Problem wie vorher, daß ich die Kraftfahrzeugversicherung bei einem Mitarbeiter dieses Maklerbüros wiederfand, während die Hausratversicherung in der anderen Abteilung betreut wurde. Die Kundennähe, die ich mir wünschte, war wiederum verpaßt.
- Beschleunigung und Verbesserung des Postverkehrs innerhalb großer Bürokratien, aber auch mit Lieferanten und anderen Beteiligten, geht mit Electronic Mailing nun einmal besser als mit Telefax und Eilbrief. Hierbei verbessert gewöhnlich ein technisches Medium, welches Nachrichten über den Draht transportiert, sogar die Unternehmenskultur, indem die Kommunikation von oben nach unten und von links nach rechts viel besser läuft als vorher. Unberücksichtigt bleibt dabei das Problem, daß Briefe vorher längere Zeit brauchten, um den Empfänger zu erreichen, oder daß die Hälfte der Telefonanrufe »blind« ausging, weil der Partner nicht da

war. Nein, einfach die Möglichkeit, schnell und ohne Komplikationen miteinander zu kommunizieren und das über ein elektronisches Medium, verbessert die Kommunikationsqualität und damit gleichzeitig einen Teil der Unternehmenskultur.

- Die Effizienz von Forschung und Entwicklung und des Engineerings ist mit Computer Aided Design (CAD) wirkungsvoll zu beschleunigen. Dies gilt nicht nur für den einzelnen Vorgang, sondern insbesondere dann, wenn alle CAD-Workstations Zugriff auf Standards, Komponenten oder andere Bauteile haben, die aus einem Portefeuille von Zeichnungen bereitgestellt werden konnten. Dabei ist natürlich die gemeinsame Engineering Data Base, auf die alle zugreifen können, ein äußerst wichtiges Ziel, nicht nur für die Zukunft, sondern schon heute!
- Die Steuerung einer Außendienstorganisation unter Nutzung von zentral aufbereitetem Wissen über Marktsegmente, Marktverhalten, Käuferverhalten u. a. erfolgt wohl wirklich am wirkungsvollsten durch Einbeziehung der Vertreterschaft in ein gemeinsames Netz und über mobile oder festinstallierte Terminals. Solche Marketingsysteme können auch eine neue Symbiose von lokalen Vor-Ort-Aktivitäten und zentralgesteuerten Kampagnen erbringen.
- Spediteure haben verstanden, daß vor dem Transport von Kisten und Kästen der Transport und die Verfügbarkeit von Informationen stehen muß. Durch die Beherrschung der Informationen und der Informationsnetze sind sie sogar in der Lage, für ihre Kontrahenten wichtige dispositive Arbeiten im Bereich von Logistik zu übernehmen. Ob man dabei gleich soweit gehen möchte, daß die Bestellungen der Kundschaft nicht mehr im Mutterhaus, sondern gleich beim Spediteur eingehen, sei dahingestellt. So etwas gibt es schon. Nur entsteht dabei natürlich die Frage, bei wem die Identität mit der Ware erzeugt wird. Bei dem, der den logistischen Prozeß und die Zulieferung beherrscht oder bei dem, der die eigentliche Ware hergestellt hat. Quality of Handling oder Quality of Product?

Diese Beispiele lassen sich beliebig fortsetzen.

Aber wie soll denn eine Unternehmensleitung mit dieser vielleicht neuen Erkenntnis der Abhängigkeit umgehen, wenn die Interaktionsfähigkeit mit der eigenen IS-Funktion mangels Wissen oder Vorurteil nicht entwickelt oder getrübt ist?

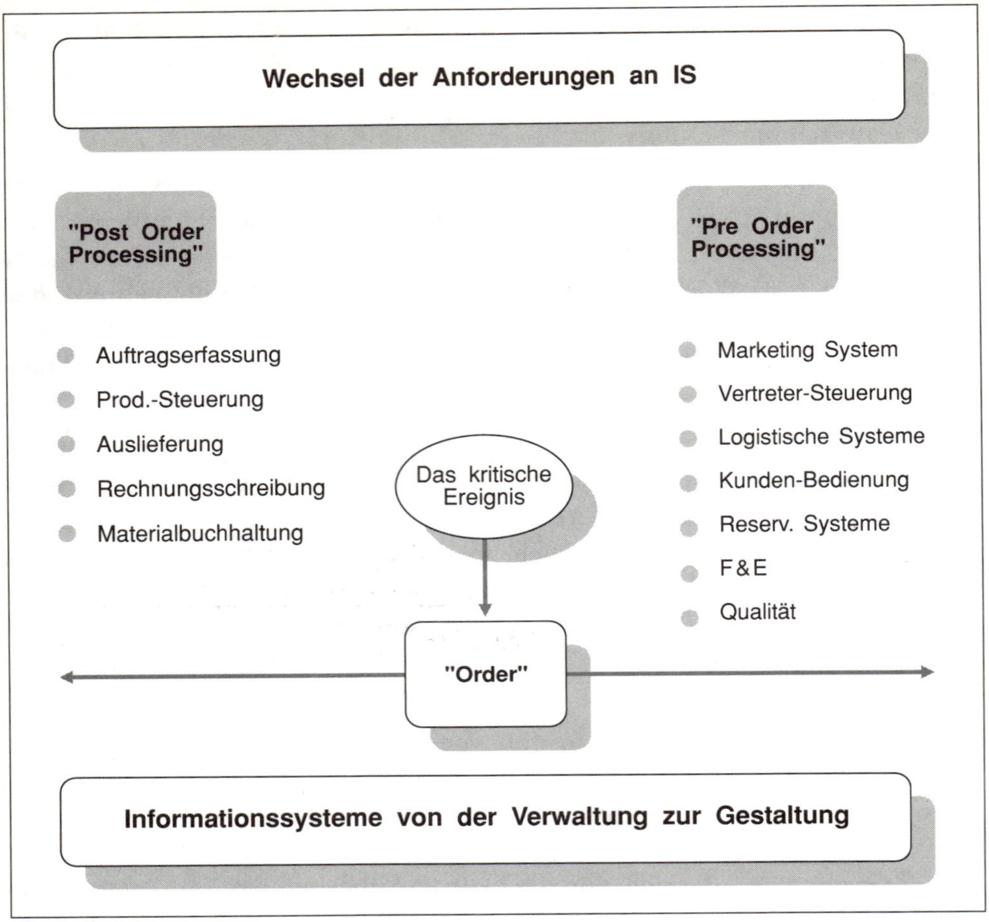

Abb. 1.1: Wechsel der Anforderung an IS

Dabei möchte ich fair sein zu dem, der sich in dieser Lage befindet: Dies begründet sich in der Historie von IS. Die heutige Position oder auch die Aufgabe von IS wuchs aus der maschinellen Erledigung von gleichbleibenden Geschäftsvorgängen mit feststehenden Algorithmen. Die Dinge waren vordenkbar und dieses Vorgedachte mußte nur in Computerprogrammen manifestiert werden. Vorwiegend verwaltende Tätigkeiten, wie Buchhaltung, Rechnungswesen, Antragsbearbeitung und Policen-Erstellung, waren soweit vordenkbar, daß sie von Computern erledigt werden konnten.

Wenn wir dies überdenken, dann stellen wir fest, daß das eigentliche Betätigungsfeld für Anwendungsprogramme erst nach dem »kritischen Ereignis« liegt. Wenn endlich der Auftrag vom Kunden eingeht, helfen Computer bei der routinemäßigen Abwicklung der notwendigen Geschäftsvorfälle: von der Verbuchung oder der Auftragsbestätigung bis zur Bestellung in der Fabrik und der Auslieferung der Ware an den Kunden. Wenn ein neues Produkt endlich fertig entwickelt ist, dann erfolgt erst die Auflösung in Stücklisten und die Teilebedarfsrechnung für die Produktion. Oder, wenn der Bausparkassenvertrag unterzeichnet ist, erfolgt die Eingabe und Verwaltung dieses Vertrages in einem System durch den Computer, der gleichzeitig die Verwaltung dieses Auftrages über seine Lebenszeit vollzieht.

Also nach dem kritischen Ereignis beginnt die verwaltende Tätigkeit der IS-Systeme. »Post-Order-Processing« nennt das die amerikanische Literatur.

An die Funktionalität und Perfektion dieser Verwaltung hat man sich gewöhnt. Dies wird beherrscht, und man erwartet, daß es beherrschbar bleibt. Von wem? Natürlich vom IS-Leiter, der für diese Beherrschbarkeit und Fehlerlosigkeit verantwortlich gemacht wird.

Heute aber liegen weitere Aufgaben an, für die IS einen wesentlichen Beitrag erbringen kann. Heute geht es um die Frage, wie die Erzielung des kritischen Ereignisses durch Einsatz von IS-Systemen unterstützt werden kann. IS soll oder muß helfen, das kritische Ereignis herbeizuführen.

Beispiele hierfür:

Die Qualitätskontrolle mit Hilfe von Informationssystemen während der Prozesse und vor der Auslieferung an den kritischen Kunden sind wichtig und können von Informationssystemen erreicht werden. Die Analyse und Vorhersage des Bedarfs, die Steuerung in einem logistischen System kann durch sichere und schnelle Lieferzusage die Auftragserteilung des Kunden unterstützen und dann natürlich auch die Auftragsabwicklung sicherer machen. Early-to-market, die Unterstützung von Forschung und Entwicklung, um schneller ein neues Produkt marktreif zu machen, gerät in den Mittelpunkt des Interesses. Die Erfassung des gesamten Kundenanliegens oder aller geschäftlichen Aktivitäten eines Kunden an einer Stelle und die entsprechende Betreuung dieses Kunden ist wohl nur mit IS-Techniken möglich und damit kommt man weg von der Aufteilung des Kundenanliegens in die verschiedenen Fachfunktionen. Kundennähe nennt man das!

Diese Beispiele mögen genügen, um zu verdeutlichen, daß Informationssysteme in eine neue Rolle hineinwachsen müssen, um neue und innovative Unternehmensziele zu unterstützen, die erstens mit einer meistens gleichbleibenden Mitarbeiterschaft erledigt werden müssen und die andererseits – und das darf nicht hoch genug bewertet werden – von einer zunehmenden

Servicequalität und auch von einer zunehmenden Komplexität gekennzeichnet sind, so daß es ohne die Instruktion des Computers über ein Terminal eigentlich schwerlich zu machen ist. Hieraus ergibt sich, daß eine neue Bewegung in der Positionierung, in der Einschätzung oder in der Nutzung von IS-Systemen unbedingt geboten erscheint. Aber natürlich muß auch zugegeben werden, daß Bewegung sehr schwer fällt, wenn alles so schön eingespielt erscheint und wenn jeder ahnt, daß eine Veränderung dieser eingespielten Systeme viel Arbeit und viel Kraft erfordern wird.

Bewegung ist nötig, aber ...

Es dürfte somit unstrittig sein, daß mehr Bewegung notwendig ist als Reaktion gegenüber einer sich wandelnden Umwelt, die komplexere Anforderungen stellt. Wir erkennen Veränderungen am Markt, wir sehen neue Märkte, und wir verstehen vor allem, daß sich durch die Einstellung des Kundenverhaltens in Richtung auf Quality of Product und Quality of Handling ein neues Käuferverhalten entwickelt. Technologische Fortschritte bestimmen neue Produkte, auch neue Verfahren innerhalb der Produktion und der Servicebereitstellung, und dies alles vollzieht sich im Umfeld von zunehmender Konkurrenz, von zunehmender Substitutionselastizität der Produkte und Dienste und vor dem Hintergrund einer sich kontinuierlich verknappenden Anzahl von Fachkräften einerseits und einer sich widersinnigerweise reduzierenden Arbeitszeit. Wir ahnen auch, daß dieses Kräfteverhältnis, das der Quadratur des Kreises gleicht, uns fortlaufend und zunehmend beschäftigen wird.

Aber gleichzeitig erkennen wir, daß durch die Ausgefeiltheit komplizierter und integrierter Prozesse die Wucht der Bremskräfte gegen eine Veränderung im Unternehmen neue und große Ausmaße annimmt. Es wird zutreffen, daß es genauso lange Zeit dauern kann, sich aus einem etablierten Ablauf zu lösen, wie eine neue Prozeßkette aufzubauen und zu beherrschen.

Und auch die Bremskräfte sind ebenso Legion, wie die Herausforderungen für Veränderungen. Nehmen wir die Verteilung von Kompetenzen in zeitlich und organisatorisch gewachsenen hierarchischen Strukturen. Solche hierarchischen Organisationen haben häufig mit dem eigentlichen Ablauf der geschäftlich maßgeblichen Prozeße nur recht wenig zu tun. Groteskerweise gibt es viele, die sogar inzwischen zwischen Strukturorganisation und Ablauforganisation unterscheiden wollen. Ich will das nicht einsehen. Ich kann nicht verstehen, worin dieser Unterschied begründet sein mag: Eine Organisation muß sich den Anforderungen wichtiger Geschäftsprozesse anpassen, kontinuierlich anpassen, und rechtfertigt nicht die Polarität von Struktur und Ablauf. Und erfahren wir nicht täglich, wie durch die Dynamisierung von Geschäftsprozessen hierarchische und gewachsene Strukturen brutal unterbrochen werden und die Frage nach Zuständigkeit und Kompetenz offenlegt? Seien wir doch ehrlich: Alle Organisationen leben und etablieren den Kompromiß, sie sind zeitlich gewachsen, haben sich etabliert und beanspruchen den Raum und kämpfen um ihren eigenen Erhalt. Menschen, die in einer hierarchischen Organisation ihre Verantwortlichkeiten, vor allem aber ihren Status suchen und finden, sind überhaupt nicht darauf aus, dieses System zu ändern und zu verlassen. Bei der Aufforderung zum Verlassen dieser gesicherten Räume werden wir nie viele Freunde finden!

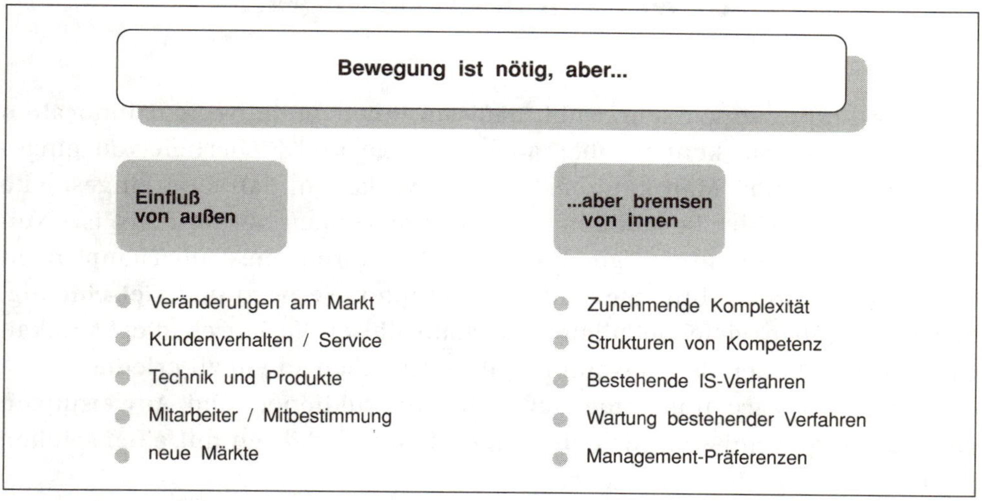

Abb. 1.2: Einflüsse auf die Entwicklung des Unternehmens

Es war für mich früher immer frappant, heute habe ich mich widerstrebend daran gewöhnt, daß ich häufig eine gleichbleibende und höchst unzutreffende Antwort erfahre, wenn ich Mitarbeiter im eigenen Haus oder bei unseren Klienten frage, was sie denn tun. Höchst selten erhalte ich hier die Antwort, was sie tun oder was sie getan haben oder was sie tun wollen. Egal, ob es Mitarbeiter oder Manager sind.

Die Antwort lautet stets: »Ich bin zuständig für .....« Das irritiert schon, denn es bleibt dabei ja, wenn man zynisch denken will, völlig offen, ob der Zuständige überhaupt etwas tut. Deshalb orientiert sich die moderne Denkschule nicht an Zuständigkeiten in Organisationsdiagrammen, sondern an Business Process Management oder Business Process Reengineering, welches von den meisten amerikanischen Autoren auch als Ausgangspunkt für Total Quality Management dargestellt wird. Die Organisation ist nicht maßgeblich. Maßgeblich ist, wie der eigentliche Verlauf des Geschäftsprozesses in einem Unternehmen aussieht, was Input und Output in Prozeßunterteilen ist und wie die Prozeßalgorithmen heißen. Doch über Business Process Management wird später mehr berichtet.

Ja, wer soll denn bewegen?

Führungskräfte wissen sehr wohl, daß von ihnen Initiative und Innovation gefordert sind. Sie kennen aber auch Vorzüge und Sicherheit von eingespielten Verfahren. Man kann sich darauf verlassen, daß eine eingespielte Organisation für die Bewältigung von Anforderungen ausgerichtet ist. Nun sind aber unsere heutigen geschäftlichen Verfahren meist überhaupt nicht einfach und durchsichtig. Sie sind eher komplex, vernetzt und vielschichtig. Trotzdem haben viele Beteiligte innerhalb dieser Verfahren die Fähigkeit oder vielleicht auch die Gewohnheit, ihre Aufgaben so gut zu erledigen, wie es gewünscht wird und ohne daß dafür Instruktionen und Anweisungen gelesen werden müssen. Also ein eingespieltes Verfahren mit eingespielten Mitarbeitern schafft schon Sicherheit!

Es gehört also Mut dazu, wenn man sich bewegen möchte. Dies gilt ganz besonders dann, wenn diese Verfahren auch mit Computerunterstützung, d.h. mit Anwendungssoftware ausgestattet sind. Und, das sei dazu angemerkt, Computerprogramme sind geradezu prädestiniert dafür, Komplexität von Verfahren, d.h. eine vielschichtige Summe von Abhängigkeiten, zu beherrschen. Die Fähigkeit von Computern, unter bestimmten Konditionen in logisch strukturierte Routinen zu verzweigen, ist allen Computerprogrammen eigen und sichert die Verarbeitung in einem Rahmen logischer oder operativer Alternativen.

Diese Fähigkeit von Computern, Komplexität zu gestalten, wird heute generell unterstellt und erwartet. Deshalb ist vielleicht auch die Furcht vor der Kompliziertheit von Verfahren relativ niedrig, eben weil man weiß, daß Computer damit schon fertig werden. Dies führt dann aber dazu, daß selbst relativ einfache Vorgänge, wie eine Lohnsteuerermittlung, nicht mehr vom Lohnbuchhalter beherrscht oder nur noch unter Ächzen manuell vollzogen werden können. Und eine Rentenberechnung in all ihrer Komplexität hat längst das Vermögen eines Sachbearbeiters verlassen. Diese Sachbearbeiter haben sich ja auch daran gewöhnt, daß Computer diese Aufgabe erledigen. Ich glaube sogar, daß das Bemühen um einfache und übersichtliche Strukturen oder Abläufe durch Computer eingeschränkt wird. Ich fürchte, es gibt deshalb vielerorts zu komplexe Abläufe, weil Maßhalten hinsichtlich der Komplexität nicht mehr nötig ist und man mit der Fähigkeit des Computers rechnet, damit schon irgendwie fertig zu werden. Denken wir doch in diesem Zusammenhang auch nur an unsere Gesetzgebung: Die Repräsentanten der Legislative, z.B. im Gesundheitswesen, kümmern sich recht wenig um das Ausmaß von Gesetzesänderungen und die Bürde für die Realisierung landet dann in der Anwendungsprogrammierung einer gesetzlichen Kranken- oder Rentenversicherung. Solange und so häufig, bis keinerlei Kräfte mehr für das Konzipieren von neuen Anwendungen verfügbar sind, weil alle Mitarbeiter mit den Änderungen hinreichend beschäftigt sind. Oder nehmen wir die Quellensteuer: Hier wurde sogar verlangt, daß in einem Jahr die Quellensteuer in allen Programmroutinen einprogrammiert wurde und daß sie im gleichen Jahr wieder entfernt wurden. Das ist durchaus keine einfache Angelegenheit und bei großen Banken mußten dafür hunderte von Programmen zweimal bearbeitet werden.

»Challenge the Process!«

Kouzes/Posner... nennen in ihrem bemerkenswerten Buch »The Leadership Challenge« als erste von sechs maßgeblichen Tugenden: »Challenge the Process!« Stelle das Bestehende in Frage, gib Dich mit dem heutigen Ablauf oder der Prozeßstruktur nicht zufrieden! Bringe den Mut auf zur Infragestellung und zur Änderung! Diese Problematik kann schon erdrückende Ausmaße annehmen. Es gibt genügend Beispiele dafür, daß die Vorbereitungszeit für die Entwicklung von Computeranwendungen komplexen Charakters lange dauert, meistens Jahre. Hierbei ergibt sich die Schwierigkeit, daß schon während dieser Entwicklungszeit kontinuierlich notwendige Änderungen der Spezifikationen anfallen, so daß die Überarbeitung oder die Wartung des geplanten Konzeptes eigentlich von Anfang an mitlaufend initiiert werden muß. Aber noch viel schlimmer: Wenn ein solches Verfahren sich eingeschliffen hat und alle daran gewöhnt sind und trotzdem die Erkenntnis wächst, daß ein Verfahren im Grundsatz geändert werden muß, dann kann es genauso lange dauern, wie die qualvolle Vorbereitungszeit, um sich von einem Verfahren zu lösen und in ein neues Verfahren hinüberzuwechseln. Dies alles erzeugt Trägheit und macht die Entscheidung für ein Redesign der Prozesse oder für ein Redesign der Verfahren schon schwierig. Dann bedarf es wahrhaftig einer guten Portion Mutes für »Challenge the Process«.

Und die Anwendungsentwicklungsabteilung?

Und wer nun in die Abteilung oder in die Arbeitsumgebung der Anwendungsentwicklung schaut, der wird feststellen, daß die Anwendungsentwicklung mit stetiger Zunahme durch die Wartung bestehender Verfahren beschlagnahmt ist. Es ist heute durchaus schon etwas besonderes, wenn eine Anwendungsprogrammierung, in welcher Computerprogramme gewartet und neu erstellt werden, noch 50% ihrer Kapazität für Neuerstellung von Verfahren freihalten kann. Meist sind über 70% mit Wartungsarbeiten belegt. Und damit wird die Entscheidung, neue Prozeßfolgen zu verabschieden, und damit auch neue Computeranwendungen zu schreiben, weiterhin erschwert.

Die Fachleute hoffen nun, daß CASE, Computer Aided Software Engineering, hier endlich eine Lösung bringt. Diese ingenieurmäßige Erstellung von Computerprogrammen wird heute durch »zig« Tools unterstützt. Welches Tool oder welches Verfahren sich durchsetzen wird, ist wohl noch offen. Doch die Umstellung der heutigen Programmierungsverfahren auf CASE Tools ist wiederum ein gravierendes Investment und wir wollen später darüber sprechen, daß dies nicht nur eine neue Form von Programmierung ist, sondern daß CASE nur unter einem spezifischen und eigenen Managementsystem eingeführt und zum Erfolg gebracht werden kann.

Sicher kann man dann erwarten, daß Computerprogramme, die mit CASE Tools erstellt wurden, auch später viel leichter zu warten sind, u.a. weil die Dokumentation und das System Design sorgfältiger erstellt werden als wenn hier ein Starprogrammierer seine Fähigkeiten ausgeübt hat. Dann wird es sicherlich auch gelingen, den notwendigen Wartungsaufwand an Programmen maßgeblich abzusenken. Es sei nur am Rande erwähnt, daß komplizierte Programme zum Zeitpunkt, da sie auf den Computer gelegt werden und der Erstlauf stattfindet, meist erst 50% der Gesamtaufwendungen verzehrt haben, während weitere 50% als Kosten für die Wartung des Programmes in seiner Lebenszeit von sechs bis zehn Jahren anfallen.

Daß diese Mißverhältnisse durch den Kauf von vorgefertigter Anwendungssoftware grundsätzlich geändert werden können, ist völlig unbestritten. Üblicherweise nimmt allerdings im allgemeinen die Möglichkeit, solche vorgefertigten Programme zu kaufen und einzusetzen, mit steigender Firmengröße eher ab. Ob dies nun daran liegt, daß größere Firmen eine kompliziertere Bürokratie betreiben als kleinere Firmen, sei zunächst einmal dahingestellt. Sicherlich spielt es aber eine Rolle, daß die Identifizierung größerer Firmen mit vorgefertigten Anwendungssoftwarepaketen am Markt wohl schwieriger durchzusetzen ist. Genau im Gegensatz bemüht man sich darum, auch Computerprogramme zur Identifizierung und zur Differenzierung von den Konkurrenten auszulegen. Nun, diese Einschätzung mag man haben, aber es ist auch notwendig, sich darüber Rechenschaft abzulegen, was die Lösung dieses Problems auf diese Weise an Kosten oder an Zeit bedarf.

Management-Präferenz, wofür?

Wir haben im vorigen Abschnitt eine Reihe systemimmanenter Gründe aufgeführt, die der Veränderung der Prozeßlandschaft entgegenstehen. Fry/Killing... lehren uns in ihrem Buch an vielerlei Beispielen, daß die gegebene Managementpräferenz, die Sicht oder die Bewertung der Dinge zum maßgeblichen Faktor werden kann. Einmal können Managementpräferenzen aus

Bequemlichkeit, Konvention oder anderen Begründungen das Verändern von Prozessen verhindern. Zum anderen aber lehren uns Fry/Killing, daß eine immer wieder neu gesuchte Balance zwischen den Einflüssen von Außen, einer gewählten Strategie der zugehörigen Organisations- und Ressourcenaufteilung, nichts nützen, wenn sich die Managementpräferenzen nicht ebenso deutlich ändern. Der Wille zur Änderung muß von oben vorgelebt werden, um unten an Kraft zu gewinnen.

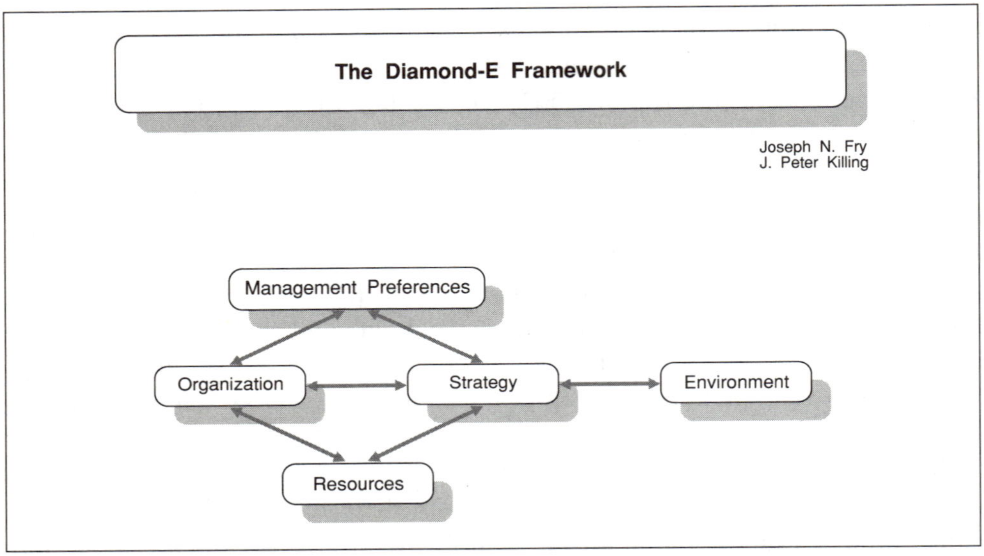

Abb. 1.3: Gewachsene oder aktualisierte Management-Präferenz entscheidet

Ein Unternehmensführer, der daran glaubt, z.B. mit Electronic Mailing die Kommunikation im Unternehmen verbessern zu können, wird ein solches Verfahren nur dann erfolgreich und zügig einsetzen, wenn er selber bereit ist, sich an ein Terminal zu setzen, um elektronische Nachrichten zu empfangen oder zu versenden. Daß er dies in einer sinnvollen Aufteilung mit seiner Sekretärin oder seinem Sekretariat tut, das ist tolerabel.

Von ihm wird nicht erwartet, daß er ein Experte in der Bedienung komplizierter Routinen ist, aber die einfache Handhabung muß er schon vorleben können, während man dann natürlich für komplizierte Ablageverfahren oder Datenbankabfragen sich lieber der Profis bedient. Führen heißt eben: Vorleben und Vormachen, Vorbild sein!

Konventionelle Ziele der IS-Leitung

Es braucht neben viel mehr Interaktionsfähigkeit innerhalb der drei maßgeblichen Gruppen, nämlich der Unternehmensleitung, den Fachabteilungen und der IS-Leitung, auch eine grundsätzlich andere Einstellung in den IS-Abteilungen. Das ist zunächst leicht gesagt, insbesondere dann, wenn der IS-Leiter häufig, allzu häufig von der Unternehmensleitung gar nicht gesagt bekommt, welche Ziele man mit IS durchsetzen möchte. Ein solches Zielpapier für IS findet sich leider in den wenigsten Organisationen und es geht nicht nur um ein Zielpapier, sondern sogar um die periodische Fortschreibung einer solchen Zielsetzung. Dieser Mißstand mag damit etwas zu tun haben, daß man in der IS-Leitung oder in der IS-Funktion immer noch nicht eine tragende Rolle bei der Unterstützung oder Gestaltung wichtiger Geschäftsprozesse sieht. Häufig hält sich eben die IS-Leitung bedeckt als verwaltende Abteilung in zufälliger Zuordnung zu einem ausgewählten Vorstandsbereich.

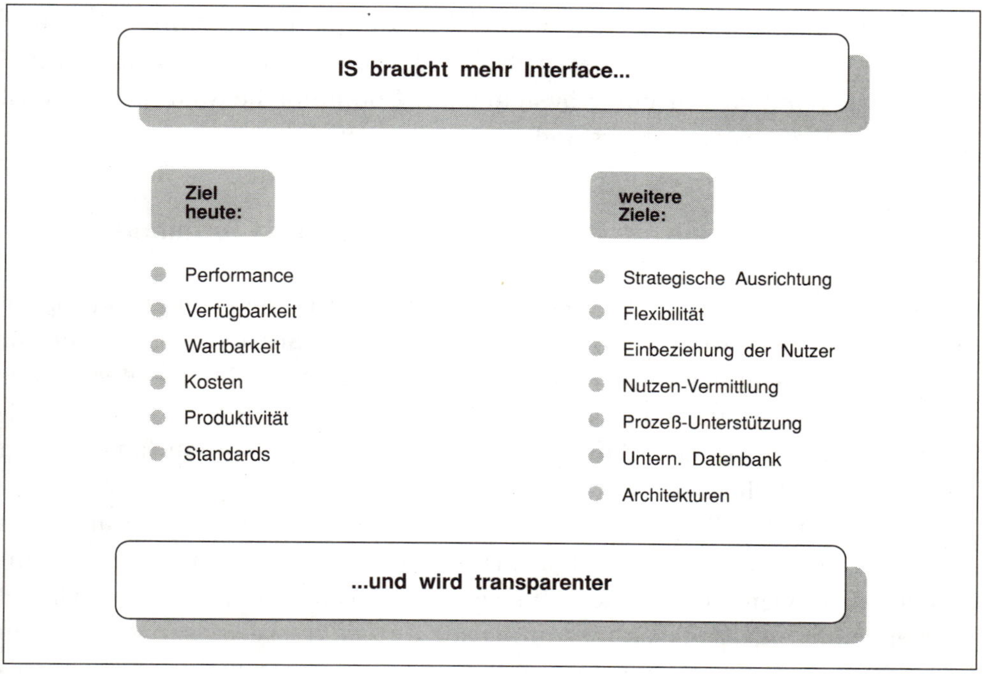

Abb. 1.4: Zielsetzungen für die IS-Leitung

Nun sind aber andererseits IS-Leiter immer klug genug, nicht ziellos zu arbeiten, sondern sie setzen dann ihre Ziele selber für sich und für ihre Abteilung. Diese Ziele sind dann mehr auf den Betrieb der IS-Maschinerie ausgerichtet und weniger auf die Unterstützung der Unternehmensprozesse. Interaktionsfähigkeit entsteht dabei natürlich nicht, sondern eher das Gegenteil. In den nachfolgenden Abschnitten habe ich einige dieser technikorientierten Ziele aufgeführen, die die IS-Leitung für sich wählt:

Performance im Rechenzentrum

Hierbei geht es im wesentlichen um das Vermögen, mit allen zur Verfügung stehenden Tools und Techniken den Durchsatz von Transaktionen oder von Vorgängen durch Rechenzentren und Netz zu maximieren. Bei der Fülle der heute zu Gebot stehenden Mittel wahrlich ein schwieriges und anspruchsvolles Ziel, insbesondere deshalb, weil ja der Wechsel die IS-Leitung nie allein läßt. Wechsel entsteht aus Umkonfiguration der Boxen wegen technologischer Änderung, wegen des kontinuierlichen Wechsels der Systemkontrollprogramme durch technische Verbesserungen und aber auch durch den Wechsel innerhalb der Anwendungsprogramme für Wartung oder Neuprogrammierung, wie oben beschrieben. Daß der Kostendruck diese Ziele begünstigt, nämlich mit einer bestehenden Computer-Ressource möglichst viel zu erledigen, ist selbstverständlich.

Verfügbarkeit von Rechenzentrum, Netz und Terminals

Nichts jagt der IS-Leitung und den Verantwortlichen einen größeren Schrecken ein, als wenn einzelne Bildschirme oder auch Gruppen oder gar ein ganzes Netz außer Betrieb ist. Die Abhängigkeit der Mitarbeiter an der Basis von der Funktionsfähigkeit der Computeranwendung durch den Bildschirm ist heute so hoch, daß dann mit Ausfall einer Computeranwendung ganze Betriebsteile in kurzer Zeit zum Stillstand kommen. Dann rasen die Telefone und der Streß ist hoch. Fehlersuche und das Wiederanfahren großer Netze ist aufwendig und anspruchsvoll und die Verarbeitung von angefallenen Informationen, die während der Stillstandszeit nicht verarbeitet werden konnten, ist besonders mühevoll. Im Interesse dieser gesicherten Verfügbarkeit werden hohe technische Aufwendungen nicht gescheut, bis zur Backup-Strategie, die das Übertragen von ganzen Computeranwendungen von einem Rechner und dem Netz auf einen anderen Rechner ermöglicht.

Wartung und Wartbarkeit der Software

Das Problem der Anpassung, das Change Management, von Computerprogrammen wegen auftretender Fehler – und jedes Anwendungsprogramm hat bekanntlich mindestens noch einen Fehler, weil in komplexen Systemen die Fülle von Konstellationen nicht mehr komplett ausgetestet werden kann – ist ein weiteres lebenswichtiges Ziel der IS-Leitung. Groteskerweise aber nimmt die Wartbarkeit von immer wieder veränderten Programmen kontinuierlich ab. Dann ist üblicherweise die originäre Dokumentation nicht mehr richtig und die Veränderungen wurden nicht mit der entsprechenden Sorgfalt und Abstimmung festgehalten. Nur noch wenige oder gar nur einer beherrscht diese Situation.

Hier bedarf es dann schleunigst einer Releasestrategie, welche die anstehenden Änderungen sammelt, sortiert, priorisiert und ordnet, um dann zu einem Zeitpunkt eine neue Version des Computerprogrammes anzubieten. Die Interaktionsfähigkeit darf sich eben nicht auf das Reparieren beschränken. Dann kommt immer weniger heraus und der Leiter der Anwendungsentwicklung läuft kontinuierlich seinem Schatten nach. Die IS-Leitung oder die Leitung der Anwendungsprogrammierung gerät zunehmend in die Defensive, weil sie nicht mehr fähig ist, notwendige Neuerungen anzugehen oder aber notwendige Änderungen zeitgemäß zu erledigen.

Plattformen und Standards

Plattformen und Standards sind Konventionen hinsichtlich der eingesetzten Mittel, um die Ausrichtung und die Übersichtlichkeit von Computerprogrammen zu gewährleisten. Diese Konventionen beschränken auch auf der anderen Seite, aber sie vermitteln andererseits Sicherheit für die Fortentwicklung und technische Neuerung, die an das System herangetragen werden. Diese Definition und Einhaltung von Plattformen und Standards ist eine maßgebliche Zielrichtung für IS, um das Change Management zu ermöglichen.

Produktivität

Bei der Inspektion von IS-Abteilungen fand ich immer wieder zunächst unerklärbare Unterschiede hinsichtlich der Zuordnung von Mitarbeitern zu bestimmten Aufgaben innerhalb des Computerhauses. Es ist bekannt, daß z.B. beim Operating der Systeme in der Spanne von der bandorientierten Organisation zum bedienerlosen Rechenzentrumsbetrieb Produktivitätssprünge beträchtlichen Ausmaßes zu machen sind. Größere Unsicherheit besteht hinsichtlich der Anwendungsprogrammierung. In vielen Fällen ist das Management mehr oder minder hilflos dem Arbeitswillen oder der Effektivität der Mitarbeiter ausgeliefert. Meßzahlen, wie »Lines of Code per Day« innerhalb unterschiedlichen Komplexitätsgrades von Programmen oder auch die »Function-Point-Methode« zur Einschätzung des Aufwandes für Programmierung finden sich relativ selten. Ähnlich schwierig sieht es dann aus bei der Feststellung und Verfolgung des Fortschrittes. Wenn hierfür nicht sorgfältige Methoden, wie z.B. Modulaufbruch und Fertigstellung von Modulen angewendet werden, dann passiert immer wieder das Fatale, daß der Fertigkeitsstand einer Programmierarbeit am Verbrauch der eingeplanten Ressourcen gemessen wird. Der Schrecken beim Erreichen der Planzahl ist dann groß und die Zyniker bekommen Recht, die sagen, jede Programmentwicklung dauere mindestens zweimal, meist jedoch dreimal solange wie ursprünglich eingeschätzt wurde. Diese Produktivitätsfrage gewinnt an Bedeutung, weil der Anteil der Personalkosten innerhalb IS meist längst 50% der Gesamtkosten überschritten hat und weiter gegenüber den sächlichen Investitionen ansteigt.

Kosten

Natürlich möchte kaum einer zugeben, daß die Zielsetzung für IS seitens des Vorstandes nicht erarbeitet wird. Hier besteht dann die Zielsetzung nur noch im Verfolgen der Kosten für IS. Und auch hier besteht große Unsicherheit. Ich werde eigentlich regelmäßig gefragt, wieviel Prozent vom Umsatz man denn in dieser Branche für IS ausgeben solle oder müsse und selbst wenn ich dann ausführe, daß dies maßgeblich von der Zielorientierung von IS abhängig ist, verbleibt die Unsicherheit, denn diese Zielsetzung ist ja gerade häufig nicht gegeben, wie oben schon ausgeführt.

Fassen wir zusammen: Eine strategische Ausrichtung von IS ist längst nicht überall gegeben, es überwiegen für die Einschätzung von Produktivität und Effizienz die Kostenargumente und damit ist mancher IS-Leiter sicherlich nicht unzufrieden. Er ist ja schon hinreichend mit der Beherrschung der Komplexität beschäftigt und froh, wenn nicht allzuviel neue Anforderungen an ihn herangetragen werden. Jegliche Neuerung, jegliche Veränderung destabilisiert seine Prozesse innerhalb des Rechenzentrums, schafft neue Anforderungen und damit auch ein neues Anspruchs- und Bewertungsniveau. Und wer drängelt sich schon danach?

Spannungsfelder und ihre Auflösung

Spannungen zwischen Partnern oder Parteien sind etwas besseres, als wenn überhaupt nichts mehr stattfindet und man sich in Angepaßtheiten und Gewohnheiten ergeht. Aber um aus Spannungen etwas Konstruktives entstehen zu lassen, müssen zunächst zumindestens die richtigen Fragen gestellt werden. Ich möchte dreizehn maßgebliche Fragen vorlegen, die geeignet sind, aus Spannungsverhältnissen innovative Konstruktionen entstehen zu lassen.

1 Gibt es eine formulierte Unternehmensstrategie oder einen Zielkatalog, welcher für alle Mitarbeiter des Unternehmens gilt, der allen bekannt ist und auch von allen getragen und gelebt wird?

2 Sind die IS-Abteilung, ihre Leitung und die Unterabteilungen motiviert, bereit und auch entsprechend ausgerüstet, um die Unternehmensziele oder die Strategien mit IS-Anwendungen zu unterstützen oder ist der Projektplan der IS-Abteilung an dieser Zielrichtung überhaupt ausgerichtet?

3 Was sind die maßgeblichen Leitlinien für die IS-Unterstützung oder für die Projektion von IS-Anwendungen? Sind es z.B. Wettbewerbsfähigkeit und Kundennähe oder stehen die Begriffe Kostenreduzierung und Ergebnisorientierung im Vordergrund? Gibt es eine Beziehungsmatrix, welche den einzelnen IS-Vorhaben ihre Bedeutung im Geflecht der Ziele zuweist? Zum Beispiel können Kundennähe und Ergebnisorientierung als wichtigste Ziele gewählt werden, die dann aber in den unterschiedlichen Fach-

bereichen oder Abteilungen eine unterschiedliche Ausprägung finden und damit auch zu unterschiedlichen IS-Beiträgen führen müssen.

4 Sind die wesentlichen Geschäftsprozesse, die das Ergebnis des Unternehmens beeinflussen oder gar determinieren, überhaupt so klar definiert, daß IS hierbei einen Beitrag zur Effizienz dieser Prozesse liefern kann? Ist vor allem der Eigner, der maßgeblich Verantwortliche je Geschäftsprozeß, definiert, so daß dieser Anforderungen an IS für Unterstützung richten kann?

5 Sind für diese wesentlichen Geschäftsprozesse die Erfolgsfaktoren festgelegt und beschrieben? Dies ist notwendig, um im Verständnis von Quality Management Maßeinheiten oder Kontrolleinheiten für die Güte der Geschäftssprozesse zu entwickeln, die mittels Anwendungssystemen unterstützt werden sollen, wobei aber auch die Fortschreibung der Meßzahlen für die Erfolgsfaktoren durch Computeranwendungen gewährleistet wird. Nur so kann ein System entwickelt werden, das über Zeit die Güte der Geschäftsprozesse an den Maßeinheiten für die Erfolgsfaktoren mißt.

6 Liefert IS wirklich oder plant IS zu liefern den gewollten oder gesuchten Beitrag für die Unterstützung der operativen Arbeitsplätze, an denen die eigentliche Arbeit geschieht und wo auch der Erfolg der Geschäftsprozesse gestaltet wird?

7 Sind einerseits die Bedürfnisse des Arbeitsplatzinhabers bekannt und ist andererseits bekannt, seitens der Fachverantwortung, durch welchen IS-Beitrag die operativen Arbeitsplätze konstruktiv und positiv beeinflußt werden sollen?

8 Gibt es eine Zielperspektive für die Durchsetzung der Unternehmenskommunikation, für die Verteilung und Verwaltung von Nachrichten und für die Verfügbarkeit von Daten, Vorgängen und Dokumenten für die unterschiedlichen Layer der Organisation oder auch für die horizontale Ebene der einzelnen Abteilungen, die zusammenarbeiten wollen und müssen?

9 Welche Vorstellungen, Anforderungen und Pläne bestehen für operative Unternehmensverbindungen, z.B. zu Kunden, Lieferanten oder Partnern, die durch Aktivierung von IS-Programmen hergestellt werden können?

10 Wie funktioniert die Zusammenarbeit zwischen Unternehmensleitung einerseits und Fachfunktion andererseits mit der IS-Funktion? Gibt es

hierfür Kommunikations- und Entscheidungsforen, und mit welchen Management-Instrumenten werden diese gestaltet, kontrolliert und gepflegt?

11 Gibt es wirklich klare Entscheidungskompetenzen über das IS-Investment? Gibt es Entscheidungsfähigkeit in Fällen von Konflikten zwischen IS und Fachabteilung? Gibt es Methoden des Ausgleichs, wenn Prioritäten und Kapazitäten nicht deckungsgleich sind oder wenn sich aus geschäftlich notwendigen Repriorisierungen neue Anforderungsprofile ergeben?

12 Welche Konvention oder Methodik besteht für die Kosten und Nutzenabwägung von IS-Projekten? Gibt es für die Wahrnehmung dieser Frage überhaupt eine Kompetenz und ein allgemeines Verständnis?

13 Gibt es eine Anwendungsarchitektur, in welcher gemeinsam eine zukünftige Anwendungslandschaft erarbeitet und beschlossen wird, so daß alle Beteiligten wissen, wie die grundsätzliche Ausrichtung von Computeranwendung aussehen soll und wo alle Beteiligten ihre Bedürfnisse, darin priorisiert im zeitlichen Raster, wiederfinden? In wessen Verantwortung liegt die Fähigkeit und die Entscheidbarkeit über diese Kompetenz?

Abb. 1.5: Das Spannungsfeld zwischen Unternehmens- und IS-Leitung

Zunächst einmal müssen diese dreizehn Fragen auf den Tisch. Alle an der Interaktionsfähigkeit Beteiligten müssen sich gefallen lassen, daß diese Fragen gestellt werden. Es muß auch Konsens darüber bestehen oder hergestellt werden, daß diese Fragen von elementarer Bedeutung sind. Erst dann kann damit begonnen werden, aus den Fragen Aktionen abzuleiten und ein Umfeld für eine verbesserte Zusammenarbeit aufzubereiten. Diese Fragen tangieren maßgeblich die Interaktionsfähigkeit von IS mit allen anderen. Ein weiterer, vierzehnter Fragenkomplex beschäftigt sich dann mit der IS-Infrastruktur oder mit der Frage, wie muß denn IS ausgerüstet sein, welche Kompetenzen und Fähigkeiten müssen in den IS-Abteilungen angesiedelt sein, um sich der Bearbeitung oder der Erledigung dieser Fragen widmen zu können. Diese vierzehnte Frage beschäftigt sich also mehr mit dem Innenleben von IS und seiner Ausrichtung nach außen als mit dem Miteinander aller im Sinne von kommunikativer Interaktionsfähigkeit.

Neue Ziele des IS-Leiters

Wir hatten ja vorangehend die meist selbstgewählten oder gewohnten Ziele der IS-Leitung beschrieben, die sich auf den Betrieb von Rechenzentren und Netzen beschränken. Wenn nun die dreizehn vorgenannten Fragen angegangen und konstruktive Lösungen erarbeitet werden sollen, dann erweitert sich das Zielfeld oder der Zielkatalog der IS-Leitung maßgeblich. Lassen Sie mich hierzu einige Fragen beschreiben, die die IS-Leitung und die IS-Abteilungen aufgreifen und entscheiden müssen.

Alt oder neu?

Wenn IS neue Unternehmensziele oder Unternehmensstrategien kennen und umsetzen will, so ist das IS-technisch sehr herausfordernd, denn es muß immer davon ausgegangen werden, daß kaum eine Anwendungslandschaft im Grundsatz ganz neu entwickelt werden kann, sondern die Weiterentwicklung des Anwendungs-Portfolios muß auf den heutigen Anwendungen und vor allem auf verfügbaren Datenbanken basieren. Natürlich entsteht dabei auch die Frage, welche Anwendungen, die an sich schon alt sind und die nicht mehr durch Wartung weiterentwickelt werden können oder sollen, bei dieser Gelegenheit neu zu konzipieren sind. Aber auch diese Anwendungen werden in einem vernetzten System nicht alleinstehen und allein bearbeitet werden können.

CASE-Techniken?

Hierbei entsteht dann für IS-Leiter, insbesondere im Bereich Anwendungsentwicklungen die Frage, ob und wann er mit der gewachsenen Methode der Anwendungsentwicklung brechen soll, um mittels der vorstehend erwähnten CASE Tools Geschwindigkeit und Effizienz sowie Produktivität zu steigern. Dieses wichtige Thema wird später aufgegriffen.

Data Modelling?

Des weiteren werden Entscheidungen durch die Frage belastet, inwieweit man zukünftige Anwendungen noch mit der alten Nomenklatur oder den Systemen für Datenbankverwaltung handhaben soll oder ob man sich dem Bereich Data Modelling zuwenden muß, um eine einheitliche Datennomenklatur für alle zukünftigen Anwendungen zu entwickeln. In diesem Zusammenhang wird man meist nicht darum herumkommen, mehrere Dinge gleichzeitig zu tun, nämlich einmal, neue Anwendungen aus alten Anwendungen zu designen oder weiterzuentwickeln, zweitens CASE Tools vorzubereiten und drittens auch den Bereich von Datenmodellierung anzugehen. Wer glaubt, diese Dinge hintereinander in Sorgfalt erledigen zu können, wird wohl sehr lange, ich fürchte, zu lange, warten müssen, bis neue Anwendungen mit strategischer Ausrichtung entsprechend der unternehmerischen Zielsetzung verfügbar gemacht werden können. Und Zeit ist eine Waffe im Wettbewerb und wenn Computeranwendungen Wettbewerbsfähigkeit erzeugen können, ist die Zeit für die Erstellung dieser Computeranwendungen knapp.

Einbeziehung der Benutzer?

Eine weitere Herausforderung besteht darin, daß eine viel stärkere Einbeziehung der Benutzer von Anwendungen für die strategische Ausrichtung von Anwendungen unumgänglich ist. Anwendungen können heute nicht mehr top down aus dem Rechenzentrum, sondern müssen bottom up entwickelt werden, um aus der kontingentierenden Informationszuteilung vergangener Zeiten in eine wirkungsvolle Nutzenvermittlung für den Arbeitsplatz zu kommen.

Heutzutage entwickelt man Anwendungen auf dem Wege, daß man mit den Mitarbeitern an der Basis, die die Anwendung später bedienen und nutzen sollen, am Bildschirm per Prototyping Masken entwickelt und Algorithmen festlegt, um dann erst nach deren endgültiger Zustimmung zu der Schnittstelle der Anwendungen Input und Algorithmen in Computerprogramme, möglicherweise mit CASE Tools oder in welcher Programmiersprache auch immer, zu schreiben.

Orientierung am Vorgang oder Geschäftsprozeß?

Ein weiteres Ziel besteht darin, die neuen Anwendungen durchgängig für die Erledigung der Geschäftsprozesse zu entwickeln. Das heißt, im Vordergrund steht nicht die Erledigung eines Vorganges an sich, sondern die Verfolgung der Geschäftsvorgänge im gesamten Informationsstrom, von der Datenerfassung über die Bearbeitung in verschiedenen Abteilungen bis hin zur Erstellung der gewünschten Endergebnisse. Hierbei kommt man dann häufig um das Business-Process-Management-Denken, oder auch um das Business Process Reengineering, nicht herum. Diese Möglichkeit der Verknüpfung von Anwendungen ist ebenso für große Organisationen wie auch für kleinere Computerkomplexe notwendig. Wie man sich überhaupt dessen bewußt sein muß, daß ein Computerprogrammkomplex für eine z.B. mittelständische Firma die gleichen Integrationsanforderungen offenbart wie ein umfangreiches Computerprogrammpaket für eine große Institution.

Anwendungsarchitekturkompetenz?

Ein weiteres und neues Ziel der IS-Leitung besteht dann darin, im Dialog mit den Benutzern, den Fachabteilungen und der Unternehmensleitung eine Anwendungsarchitektur zu entwickeln und aufzuzeigen. Diese ist – wie schon gesagt – ein Konsensus aller Beteiligten darüber, welche Anwendungslandschaft zukünftig angestrebt werden soll, um daraus durch Priorisierung nach unterschiedlichen Gesichtspunkten die eigentlichen Anwendungsentwicklungsprojekte zu definieren und der Investition und Erledigung zu überführen.

Flexibilität für Investment?

Und, last, but not least, wird es ein maßgebliches Ziel der IS-Leitung in der Zukunft sein, für diese genannten Aktivitäten die notwendige Flexibilität in den Abteilungen des IS-Hauses zu erhalten. Leider ist üblicherweise die Szene dadurch gekennzeichnet, daß keine Flexibilität mehr für neue und innovative Anwendungen besteht, weil der Wartungs- oder Reparaturaufwand an den alten Anwendungen die Ressourcen beschäftigt.

Ich kenne aber auch gegenteilige Beispiele, wo man alle Ressourcen auf eine neue Anwendung oder ein neues Anwendungspaket konzentriert. Und hier geschieht dann vorläufig auch gar nichts mehr, wenn man das Vorhaben zu groß dimensioniert und nicht dafür sorgt, daß in übersehbaren Schritten den Benutzern der Anwendungen Teilergebnisse übermittelt werden, um so eine stetige Kette von Erfolgen zu erzeugen. Ich möchte hier die Forderung aufstellen, daß kein neuer Anwendungskomplex es sich erlauben sollte, nicht mindestens im Jahresrhythmus Teile des neuen Gesamtpaketes den Benutzern zur schrittweisen Realisierung anzubieten. Wenn Benutzer jahrelang auf Versprechungen warten sollen, dann wird die Ungeduld groß und das Augenmerk richtet sich nur noch auf die Höhe der investiven Kosten und auf die Frage der Termineinhaltung. So ein Vorgehen fördert genau nicht die Interaktionsfähigkeit zwischen IS und den Benutzern.

Diese neuen Ziele, zusätzlich zu den technischen, sind für das IS-Haus sicherlich außerordentlich anspruchsvoll. Das IS-Haus muß sich aber darum bemühen, aus der stetigen Verteidigung herauszukommen, um dem steigenden Anspruchsniveau der Anwendung hinsichtlich Integriertheit und Funktionalität gerecht werden zu können und vor allem aber auch, um Anpassungsfähigkeit an sich ändernde Gegebenheiten zu sichern.

Wenn ich hier von neuen anspruchsvollen Zielen der IS-Leitung spreche, dann deshalb, weil das Verfügbarmachen der gegenwärtigen Anwendungen auf Computern, Netzen und Terminals von über 99%, gemessen am Terminal, schon anspruchsvoll genug ist. Damit bedarf es einer neuen Qualität des Change Managements, nämlich der stetigen Änderung von Hardware- und Software-Konfigurationen, um die Lebensfähigkeit des Anwendungskomplexes zu erhalten und gleichzeitig Freiheiten und Flexibilitäten für neue Anwendungsprogrammkomplexe sicherzustellen. Damit wird das Anforderungsprofil an die IS-Leitung und an die IS-Abteilungen um Potenzen anspruchsvoller und es bedarf schon einer gut organisierten Strukturierung der Ressourcen, um diesem Anspruchsniveau gerecht zu werden. Andererseits aber kann nur durch Verfolgung dieser Ziele die IS-Leitung für die Interaktionsfähigkeit mit den Betroffenen oder Beteiligten sorgen.

Vorwurf und Verteidigung oder Innovation und Konsens?

Vorwurf und Verteidigung oder Innovation und Konsens sind wirklich die antipodischen Begriffe, die das Verhältnis von IS zu den Benutzern charakterisieren können. Warum Vorwurf und Verteidigung die Szene beherrschen, wurde inzwischen eindeutig untermalt, während im Vorliegenden ein Weg für Innovation und Konsens gezeigt werden soll.

Das grundsätzliche Problem besteht darin, daß nahezu jede große Organisationsform eine ebenso große Anzahl von Interessenten zur Interaktion zusammenführen muß. Dabei überwiegen eben häufig leider Vorwurf und Verteidigung zwischen den Beteiligten. Der IS-Leitung wird vorgeworfen, zuwenig freie Kapazität und Flexibilität für ein sich änderndes Anforderungsvolumen bereitzuhalten, desweiteren auch die Inflexibilität des Denkens, weil auch IS das Bestehende konservieren möchte und sich gegen Neues sperrt und eine große Zurückhaltung gegenüber innovativen Projekten.

Hinzu kommt, daß die Benutzer für die langen Entwicklungszeiten seitens IS und für die hohen Entwicklungskosten für neue Projekte wenig Verständnis aufbringen. Weiter, daß häufig eine mangelnde Termintreue seitens der Anwendungsentwicklung und auch eine technokratische Denkungsweise und Semantik den konstruktiven und vertrauensvollen Dialog mit anderen behindern. Wenn gar aus dieser technokratischen Semantik, wie häufig in der vergangengen Zeit, Arroganz und elitärer Separatismus durchschimmern, dann ist es mit der Kommunikation fast zu Ende. Natürlich kann man sich nicht verstehen, wenn man nicht die gleiche Sprache spricht!

Aber auch die IS-Seite ist um markante Vorwürfe gegenüber den anderen nicht verlegen. Das Anforderungsniveau wird als unerträglich hoch bezeichnet, den Fachabteilungen wird vorgeworfen, kontinuierlich neue Spezifikationen in Änderungswünschen während der Projektzeit auszudrücken und man spürt keine aktive Mitwirkung seitens der Fachabteilung, sondern nur eine vorwiegend fordernde Einstellung. Und dann verbleibt die Kostenverantwortung für Entwicklung und Änderung häufig auch ganz und gar bei der IS-Abteilung und nicht bei der verursachenden Fachabteilung.

Abb. 1.6: Vorwurf und Verteidigung

Wenn dann die IS-Abteilungen noch den Eindruck haben, daß die Fachabteilungen ihre Mitarbeiter für die bestehenden Anwendungen unzureichend ausbilden, und die Intelligenz der Computerprogramme am Arbeitsplatz nicht ausgereizt wird und deshalb die Nutzung der auf hohem Niveau konzipierten Programme ausbleibt, dann erreichen die gegenseitigen Frustrationen ihren Höhepunkt. Diese Frustrationen haben damit begonnen, daß es Schwierigkeiten bei der Erstellung von Anwendungsprogrammen gab und daß es dann später weitere Schwierigkeiten bei der Nutzung der gleichen Anwendungsprogramme gibt. Nun handelt es sich hierbei durchaus nicht um einmalige Beziehungen, sondern die Anzahl derer, die an neuen Computerprogrammen interessiert sind, ist groß und wird weiter steigen und es handelt sich eben nicht nur um eine Fachabteilung, sondern um verschiedenste Fachressorts, die alle ihrerseits Wünsche artikulieren. Nun prägt sich darüber meistens aus, daß sich zwischen den einzelnen Fachressorts und Teilen der Anwendungsentwicklung eine Zusammenarbeit entwickelt, vielfach sind sogar die Anwendungsentwicklungs- und Betreuungs-Abteilungen nach Fachressort gegliedert und geordnet, um hier einen engen Dialog aufrechtzuerhalten. Aber hier entwickelt sich dann häufig ein ganz anderes Phänomen:

Das Fachressort geht bei Änderungswünschen oder auch bei Wünschen für neue Anwendungen nicht mehr über die IS-Leitung, sondern schließt sich lieber informell mit den Mitarbeitern aus der Anwendungsentwicklung zusammen, die ihre Anwendungen betreuen. Das ist gut auf der einen Seite, weil man sich eben versteht; auf der anderen Seite geht dann durch einen informellen Kontakt meist alles andere schief. Die Fachabteilungen erledigen auf der unteren Ebene mit den Anwendungsprogrammierern all ihre Wünsche und damit wird das Phänomen, daß die Produktivität der Anwendungsentwicklung absinkt, verstärkt.

Schwerpunkte für Aktionen

Business Process Management/ Business Process Reengineering

Die Planung einer IS-Strategie oder auch die Entwicklung einer zukünftigen Anwendungslandschaft, einer Anwendungsarchitektur, muß im Grundsatz immer auf die wirklichen und wichtigen Geschäftsabläufe basiert werden. Diese Betrachtungsweise haben wir unter dem Ausdruck »Business Process Management« inzwischen übernommen. Das Business Process Management ist eine Analyse und Festschreibung der einzelnen Geschäftsabläufe unabhängig von der hierarchischen Organisation. Eine hierarchische Organisation gliedert die unternehmerischen Teile arbeitsteilig in bestimmte Zuständigkeiten. Jede gewachsene Organisation ist aber ein zeitlicher, personeller oder sächlicher Kompromiß und deshalb hat sich eine Organisationsstruktur häufig von den eigentlichen Geschäftsabläufen und ihrer inneren Dynamik und Konsequenz entfernt. Das Business Process Management als Disziplin wendet sich deshalb überhaupt nicht der hierarchischen Gliederung zu, sondern verfolgt maßgebliche Geschäftsabläufe, z.B. Forschung und Entwicklung, Produktion, Finanzwesen, Auftragsannahme und -ablieferung etc. Nun bringt es meistens wenig, wenn man sich auf dieser hohen abstrakten Ebene von Geschäftsabläufen oder Business Processes bewegt, sondern es ist empfehlenswert, mindestens die zweite Dekompositionsstufe zum Gegenstand der Betrachtung zu machen. Die knapp zehn wesentlichen Gruppen in einem Unternehmen, die sich auch häufig in der Vorstandsorganisation widerspiegeln, zerlegen sich dann in etwa 40 bis 60 Subprozesse innerhalb der zweiten Dekompositionsstufe. Diese Subprozesse werden nun zum Gegenstand der Betrachtung gemacht. Dabei wird festgelegt, was sind die Eingangsdaten in einem Prozeß, wie sind die Verarbeitungsalgorithmen innerhalb dieses Prozesses festgelegt und welche Daten verlassen diesen Prozeß wiederum als Eingangsdaten für eine andere Prozeßgruppe. Linkage Analysis zwischen den Prozessen legt die Übergänge klar.

Neben diesen Prozeßalgorithmen ist es außerordentlich wichtig, einen Eigner für eine Prozeßfolge festzulegen, da ja diese Prozeßfolge die hierarchische Managementgliederung, die im Unternehmen besteht, verlassen hat. So ist ein Prozeßeigner häufig zuständig in einer übergeordneten Zuständigkeit über den untergeordneten Zuständigkeiten der Hierarchie. Des weiteren werden die für den Erfolg des Prozesses maßgeblichen Erfolgsfaktoren festgelegt, um daran auch später die Qualität der Prozesse fortschreibend zu erfassen und zu messen. Meist ist es nicht empfehlenswert, eine solche Prozeßlandschaft für alle Prozesse im Unternehmen aufzubauen, sondern es empfiehlt sich, nach den gegebenen Zielen, z.B. Ergebnisorientierung und Kundennähe, festzustellen, welche Prozeßgruppen einer solchen Betrachtung unterzogen werden sollen. Im nächsten Schritt stellt man die gegenwärtige IS-Unterstützung für die Bewältigung der Prozeßarbeit fest und entwickelt gleichzeitig einen Bedarfsplan dafür, welche IS-Unterstützung aktiviert werden müßte, um die Qualität und Effizienz der Prozesse abzusichern. Ein solches Unterstützungspotential kann dann umgebaut werden in eine

Anwendungslandschaft, aus welcher mittels Priorisierung die naheliegenden Projekte als erstes einer Bearbeitung zugefügt werden sollen. Eine zweite Stufe dieser Arbeit kann darin bestehen, die Tätigkeiten neu zu gruppieren, ein sogenanntes Business Process Reengineering. Natürlich muß dafür gesorgt werden, daß sich die hierarchische Organisation an diesen wichtigen Prozeßketten ausrichtet. Insofern wird Business Process Management und Business Process Reengineering gleichzeitig ein Leitfaden für die Linienorganisation in einer Unternehmung. Business Process Management wird im Rahmen dieses Buches später genauer beschrieben.

Die Anwendungsarchitektur

Im vorigen Abschnitt wurde schon dargelegt, daß sich die Anwendungsarchitektur ausrichtet an dem Business Process Management und an den Bedürfnissen für IS, die hieraus abgleitet werden. Die Anwendungsarchitektur ist aber nicht Resultat einer analytischen Arbeit an sich, sondern sie muß überführt werden in einen Konsensus aller Beteiligten, insbesondere, wenn es um die Priorisierung von Projekten aus dieser Anwendungsarchitektur geht. Die Anwendungsarchitektur, der Bauplan zukünftiger Anwendungen unter Berücksichtigung des heute schon bestehenden IS-Umfeldes, kann sicherlich nur von einer unabhängigen Kompetenzgruppe erstellt und fortgeschrieben werden. Höchstwahrscheinlich ist die IS-Abteilung nicht der richtige Punkt, um solch eine Anwendungsarchitektur-Kompetenz zu beheimaten. Denn diese Anwendungsarchitektur-Kompetenz soll ja genau vermitteln zwischen den Wünschen der Fachabteilungen und Fachressorts und zwischen den Fähigkeiten von IS, die Prioritäten zu erledigen. Die Anwendungsarchitektur, die wesentlicher Bestandteil eines IS-Aktionsplanes oder einer IS-Strategie werden kann, ist maßgebliches Instrument für die Interaktion, d.h. es muß hier der Konsensus zwischen Unternehmensleitung, Fachressort und IS erzeugt werden.

IS kommt dabei die besonders schwierige Rolle zu, zu entscheiden, welche bestehenden Anwendungen in die Anwendungsarchitektur eingebracht werden können oder überarbeitet werden müssen oder welche neuen Anwendungspakete zu schreiben oder zu beschaffen sind. Die Anwendungsarchitektur basiert, wie gesagt, im Grundsatz auf einem Geschäftsprozeßmodell. Da dieses Geschäftsprozeßmodell eine neue Ordnung in die betrieblichen Abläufe bringt und Trennendes und Gemeinsames herausstellt, ist es meistens unvermeidlich, ebenfalls eine Kompetenz für ein Datenmodell zu begründen. Ob dies immer schon in eine ausgefeilte Datenmodellierung überführt werden muß, sei zunächst einmal dahingestellt. Eine komplette Datenmodellierung für ein Unternehmen ist eine äußerst aufwendige Arbeit, die meist ein Spezialteam über viele Monate oder Jahre beschäftigt. Vielfach kann man deshalb als ersten Wurf eine neue Datennomenklatur verabschieden, die die verwendeten Daten klassifiziert und einer allgemeinen Nutzung zugänglich macht. Auch eine solche Kompetenz für Datenmodellierung oder Datennomenklatur kann nicht allein im IS-Haus angesiedelt sein, sondern es handelt sich hierbei auch um eine äußerst interaktive Tätigkeit zwischen den Fachbereichen, die ihre Daten klassifizieren müssen und vor allem auch den Daten, die bereits in bestehenden Anwendungen und bestehenden Datenbanken vorhanden sind. Auf das Thema Datenmodellierung soll hier nicht weiter eingegangen werden, da es dazu umfangreiche Spezialliteratur gibt.

Die Projektplanung

Auch für die Projektplanung muß eine gesonderte Kompetenz aufgebaut werden. Hierbei muß es sich nicht um eine Abteilung handeln, sondern um eine kleine Gruppe von Mitarbeitern, welche einmal die Anwendungsarchitektur in überschaubare Projekte zerlegt und diese Projekte hinsichtlich der Prioritätswünsche seitens der Fachabteilungen und deren verfügbaren Ressourcen seitens der Anwendungsprogrammierung transparent macht. Diesem Planungsbüro fällt also die Aufgabe einerseits zu, Projekte zu definieren, andererseits aber auch, den Fortschritt der Projekte zu kontrollieren. Neue Projekte können nur definiert und initiiert werden, wenn eindeutig bekannt ist, welche Ressourcen aus in Arbeit befindlichen Projekten, die beendet werden, frei werden. Hierbei tun sich viele mit dem Projektbegriff schwer. So habe ich auf meine Frage bei einem Klienten die Antwort bekommen: »Es gibt nur ein Projekt, nämlich die Unterstützung des Vertriebes durch IS«, während andere Klienten auf meine Frage antworteten: »Wir haben genau 235 Projekte«. Beide Antworten sind nicht gut, denn im ersten Fall ist eine Gliederung zum Zwecke der Kontrolle nicht vorhanden und im zweiten Fall ist die Gliederung so tief gestaffelt, daß eine sinnvolle Kontrolle durch das Management nicht mehr möglich ist. Bei dieser Frage ergibt sich dann das Problem, ob Project Management überhaupt betrieben wird oder wie die Position des Project Managers angesehen und ausgestattet ist. Auch diese Thematik ist in der Literatur ausreichend behandelt. Mein Plädoyer an dieser Stelle geht nur dahin, die Dinge wirklich mit Konsequenz und Beharrlichkeit zu betreiben.

Der Lenkungsausschuß für IS-Entscheidungen

Wenn Business Process Management die wahren Abläufe und den IS-Unterstützungsbedarf herausgestellt hat, wenn man Konsens über eine zukünftige Anwendungslandschaft in der Anwendungsarchitektur erzielt hat und wenn es eine Kompetenz für die Definition und Verfolgung von Projekten gibt, dann muß diese Vorgehensweise durch die Konstituierung eines Lenkungsausschusses für IS-Entscheidungen abgerundet werden. Dieser Lenkungsausschuß setzt sich zusammen aus einem Mitglied der Geschäftsleitung, aus den Repräsentanten für die Fachressorts und aus der IS-Leitung. Ein solcher Lenkungsausschuß sollte mindestens dreimal im Jahr tagen. Um Kontinuität zu erhalten, dürfen sich die Mitglieder nicht vertreten lassen.

Die Projektplanungskompetenz, die vorgehend beschrieben wurde, verstehe ich als ein Sekretariat des Lenkungsausschusses, denn die Projektplanung hat die Anwendungslandschaft oder die Anwendungsarchitektur in überschaubare und machbare Projekte zerlegt und fungiert jetzt als Steuerungsfunktion für den Lenkungsausschuß, sowohl hinsichtlich der Initiierung neuer Projekte als auch der Projektkontrolle der bestehenden Projekte. Neu klingt auch dieses nicht. Überall, wo ich hinkomme, gibt es einen Lenkungsausschuss oder, noch viel schlimmer, mehrere Lenkungsausschüsse. Was ich anregen möchte, ist, daß ein solches Gremium mit äußerst gleichbleibender Disziplin und Konsequenz die Dinge wirklich gestaltet und nicht in ein Diskussionsforum ausartet. Dazu gehört auch, daß die Dokumentation der Ausschußsitzungen so gemacht wird, daß hinterher praktikable Aktionen eingeleitet und kontrolliert werden. Lange Sitzungsprotokolle sind überflüssig, vor allem, wenn sie dazu dienen, die Position einzelner Beteiligter niederzulegen und Nicht-Aktion zu begründen.

ISM, das Management des IS-Bereiches

Last, but not least ist die Strukturierung und Ausrichtung der IS-Abteilung an sich eine äußerst wichtige Aufgabe, wenn die vorgenannte Vorgehensweise erfolgreich sein soll.

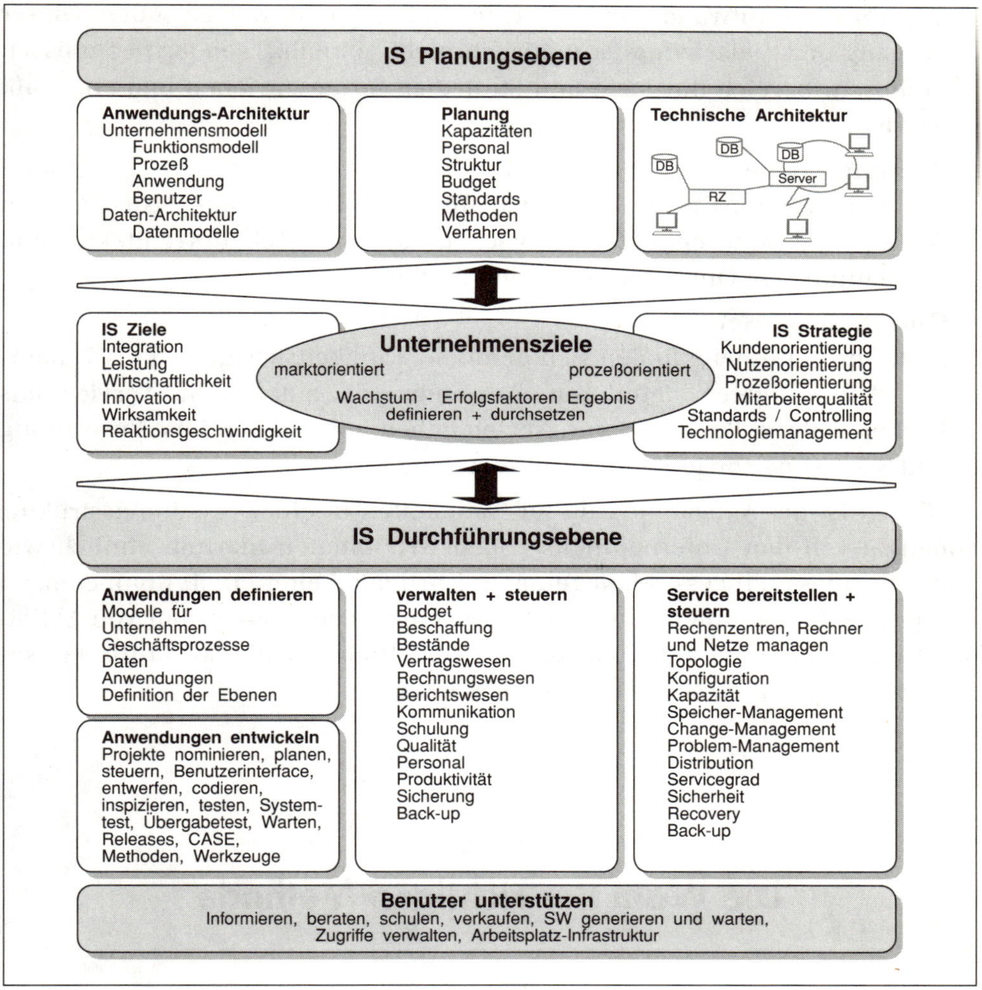

Abb. 1.7: ISM: Management des IS-Bereichs

Eine gut gegliederte IS-Abteilung muß neun Aufgabengruppen oder Tätigkeitsbereiche oder auch Verantwortungen (andere Leute verwenden hierfür das Wort Prozeß) erledigen können. Diese neun Bereiche gliedern sich in der zweiten Dekompositionsstufe in etwa 40 bis 50 Einzelaktivitäten. Die neun Bereiche sind in drei Ebenen gegliedert:

1 **Zielsetzungsebene**
Hierbei geht es darum, die Unternehmensziele sowohl in IS-Ziele umzusetzen als auch eine IS-interne Strategie zu entwickeln, wie die IS-Ziele mit welchem Aufwand und in welcher Zeit erreicht werden sollen. Dieser Vorgang der Zielsetzung ist natürlich nicht einmalig, sondern es müssen in diesem Bereich die Ziele und Strategien fortgeschrieben und angepaßt werden.

2 **Planungsebene**
In einer zweiten Ebene führen wir die drei Bereiche auf: Fortschreiben der Anwendungsarchitektur, Entwickeln der technischen Architektur und die Planung von Quantitäten und Qualitäten.

3 **Durchführungsebene**
In der dritten Ebene finden sich dann die Tätigkeitsbereiche 5 bis 7, nämlich Anwendungen definieren, Anwendungen entwickeln, Service aus Rechenzentren, Rechnern und Netzen geben und die Bereiche Verwaltung und Steuerung sowie Benutzerunterstützung.

Natürlich ist die Aufspaltung dieser Tätigkeiten in einer Abteilungsstruktur abhängig von den Unternehmensgrößen. Wir meinen hiermit, ähnlich wie beim Business Process Management, Zuständigkeiten und Kompetenzen mehr als einzelne Abteilungen. Daß aber eine solche Landschaft von Aktivitäten gleichzeitig auch die maßgebliche Richtlinie für die Strukturorganisation von IS sein muß, sei ganz besonders betont.

Nachwort: Die Wahl der richtigen Methode

Wenn ein Konfliktpotential zwischen Unternehmensleitung, IS-Leitung und Anwendern besteht, dann wird der Berater meist als erstes gefragt, ob es geeignete Methoden gibt oder nach welcher Methode er vorgehen will, um dieses Konfliktpotential aufzuspüren, zu beschreiben, zu analysieren und für

Verbesserung zu sorgen. Diese Frage nach der Methode ist eigentlich verständlich, denn allzu viele Methoden werden in der Literatur oder in Fachzeitschriften beschrieben und als besonders wirkungsvoll herausgestellt.

Sicherlich gibt es für gleiche Probleme gleiche oder ähnliche Denkmuster oder auch Methoden und gedankliche Disziplinen. Aber, und das ist das eigentliche Problem, gleiche Probleme finden sich höchst selten und dementsprechend kann keine Methode per se die Lösung versprechen.

Alle Situationen entscheiden sich maßgeblich in der Ausgangslage, und auch die Zielsetzung ist häufig doch grundlegend anders. Nehmen wir ein einfaches Beispiel: Eine sicherlich wichtige und auch überall angewandte Methode ist die Ermittlung und Analyse von kritischen Erfolgsfaktoren. Kritische Erfolgsfaktoren braucht man in ihrer Definition für die Leitung und Umgestaltung von Unternehmen, für Abteilungen, für Geschäftsbereiche oder insbesondere für geschäftliche Prozesse. Daraus müßte sich schließen lassen, daß es am wichtigsten ist, mit der Geschäftsführung zu beginnen und dort die kritischen Erfolgsfaktoren für die Führung des Geschäftes zu definieren, um dann diesen Vorgang in der Hierarchie abwärts zu transportieren. Aus Erfahrung kann ich allerdings sagen, daß es selten etwas bringt, wenn sich eine Runde von Geschäftsführern oder Vorständen zusammenfindet oder vom Vorsitzenden zusammengefunden wird, um die kritischen Erfolgsfaktoren für die nächste Zeit oder die nächsten Jahre zu erarbeiten und danach dann zu führen.

Einmal geraten solche Sitzungen häufig unter die Zwänge der gerade bestehenden Stressoren am Markt, in der Produktion, in der Qualität oder wo auch immer. Desweiteren ist es hierbei besonders schwierig, den Detaillierungsgrad dieser Erfolgsfaktoren festzulegen. Auch die Frage, ob es sich dabei um die Gestaltung des gegenwärtigen Geschäftes handelt oder aber um perspektivische Ansätze. Deshalb erscheint es meist sinnvoller, kritische Erfolgsfaktoren Bottom up von unten zunächst auf den operativen Ebenen zu ermitteln und diese dann entsprechend den Layern des Managements und den übergeordneten Zielen zu verfolgen. Wenn man so die kritischen Erfolgsfaktoren für verschiedene Funktionen oder Bereiche, besser allerdings für die maßgeblichen Prozesse, von unten nach oben entwickelt und fortschreibt, miteinander in Beziehung setzt und verdichtet, dann entsteht daraus ein Bild, welches viel brauchbarer ist, um Verbesserungspotential aufzuzeigen. Die banale, aber eben schwierige Frage, ob der Vertrieb das verkaufen muß, was produziert wird oder ob die Produktion das herstellen muß, was verkauft wird, steht bei einem solchen Verfahren eben nicht zur Diskussion, sondern der Detaillierungsgrad sorgt für Präzision und Machbarkeit. Hieraus ergibt sich eigentlich, daß diese recht einfache Methode der Ermittlung von kritischen Erfolgsfaktoren sehr wohl individuell auf die Situation angepaßt werden muß, um erfolgreich zu sein.

Bei dieser Betrachtung haben wir gleichzeitig eine zweite Methode eingeführt, nämlich die sogenannte Linkage Analysis, die ihrerseits gern als eigenständige Methode dargestellt wird, die aber andererseits in allen Arbeiten Bedeutung hat, weil das Beziehungsgeflecht, die gegenseitigen Abhängigkeiten, dabei analysiert und definiert wird. Insofern möchte ich sagen, ist Linkage Analysis eigentlich keine eigenständige Methode, sondern eine Tätigkeit, die man in die Beratungsarbeit an verschiedenen Punkten einfließen lassen muß, um arbeitsteilige Unternehmen zu optimieren.

Was immer man tut, man muß sich den maßgeblichen Geschäftsprozessen zuwenden, wenn Ergebnisse verbessert werden sollen. Dies gilt sowohl für den Bereich Entwicklung, Produktion, Vertrieb, Finanz, Verwaltung, Personal etc. als auch gegebenenfalls für eine Betrachtung der Abläufe innerhalb einer komplizierten IS-Funktion. Auch in einem IS-Haus müssen kritische Prozesse definiert, verbessert und verfolgt werden, um erstens die Arbeiten in sich zu verbessern und um zweitens die Interaktionsfähigkeit zu den beteiligten Abnehmern der IS-Leistungen herzustellen.

Total Quality Management, in der Fabrik geboren und inzwischen auf alle Funktionen übertragen, basiert auch ganz gravierend auf dem Business Process Management oder dem Business Process Reengineering als Denkansatz, als Methode oder Disziplin. Hierbei konzentriert man sich darauf, die Aktionsketten, die Leistungsströme innerhalb eines Unternehmens oder einer Abteilung, unabhängig von der Organisation oder der hierarchischen Gliederung, zu definieren.

Das Herausschälen und Definieren von Geschäftsprozessen, unabhängig von dieser strukturellen Gliederung, ist deshalb immer eine äußerst wirksame Methode, um den Arbeitsinhalten und vor allem den Abhängigkeiten auf die Spur zu kommen. Aus diesem Grunde können Berater mit den klassischen Kästchen-Diagrammen der Organisationsbeschreibung häufig recht wenig anfangen. Dabei ist Geschäftsprozeß-Definition zunächst einmal recht einfach. Es handelt sich darum, Geschäftsprozesse zu beschreiben, deren Eingabe-Daten, -Werte oder -Güter, die Verarbeitung dieser nach festgelegten oder angepaßten Algorithmen, um dann aus einem Prozeß, Ergebnisse,

Daten oder Produkte abzuliefern die wiederum Eingang in einen anderen Prozeß oder aber in den Markt bilden.

Nun kann man Hauptprozesse in Unterprozesse immer weiter und solange zergliedern, bis man etwa im Stil der CASE Tools an ganz kleine Einheiten gelangt. Ich empfehle dies nicht für Management-Entscheidungen, sondern ich empfehle dem Management nur die zweite Dekompositionsstufe zu wählen. Dann kommt man bei der entsprechenden Selektion unter dem Begriff der Wichtigkeit für normale Unternehmen in eine Prozeßbreite von 30 bis 60 Untergruppen in dieser zweiten Dekompositionsstufe und auf diesem Niveau kann man dann noch analytisch denken, definieren und vor allem durchsetzen.

Total Quality Management als Methode bedient sich dieser Disziplin und schafft dann zwei zusätzliche Kriterien. Einmal muß für jeden Prozeß oder für jede Prozeßgruppe ein Eigner definiert werden, der unabhängig von der hierarchischen Organisation für die Prozeßergebnisse verantwortlich ist, und zum zweiten müssen meßbare Qualitätskriterien aufgestellt und ermittelt werden, die über die Zeit vom Prozeßeigner verbessert und verfolgt werden müssen, um zu einer höheren Effizienz und Qualität innerhalb der Prozesse zu gelangen. Dieses Thema soll später in diesem Buch noch weiter vertieft werden.

Bis jetzt haben wir schon drei in der Literatur als eigenständig aufgeführte Methoden zu einer sinnvollen Vorgehensweise verbunden, nämlich das Business Process Management/Reengineering, die Verbindungen von Prozessen mit anderen, die Linkage Analysis, die Aufstellung von kritischen Erfolgsfaktoren, und damit die Ausweitung dieses Denkschemas zum Total Quality Management.

Ich möchte an dieser Stelle nicht weiter mit der Beschreibung anderer sinnvoller Methoden oder Disziplinen oder – wie man auch im Angelsächsischen häufig hört: Practices – fortfahren. Vielmehr kommt es mir darauf an zu sagen, daß zwei Dinge im Vordergrund stehen: Einmal die Auswahl und Kombination solcher Methoden und Techniken zu einer sinnvollen Beratung und zweitens vor allem eine individuelle Zielsetzung und Richtungsgebung für das, was mit Methoden und Disziplinen erzielt werden soll. Wer, um ein einfaches Beispiel zu nennen, die Kommunikation eines Führungsteams durch Informationen verbessern möchte, der muß sich vorher die Frage beantworten, welche Ziele denn ein Managementteam erreichen möchte oder erreichen will, und deshalb hilft hier nicht eine Kommunikationsanalyse allein, sondern zuvor muß die Gemeinsamkeit eines Zielsystems definiert werden, welches für die Betroffenen und für die Situation relevant ist. Dann erst kann man die Technik einer Kommunikationsanalyse oder des Kommunikationsdesigns methodisch anwenden.

Viel schwieriger werden die Dinge, wenn es darum geht, z.B. Mitarbeiter-Orientierung oder Kunden-Orientierung durch die Gestaltung von Prozessen zu verbessern. Bleiben wir zunächst bei der Mitarbeiter-Orientierung. Dies bedeutet sicherlich, daß es gelingen muß, jeden Mitarbeiter mit neuen Maßnahmen zu erreichen oder ihn mit Hilfsmitteln auszustatten, die es ihm erlauben, seine Arbeit vor Ort besser und ausgerichtet auf die Unternehmensziele zu leisten. Hierbei ist es natürlich Voraussetzung, daß die Ziele des Unternehmens so formuliert sind, daß sie für jeden Mitarbeiter operationelle Relevanz haben. Aber wenn man von Mitarbeiter-Orientierung redet, dann muß auch schon bei der Analysephase die Mitarbeiter-Orientierung die größte Rolle spielen. Man kommt nicht umhin, die Vorstellungen zur Verbesserung von Verhältnissen an der Basis zu erfragen und damit wird die Erhebungstechnik, vorgedachte und strukturierte Interviews, zu einer sehr maßgeblichen Methode für die Einleitung des Verbesserungsprozesses. »Business is People« lehrt uns Peters: Das Geschäft wird durch die Menschen an der operierenden Basis gemacht! Was nützt die Strategie eines Kreditinstitutes zur Kundenorientierung, wenn dem Mitarbeiter am Arbeitsplatz keine Mittel verfügbar gemacht werden, um sich auf die Bedürfnisse des Kunden einstellen zu können. Dabei geht es nicht mehr darum, Data Entry mit Computerprogrammen für verschiedene Geschäftsarten zu ermöglichen, sondern der instruierende Anteil von Computerprogrammen findet neben der numerischen Orientierung ein immer weiteres Anwendungsfeld.

Wer Allfinanz betreiben will und z.B. Bankleistungen und Versicherungsleistungen kombinieren will, hat die schwierige Aufgabe, dem Bank-Mitarbeiter, der das Glück durch Kreditvergabe in den nächsten Tagen verspricht, einen Teil der Attitüde eines Versicherungsberaters beizubringen, welcher das Glück erst für spätere Zeiten verspricht. Eine gänzlich unterschiedliche Einstellung. Hier helfen die sogenannten Beraterprogramme, die den Mitarbeiter darauf hinweisen und führen, im Kundengespräch beiden Belangen der Allfinanz gerecht zu werden.

Ja, und so könnte man weiter über Methoden philosophieren. Das möchte ich mir jetzt aber ersparen, zum Schluß jedoch noch einen wichtigen Teil oder Aspekt ansprechen: Was immer getan wird, um Probleme zu beseitigen, um Prozesse oder Qualitäten zu verbessern, es muß so gemacht werden, daß alle Beteiligten nach einer solch gemeinsam strukturierenden Arbeit oder Beratung den Willen haben, die gewonnenen Erkenntnisse fortlaufend umzusetzen. Hierzu ist es notwendig, daß die Befragten ihren Anteil an einer Analyse wiedererkennen und noch besser, daß man in Gruppensitzungen neue Zielrichtungen erarbeitet und sie später für die Durchführung dadurch leichter identifizieren kann.

Keine Methode an sich gewährleistet, daß das, was mit dieser oder anderen Methoden erarbeitet wurde, auch in die Praxis umgesetzt wird und darauf kommt es letztlich an.

Der Wille, gemeinsames Neues zu entwickeln, zu definieren und diesem zuzustimmen, ist das Allerwichtigste, um Veränderungen einzuleiten. Ob das hochgradig methodenrelevant ist? Ich glaube es nicht.

B

Helmut Holst

Compunication – das Verschwinden der Zeit

Teil B

Einleitung

Das Thema der Zukunft in der Informationsverarbeitung ist nicht so sehr der Computer, sondern der Zwischenraum zwischen den Computern und zwischen Computer und Benutzern. Ihn gilt es zu begreifen und zu organisieren.

Das Kunstwort Compunication setzt sich aus Computer und Communication zusammen. Es steht für das Zusammenwachsen von Informatik und Telekommunikation. Die Begriffe Telematik oder C+C-Technologien beschreiben den gleichen Sachverhalt.

Über die technischen Aspekte dieses Themas ist bereits viel gesagt worden. Mein Ziel ist es, die Implikationen dieser Medienrevolution, die gleichzeitig eine Geschwindigkeitsrevolution ist, im Hinblick auf das Unternehmen zu beleuchten.

Kommunikationsinnovationen sind keine marginalen Verbesserungen. Sie rühren an den Kern des Unternehmens. Das muß zwangsläufig solche Unternehmen besonders betreffen, deren Wertschöpfungsprozesse und/oder Produkte informationsintensiv sind.

Die Interaktion von Mensch und Computer als ein System in Echtzeit verbunden mit anderen Systemen, läßt bisher festgefügte Begriffswelten verschwimmen.

Postmoderne Philosophie, Kommunikationswissenschaften, Erkenntnistheorie und andere Bereiche beschäftigen sich intensiv mit der Diskussion über mögliche Auswirkungen.

Unternehmensplanung und die Planung der Informationssysteme reflektieren davon bisher nur sehr wenig.

Die traditionelle betriebswirtschaftliche Doktrin berücksichtigt die Fragen der Medien sowie das Problem der Geschwindigkeit nur am Rande. Für die Unternehmensberatung sind sie aber Kernthemen. Die Geschwindigkeit treibt die Prozesse. Computer- und Kommunikations-Technologien sorgen für den Antrieb. Es geht nicht darum, mit neuen Technologien alte Probleme zu lösen, sondern auf neue Fragen neue Antworten zu finden.

Medien und Geschwindigkeit

»The Medium is the Message«
Marshall McLuhan

Jedes Medium verkündet zunächst seine eigene Botschaft. Der Satz stammt von Marshall McLuhan, dem Propagandisten einer Theorie der Medien. In seinem 1964 erschienenen Buch »Understanding Media – die magischen Kanäle«, vertritt er die These, daß das Auftreten eines neuen Mediums für den Transport von Gütern, Personen oder Informationen die Beziehungen von Menschen und Institutionen untereinander beeinflußt, unabhängig von dem, was transportiert wird.

Dies steht im Gegensatz zu der These in der betriebswirtschaftlichen Theorie, daß Technik an sich neutral sei und es ausschließlich darauf ankomme, was wir daraus machen. Die Botschaft eines neuen Mediums ist die Veränderung. Medien machen, ja sind Revolutionen, ganz unabhängig von ihrem Inhalt, bloß aufgrund ihrer technologischen Struktur.

So wie die Erfindung des Rades als eine Erweiterung des menschlichen Fußes gesehen werden kann, können Computer und digitale Nachrichtentechnik als Erweiterung von Gehirn und Nervensystem gedeutet werden. Jede Ausweitung des Menschen aber berührt sein gesamtes physisches und psychisches Gefüge.

Ein neues Medium verändert in diesem Sinne immer auch die Balance in sozio-ökonomischen Systemen, z.B. im Hinblick auf

- Zeit und Raum
- Konzentration und Ausbreitung
- Macht und Gegenmacht.

Eine besondere revolutionäre Kraft entfaltet sich immer dann, wenn durch die Addition zweier Medien, von denen eines einen Netzwerk-Charakter hat, ein neues Medium entsteht, wie z.B. das Fernsehen aus einer Addition von Film und Funk entstanden ist oder in unserem Fall das Zusammenfallen von Computer-Technologie und Nachrichtentechnik.

Medien-Revolutionen schaffen neue »Realitäten«. Das phonetische Alphabet war die Grundlage des logischen Denkens. Der Buchdruck schuf das lineare Denken. Die mathematische Notation förderte den funktionalen Denkansatz und schuf das kybernetische Denken.

Das Medium Computer-Kommunikation zwinge zu einer ganzheitlichen Betrachtungsweise, behauptet der Kommunikationsphilosoph Vilem Flusser. Gleichzeitig schaffe es virtuelle Realitäten, die unseren historischen Denkansatz in Frage stellen. Die Vergangenheit werde »wiederholbar«, die Zukunft werde »simulierbar«.

Die jeweilige Form der Medien induziert einen bestimmten Typ von gesellschaftlichen Verhältnissen. Die Theorie des »Kommunikativen Handelns« zeigt, daß es bei der Kommunikation immer um Einfluß, Wertbindung, Geld oder Macht geht. Neue Medien lösen daher immer einen neuen Kampf um die Organisation der Vermittlungseinrichtungen und Netze aus. Wer die jeweils dominanten Medien kontrolliert, kontrolliert die Macht.

Medien-Revolutionen sind immer auch Geschwindigkeitsrevolutionen. Die erste industrielle Revolution begann mit der Erfindung der Dampfmaschine. Sie kam jedoch erst ins Rollen, als mit der Erfindung der Eisenbahn diese auf Räder gestellt und in ein Netzwerk eingebracht wurde.

Als die Eisenbahnen im Europa des 19. Jahrhunderts aufkamen, verschwand mit ihnen die vertraute Anschauung von Raum und Zeit. Die Eisenbahn erschien ihren Zeitgenossen als eine »Maschinerie der Vernichtung«, beschreibt Wolfgang Schivelbusch in seiner »Geschichte der Eisenbahnreise.«

Heinrich Heine beschreibt seine Eindrücke 1843 in Paris: »Welche Veränderungen müssen jetzt eintreten in unsere Anschauungsweise und in unseren Vorstellungen! Sogar die Elementarbegriffe von Zeit und Raum sind schwankend geworden. Durch die Eisenbahnen wird der Raum getötet, und es bleibt nur noch die Zeit.«

Die gesamte Menschheitsgeschichte kann als eine Geschichte der Bewegung und Beschleunigung gesehen werden. Es gab keine industrielle Revolution, sondern eine Revolution der Geschwindigkeit, ist einer der Kernsätze von Paul Virilio, dem Begründer der »Dromologie«, der Lehre von der Geschwindigkeit.

Die zweite, die kybernetische Revolution, mag mit der Erfindung des Computers begonnen haben. Ihre eigentliche Kraft beginnt sie aber erst jetzt zu entfalten, wo die digitale Universalmaschine Computer mit der digitalisierten Nachrichtentechnik zusammenwächst und in genormten Kommunikationsnetzen die Interoperabilität von Systemen, Anwendungen und Benutzern zuläßt. Es gilt die These, daß das Medium Computer-Kommunikation im »Informationszeitalter« eine vergleichbare revolutionäre Kraft entfalten wird, wie es die Eisenbahn im Zeitalter der Industrialisierung tat.

Die durch die Eisenbahn ausgelöste »Vernichtung« des Raumes und »Industrialisierung« der Zeit ermöglichten die moderne Massenproduktion und -distribution. Sie schufen das moderne Unternehmen mit seiner hierarchisch gegliederten Organisationsstruktur und seinem »linearen« Denken. Welche Auswirkungen wird die »Vernichtung der Zeit« auf das Unternehmen haben? Die Transaktionssysteme der Computer-Kommunikation – verbunden mit den permanent verbesserten Transportsystemen – sind dabei, zu tiefgreifenden Veränderungen in Organisation und Kultur von Unternehmen zu führen.

Die Veränderung der Transportsysteme veränderte zuallererst den Produktionsbetrieb. Die Veränderung der Transaktionssysteme wird nachhaltige Konsequenzen für den Informationsbetrieb haben. Ein Anhaltspunkt für das, was auf uns zukommt, ist die Transformation des Geldes in den Binärcode. Geld wird nicht nur in Bits codiert, sondern die Bits werden in den Netzen der Computer-Kommunikation selber zum Geld. Die ökonomische Kategorie des Wertes wird von seinem Informationswert aufgesogen. »Auf das angewandt, was wir noch als »Ökonomie« betrachten, sind alle Formen von Reichtum das Ergebnis von Informationsbewegungen«, schreibt Marshall McLuhan.

Satellitentechnik und Computer-Kommunikation bringen uns im Fernsehen täglich das Bild der Erde, aufgenommen aus dem Weltraum. Diese Perspektive fördert zwangsläufig eine neue »Welt-Anschauung«. Die Erde offenbart sich in ihren Zirkulationen. Sie wird sichtbar als ein Netz von Beziehungen. Die Vorstellung, das eigene Handeln und seine Konsequenzen zeitgleich aus der Distanz beobachten zu können, bedeutet einen »Kulturschock«, der die politischen und gesellschaftlichen Rahmenbedingungen insgesamt verändern wird.

Aber nicht nur unsere Perspektive in der Welt-Anschauung ändert sich, sondern auch unser Zeitbewußtsein. Die neuen Medien beeinflussen die Realität unseres Zeitempfindens. Dem Eisenbahn-Zeitalter entsprach das lineare Zeitmodell, indem der Zeitpfeil, aus der Vergangenheit kommend, durch die Gegenwart in die Zukunft läuft. Dem kybernetischen Zeitalter entspricht das »punktuelle« Zeitmodell. Die Beschleunigung aller Prozesse führt zu dem Empfinden, daß die Zeit der Gegenwart entgegenkommt. Die Gegenwart ist umgeben von Zukünften. Es gibt keine präferentielle Richtung mehr. Dies führt uns vom kausalen Denken zum Denken in Projektionen, Szenarien und Modellen. Um zu sehen, was ist, muß man sehen, was wird. Die Vergangenheit hilft für die Erklärung der Zukunft wenig.

Jeder Organisation, ob im politischen, gesellschaftlichen, ökonomischen oder privaten Bereich, liegt ein bestimmtes Geschwindigkeitsverhältnis zugrunde. Ändert es sich, verändert sich auch seine Balance. Zum Mythos der industriellen Moderne gehörte die uneingeschränkte Bejahung der Geschwindigkeit. Die »Post-Moderne« sucht nach einem neuen Ausgleich zwischen Beschleunigung und Langsamkeit.

Compunication

»Vergessen wir die Dinge,
betrachten wir die Beziehungen«.
Georges Braque

Zusammenwachsen von Datenverarbeitung und Nachrichtentechnik

Datenverarbeitung und Nachrichtentechnik wachsen zusammen. Sie müssen künftig als Einheit betrachtet werden.

Dabei geht es um mehr, als die bloße Addition zweier Zukunftstechnologien. Die eigentliche Revolution liegt darin, daß die Vereinigung von Digitalisierung und Elektronik, die bisher nur im Computer stattfand, nun auch im Zwischenraum zwischen den Computern stattfinden kann und diesen verschwinden läßt.

Bei der Verknüpfung der universellen digitalen Maschine Computer mit einem universellen digitalen Transportnetz entsteht ein völlig neues Medium für den Produktionsfaktor Information. Die Unternehmenskommunikation basiert heute im wesentlichen auf den traditionellen Medien Papier und Telefon. Die Telekommunikation zielt mit ihren Angeboten, wie Telex, Teletex, Telefax usw., lediglich auf eine Substitution dieser traditionellen Übermittlungsarten in ganz bestimmten Einsatzfeldern und Relationen ab. Auch die Datenkommunikation, d.h. der Zugriff auf Computeranwendungen und -daten, wurde in ihrem bisherigen Selbstverständnis nur als ein weiterer additiver Weg für ganz bestimmte Geschäftsvorfälle angesehen.

Zieht man die traditionellen Kriterien zur Beurteilung eines Mediums heran, wie:

- Schnelligkeit,
- Fähigkeit zur Übermittlung komplexer Sachverhalte,
- Sicherheit,
- Genauigkeit,
- Kosten,

so behält bei dieser Betrachtungsweise jedes Medium seine spezifischen Einsatzfelder in der Unternehmenskommunikation. Das Unternehmen von heute ist in seiner Ablauforganisation geprägt von einem Nebeneinander verschiedener inkompatibler Medien. Sachbearbeitung besteht zu einem großen Teil in der Überwindung von Medienbrüchen. Obwohl die Datenkommunikation im Hinblick auf

1 Schnelligkeit im Sinne von Erreichbarkeit durch Mailbox-Systeme,
2 Fähigkeit zur Übermittlung komplexer Zusammenhänge im Sinne von Dialog-Anwendungen,
3 Sicherheit im Sinne von Zugangsberechtigung und Verschlüsselung,
4 Genauigkeit im Sinne von Grafik- und Bildanwendungen

den anderen Medien überlegen ist, scheiterte die breite Einführung wohl eher an dem mangelden Bewußtsein der Organisatoren, als etwa an der Kostenfrage oder der immer noch eingeschränkten Funktionalität der Benutzer-Schnittstelle.

Das »Zusammenfallen« von

1 digitalem Produktionsmittel, zur Bearbeitung, Manipulation, Kombination und Präsentation von Informationen
2 digitalem Speichermittel, zur Ablage und zum Wiederauffinden von Informationen
3 digitalem Übertragungsmittel, mit elektronischer Geschwindigkeit und globaler Reichweite sowie der Fähigkeit zur Interaktion,
4 digitalem Transformationsmittel, zur Umsetzung von einem Code in einen anderen Code (z.B. Sprache in Daten, Englisch in Deutsch, lesbare Informationen in verschlüsselte Informationen) in einem Medium,

bedeutet eine völlig neue Dimension für die Gestaltung der Unternehmenskommunikation.

Die mögliche Integration von Daten, Texten, Grafiken, Bildern und Sprache in einem universellen digitalen Medium muß zwangsläufig allen anderen Medien überlegen sein, wenn seine Benutzer-Schnittstelle entsprechend einfach gestaltet wird.

Bisher nicht kompatible Informationskanäle werden kompatibel. Deshalb ist die Prognose plausibel, daß das neue Medium in den kommenden Jahren die herkömmlichen Bürotechnologien ablösen und sich nicht, wie Datenverarbeitung und Teletechniken bisher, auf bestimmte Geschäftsabläufe und Relationen beschränken wird.

Eine Voraussetzung für seinen kostengünstigen Einsatz ist die völlige Neugestaltung der Unternehmensprozesse zwischen

- Benutzern und Benutzern
- Benutzern und Anwendungen/Datenbanken
- Anwendungen und Anwendungen.

Computer-Kommunikation wird die Geschäftsprozesse eines Unternehmens sowie zwischen verschiedenen Unternehmen nicht mehr nur tangieren, wie es die herkömmliche Datenverarbeitung noch tut, sondern im Kern verändern. Deswegen lassen sich auf der Basis der Mengengerüste der traditionellen Medien auch keine Prognosen über die Zukunft der Unternehmenskommunikation machen. Herkömmliche Kommunikationsstudien und Prognose-Methoden helfen nicht weiter.

Ein neues Medium bedeutet eine neue Raum/Zeit-Dimension, bedeutet neue Kommunikationsqualitäten und Kommunikationsinhalte.

Die Verkehrswissenschaft lehrt uns, daß sich jede qualitativ oder quantitativ neue Verbindung ihren eigenen Verkehr schafft. Dort arbeitet man mit Gravitationsmodellen. Masse und Geschwindigkeit bestimmen die gegenseitige Anziehungskraft. Dabei kommt der Geschwindigkeit, d.h. der Einfachheit des Verkehrs, der größere Einfluß zu.

Für die Informationsverarbeitung bedeutet dies einen Paradigmenwechsel. Nicht mehr der Rechner, sondern der Zwischenraum zwischen den Rechnern, das Netz, steht im Mittelpunkt der Betrachtung. Dabei sind es die »Weitverkehrsnetze«, die für das Verschwinden des Zwischenraumes verantwortlich sind.

Diese Übertragungstechnik der Zukunft ist heute bereits verfügbar. Breitband-ISDN und sog. Metropolitan Area Networks realisieren (MANs) Übertragungsgeschwindigkeiten von über 100 MB/Sek. Erfunden werden wollen adäquate Anwendungs- und Rechnerkonzepte.

Originäre Eigenschaften

Das Medium Compunication weist Eigenschaften auf, die es von jedem anderen Medium unterscheiden. Daraus ergibt sich ein besonderer Gestaltungsbedarf, wenn negative Auswirkungen vermieden und die positiven Möglichkeiten innovativ genutzt werden sollen.

Programmsteuerung
Für die Eingrenzung der Kommunikationsteilnehmer im Sinne von nicht mit Allen/nicht mit Einem für die Realisierung neuer Hyper-Media-Anwendungen für die Anwendungs-Anwendungs-Kommunikation.

Interaktivität
Ein interaktives Medium verändert das Kommunikationsverhältnis von Sender und Empfänger. Die Sachebene der Kommunikation dominiert vor der Beziehungsebene. Das »Nichtanwesendsein« des Partners schafft auch Verständnis-Distanzen. Der Terminus der Antwort, daß die Macht dem gehört, der eine Antwort zu geben vermag und dem nicht zurückgegeben werden kann, schafft im Unternehmen die Gefahr kybernetischer Illusionen. Es gilt, eine neue Form des Dialogs und des Feedbacks zu organisieren.

Asynchronität
Jemanden erreichen können, ohne daß er angeschlossen ist, über das Zwischenspeichern von Informationen.

Echtzeit
Das Prinzip der Echtzeit geht sogar bis zur Real-Time-Interoperabilität von Anwendung zu Anwendung auf verschiedenen Systemen. Der Echtzeit steht das »Prinzip der aufgeschobenen Zeit« gegenüber. Dem Briefeschreiben entspricht das Nachdenken. Die Geschwindigkeit der Echtzeit-Kommunikation erfordert ein Vordenken. Zeitgewinn und reflexive Erörterung müssen aus einer Hand organisiert werden. Neue Expertensysteme sind eine mögliche Antwort.

Räumliche Aterritorialität
Jede Information ist überall verfügbar. Jeder Mitarbeiter ist »anwesend«, unabhängig von dem Ort, an dem er sich wirklich befindet. Virtuelle Arbeitsgruppen und virtuelle Geschäftseinheiten treten neben die traditionellen Formen der Aufbauorganisation.

Zeitliche Aterritorialität
Vergangenheitsdaten, Gegenwartsdaten und die Daten einer simulierten Zukunft können ohne Unterschied nebeneinanderstehen und ohne großen Aufwand zu neuen Informationsinhalten miteinander verknüpft werden.

Virtuelle Realität
Der Computer kennt keine Schrift, Grafik, Bilder, Sprache. Er simuliert sie auf dem binären Universalcode. Es gilt zu begreifen, daß das Medium Compunication nie das »Reale« darstellt, sondern seine Objekte immer entweder eine Vergegenwärtigung des Realen, eine Interpretation des Realen oder die Fiktion einer möglichen Realität sind.

Hierin liegen zwei riesige Herausforderungen. Einmal gilt es, die Interpretations- und Simulationsfähigkeit als Produktivkraft zu nutzen. Zum anderen muß aber die Modifikationsfähigkeit von Dokumenten so eingeschränkt werden, daß Vertrauen und Rechtssicherheit als Grundlage jeden ökonomischen Handelns nicht beeinträchtigt werden.

Multi-Media und Hyper-Media

Die ersten Schritte auf dem Weg von der Daten- zu einer Multi-Media-Dokumenten-Kommunikation sind bereits erkennbar. Beispiele dafür sind:

Abbildverarbeitung/Faksimile-Verarbeitung
Zur papierlosen Vorgangsbearbeitung in der Sachbearbeitung mit ständig verfügbaren Vorgängen und der Möglichkeit zur parallelen Bearbeitung durch mehrere Instanzen mit elektronischer Weiterleitung und elektronischem Archiv.

Rechnergesteuerte Sprachanwendungen
Im Sinne von

- Spracheingabe (Spracherkennung, Sprechererkennung)
- Sprachspeicherung (Sprachübermittlung, Voice-Mail)
- Sprachausgabe/künstliche Sprache (Phonem Generatoren)

Audio/Video-Integration
Mit der Integration von Daten und Texten, Fotos und Videobildern, Sprache und Ton. Auf dem Personal Computer bereits verfügbar. Z. B. für Verkaufshilfen, Kataloge, technische Dokumentationen usw.

Addiert man zur Multi-Media-Fähigkeit noch die Möglichkeit der IF/THEN-Programmsteuerung hinzu, kommt man zu dem Ansatz der Hyper-Media, als einer völlig neuen Methode zur Kommunikation von Wissen. Stellen wir uns eine programmierbare Workstation mit Audio/Video-Integration vor, mit IF/THEN-Steuerung und Expertensystem-Navigation, mit variabler Gliederung und ereignisgesteuerter Folge der Dokumente, mit unterschiedlichem Detaillierungsgrad der Darstellung und programmgesteuerter Rückkopplung zum Verständnis. Wir kommen so zu gänzlich neuen Anwendungstypen mit nichtlinearen Argumentationsstrukturen und Verweisketten, die im Sinne von Animation des Handels und als Simulation des Agierens eingesetzt werden können. Ansätze dafür existieren bereits, z.B. in den Computerspielen und in der Computer-Animation. Auch die Lokomotive fuhr zunächst als Lokomobil auf Rummelplätzen im Kreise, bevor ihre revolutionäre Kraft erkannt und im Schienennetz als Produktivkraft umgesetzt wurde.

Erforderlich für die Entfaltung der neuen Anwendungen sind schnelle Netze von 100 MB Übertragungsgeschwindigkeit und mehr. Diese gibt es zur Zeit bereits als LAN mit begrenzter Reichweite. Neue Übertragungsprotokolle und die Entwicklung der Lichtwellenleiter-Technologie werden jedoch auch im Bereich der Weitverzweigtennetze rasche Veränderungen bringen.

Kybernetisches Weltbild

Das Zusammenwachsen von Datenverarbeitung und Nachrichtentechnik zum Medium Compunication auf der Basis der Digitalisierung bedeutet erst den Beginn einer neuen Innovationskurve. Die eigentliche Revolution steht noch bevor. Sie wird getrieben durch die Breitband-Vernetzung im Weitverkehrsbereich. Compunication, Television und heutige Print-Medien werden sich zu einem einzigen Medium vereinigen, behauptet Nicholas Negroponte vom Media Lap des MIT (Massachusetts Institute of Technology). Die Implikationen für die gesamte Gesellschaft sind noch nicht abzusehen. Science Fiction sei die bedeutendste Philosophie-Richtung des ausgehenden 20.

Jahrhunderts, meint Marvin Minsky, einer der Vordenker der »Künstlichen Intelligenz«.

Die Verschmelzung bisher getrennter Medien zu dem neuen Medium der Compunication schafft ein Universalmedium. Gleichzeitig werden alle Inhalte dieses Mediums »virtuell«. Sie sind jederzeit änderbar und manipulierbar. »Kybernetische Realitäten« bilden die Wirklichkeit ab.

Die Kommunikationsinhalte der Zukunft werden bildorientiert sein. Die heutigen Computerspiele zeigen die Richtung. Der Kommunikations-Philosoph Vilém Flusser sieht uns bereits auf dem Weg von der »Schriftkultur« hin zu einer anderen »Kultur der digitalisierten Bilder«.

Echtzeit-Anwendungen machen keinen Unterschied mehr zwischen Aktion und Reaktion. Wer ist in interaktiven Systemen das Subjekt, wer das Objekt? Guckt der Benutzer in den PC oder schaut der PC den Benutzer an? Ein mit seinen Geschäftspartnern vernetztes Unternehmen kehrt sein Innerstes nach Außen und läßt äußere Einflüsse direkt auf sein Inneres wirken. Vergangenheitsdaten beeinflussen die Zukunftsplanung. Gleichzeitig wirkt das Futurum II »es wird gewesen sein« über die Simulation auf die Gegenwart.

Compunication läßt sich nur in einem kybernetischen Weltbild begreifen. Erst der Computer ermöglichte die Simulation komplexer dynamischer Systeme. Die Erkenntnis, daß auch kleinste Veränderungen große Auswirkungen haben können, zwingt uns, Abschied zu nehmen von der deterministischen Weltsicht, alle Systeme durchdringen und gestalten zu können. Das gilt auch für das Unternehmen als ein komplexes probabilistisches System.

Gleichzeitig zeigt uns die Entdeckung der Fraktale durch Benoit Mandelbrot, daß auch im bisherigen Chaos Ordnungsmuster verborgen sind, die erst der Computer aufzeigen kann.

Die neue Welt-Anschauung bedeutet nicht, daß alle traditionellen betriebswirtschaftlichen Denkansätze völlig obsolet sind. Wer jedoch die Chancen der Compunication begreifen will, ist zu einem neuen Denken aufgefordert.

»Denke neu«

»Wir stehen in einer neuen Einbildung,
in der wir uns erst zu üben haben.«
Vilém Flusser »Krise der Linearität«

Zwischen den neuen Computer- und Kommunikations-Technologien und dem betriebswirtschaftlichen Bild des Unternehmens besteht eine Wechselwirkung. Ein Unternehmen besteht aus einem Netzwerk von Kommunikation. Das gilt nicht nur für den Informationsbetrieb, sondern auch für die Fertigung. Was die Arbeitsteilung zerlegt, fügt die Kommunikation wieder zusammen. Die Unternehmenskommunikation rückt in den Mittelpunkt der Informationsverarbeitung. Die mit Hilfe der Computer-Kommunikation revolutionierten Transaktionssysteme – verbunden mit den permanent verbesserten Transportsystemen – sind dabei, zu tiefgreifenden Veränderungen in Organisation und Kultur von Unternehmen zu führen. Die Beschleunigung der Prozesse bringt die ökonomische Basis vieler Unternehmen zum Schwanken. Gesucht werden muß eine neue Balance in veränderten Märkten und Raum/Zeit-Territorien. Dabei wird wiederum die Computer-Kommunikation zum entscheidenden Gestaltungsmittel. In dieser entscheidenden Phase des »dromologischen« Fortschritts, der Beschleunigung aller Prozesse, wo die »Geschwindigkeit« das Wichtigste ist, die »Compunication« das schnellste Medium und die »Transaktions-Logistik« zur »dominanten Waffe« wird, helfen keine Lehrbücher. Gefragt sind Visionen.

Visionen entstehen durch Brechungen von gegenwärtigen Denkmustern. Eine Vision über den Einfluß der neuen Computer- und Kommunikationstechnologie auf das Unternehmen erhält man, wenn man die relevanten betriebswirtschaftlichen Theorien wie mit einem Prisma bricht, wobei die Prismenbasis der Betriebswirtschaftslehre so fremde Bereiche sind, wie

- Kommunikationswissenschaft
- Theorie der Medien
- Philosophie der Geschwindigkeit
- militärische Analogie

Unternehmensplaner und die Planer des strategischen Einsatzes von Computer- und Kommunikationstechnologien dürfen keine Spezialisten mehr sein. Sie müssen in mehreren Kulturen zu Hause sein.

Marktorientierter Ansatz

Für die Erklärung der Auswirkungen der Computer- und Kommunikations-Technologien auf das Unternehmen stellt uns die Betriebswirtschaftslehre heute zwei Schemata zur Verfügung.

Der traditionelle Ansatz stellt den Markt in den Mittelpunkt. Ausgangspunkt ist die Marktstruktur. Untersucht werden Wettbewerbskräfte und Wettbewerbsstrategien. Sie bestimmen die Leistungsfähigkeit des Unternehmens, seine Profitabilität und seine allokative und technische Effizienz.

Eine umfangreiche Literatur beschäftigt sich inzwischen mit den Themen der Auswirkungen von Informationstechnologien auf die sogenannten generischen Wettbewerbsstrategien, wie

- Kostenführerschaft,
- Produkt-Differenzierung/Produkt-Innovation,
- Konzentration auf Schwerpunkte und Marktnischen,

oder die Veränderung der Wettbewerbskräfte, wie

- Intensität der Rivalität in der Branche,
- Verhandlungsmacht von Lieferanten und Abnehmern,
- Eintrittsbarrieren für neue Wettbewerber,
- Substitutionsgefahr,

so daß sie hier nicht mehr wiederholt werden müssen. Interessant bleiben aber zwei Themenbereiche:

1 der elektronische Kanal als Instrument zur Produktdifferenzierung
2 die Logik der elektronischen Märkte.

Produktdifferenzierung durch den elektronischen Kanal

Die Kundenanbindung über den elektronischen Kanal führt zwangsläufig zu Produktdifferenzierungen. Es ist nur konsequent, den Marketing-Mix in der Ansprache von Geschäftspartnern ganz bewußt um die Möglichkeiten der Computer-Kommunikation zu erweitern. Ziele dieser Strategie sind, Zeit und Geschwindigkeit sowie Kundenservice als Bestandteile des Produktes zu etablieren. Der Abbau der Kommunikationsfriktionen zum Kunden bringt für diesen eine besondere Wertsteigerung, wenn er wiederum seine Kunden besser bedienen kann. Ansätze können sein:

1 Ware plus Tele-Service
   – Informationsdatenbanken: z.B. Wartungs-/Teile-Informationen
   – Expertenanwendungen: z.B. Konfigurationshilfen
   – Electronic Mail: Frage und Antwort bei Problemen
   – Zusatzdienste: z.B. Schulungssysteme

2 Intelligente Produkte
   – Ferndiagnose/Fernwartung/Fernsteuerung
   – Computertechnik im Produkt

Die bewußte Ausgestaltung des elektronischen Kanals muß vom Kunden her erfolgen. Das planerische Instrument der »Linkage Analysis« fragt nach den Verbesserungsmöglichkeiten in der Kommunikation aus der Sicht des Geschäftspartners sowie des Partners des Partners. Der elektronische Kanal kann bewußt als ein neues Mittel der »Corporate Identity« gesehen werden.

Elektronische Märkte

Ziel ist die Anbahnung und Abwicklung von Geschäftsvorfällen, wie Bestellung, Lieferanzeige, Lieferbestätigung, Rechnung usw. über den elektronischen Datenaustausch. Die Normung für EDI (Electronic Data Interchange) schreitet rasch voran. Zum Funktionieren sind aber noch weitere Voraussetzungen notwendig.

Logik des elektronischen Marktes

Damit der Nachfrager beim Anbieter bestellen kann, muß ein Markt-Informations-System zur Erreichung der erforderlichen Markttransparenz organisiert werden. Es muß u. a. Informationen über Artikel, Preise, Lieferbedingungen usw. enthalten.

Electronic Mail muß die Kommunikation von Sachbearbeiter zu Sachbearbeiter für schnelle formfreie Rückfragen erlauben.

EDA (Electronic Data Access) ist erforderlich, damit z.B. der Nachfrager auf die Dispositionssysteme des Anbieters zugreifen kann, um z.B. die tatsächliche Lieferbereitschaft abfragen zu können. Die Logik des elektronischen Marktes zwingt Konkurrenten zu einem einheitlichen organisatorischen Vorgehen.

Es muß einen gemeinsam akzeptierten Träger geben für

- die Standardisierung der Geschäftsvorfälle,
- den Aufbau einer Markt-Datenbank,
- die Organisation der Benutzer-Schnittstelle,
- Administration und Abrechnung.

Nur so läßt sich die angestrebte Markteffizienz realisieren.

Die Erhöhung der Markttransparenz bewirkt eine Verlagerung des Wettbewerbs vom Preis weg zu den oben angesprochenen Differenzierungen, z.B. über Service, Zeit und mögliche Zusatznutzen.

Logik der elektronischen Kundenanbindung

Die Schnittstelle zum Kunden für EDI, E-Mail und EDA sollte »aus einer Hand« gestaltet werden. Diese Schnittstelle wird für das Unternehmen zu einem entscheidenden Wettbewerbsfaktor. Die elektronische Kundenanbindung verändert die Wettbewerbsstrategie. Es gilt, den elektronischen Kanal für Produkt-Differenzierung und Produkt-Innovation zu nutzen. Ziel ist es, eine »elektronische Partnerschaft« zum Kunden aufzubauen. Dabei kann es gerade in der Startphase sinnvoll sein, dem Kunden eine programmierbare Workstation als Fenster zum eigenen Unternehmen zu finanzieren und die anfallenden Netzkosten zu begleichen. Erfahrungen zeigen, daß die elektronische Schnittstelle von Kunden dann besonders akzeptiert wird, wenn das gesamte benötigte Sortiment damit erreicht werden kann. Anbieter, die noch nicht Voll-Sortimenter sind, zwingt dies zu »elektronischen Allianzen« mit anderen Anbietern im Markt.

Logik der Vernetzung

Ein Unternehmen wird als Anbieter oder Nachfrager nicht nur bilaterale elektronische Verbindungen pflegen. Es wird sich immer in einer Relation 1:n bewegen. Das bedeutet aber zwangsläufig für einen Markt eine Logik der Vernetzung »Vieler mit Vielen«.

Alle gemeinsam müssen über die gleichen Hürden

- Daten-Norm
- Konnektivität
- zeitliche Erreichbarkeit

gehen.

Die Logik der Vernetzung n:n zwingt zu einer »Clearing-Funktion« in Form von branchenorientierten oder regionalen Unternehmensgemeinschaften. Statt n x n-Verbindungen hat jeder Teilnehmer nur einen Anschluß an diese Organisation. Sie löst damit das Problem der Konnektivität und Erreichbarkeit. Die Clearing-Funktion betreibt die gemeinsamen Anwendungen, wie Markt-Datenbank und Administrations- und Abrechnungssysteme. Sie akquiriert neue Teilnehmer und hilft über die kritische Anfangsphase mit nur wenigen Beteiligten hinwegzukommen. Sie ist entweder selbst Mehrwertdienst-Anbieter oder arbeitet mit Netzwerk-Betreibern zusammen.

Logik der »Community«

Eine Unternehmensgemeinschaft zur Organisation des elektronischen Kanals in einem Markt läßt sich mit einem »Schwungrad« vergleichen:

- Nabe: Verband ...zur Definition der gemeinsamen Standards und Organisation der gemeinsamen Funktionen.
- Speichen: Pioniere
- Radkranz: Folger
- Schubstange: Sponsoren für den Aufbau der gemeinsamen Funktionen und zur Finanzierung der Zeitspanne bis zum Erreichen der »kritischen Menge«.
- Schwungmasse: »kritische Menge«

Hier liegt die große Chance und die volkswirtschaftliche Bedeutung privater Mehrwertdienst-Anbieter. Sie können Mengenvorteile rascher erreichen und somit Investitions- und Durchführungskosten besser verteilen, als einzelne Unternehmensgemeinschaften oder ein einzelnes Großunternehmen.

Die Organisation einer elektronischen Gemeinschaft verändert die Balance in bestehenden Märkten. Konkurrenten müssen bereit sein, einen Teil ihres Markteinflusses an eine Community abzutreten. In oligopolitischen Märkten kann dies zur Kollosion, zum Krieg führen.

Wo nicht ein Sponsor in die Vorlage tritt und mit seinem Wettbewerbsverhalten andere zwingt, ihm zu folgen, ist die Organisation einer Community deswegen ein schwieriger Prozeß, weil alle Partner in einer Defensiv-Strategie verharren und sich zunächst gegenseitig blockieren können. Ein solches Gleichgewicht ist jedoch ein sehr labiles Gleichgewicht. Kein Marktteilnehmer ist vor der strategischen Überraschung gefeit, daß einer oder eine Allianz von Konkurrenten den Schritt zur elektronischen Kundenanbindung und in den elektronischen Markt wagt.

Größenvorteile

Der elektronische Kanal schafft analog zur Eisenbahn neue Größenvorteile. Beispiele dafür sind elektronische Buchungssysteme oder elektronische Börsen, die die Tendenz aufweisen, sogar global aktiv zu werden. Dies zwingt Unternehmen dazu, ihr eigenes Gewicht zu erhöhen, durch

1 Expansion/internes Wachstum
Erhöhung des Marktanteiles, Produktinnovation auf Basis der bestehenden Netz-Infrastruktur.

2 Übernahmen/Allianzen
zur Erreichung einer kritischen Größe, um bei den neuen »Netzwerk-Externalitäten« noch Gewicht im Markt zu behalten.

3 Kooperationen/elektronische Partnerschaften
virtuelle Geschäftseinheiten mit Partnern, gemeinsame Anwendungen mit Partnern.

Die unternehmensübergreifende Kommunikation bestimmt die Unternehmenskommunikation. Mehrwertdienste wirken in das Unternehmen hinein. Es gilt, die eigenen Schnittstellen und die eigenen Reaktionssysteme den neuen Anforderungen anzupassen. Das »Verschwinden der Zeit« fordert neue Echtzeit-Anwendungskonzepte. Ihre Fallhöhe, und damit ihre Anforderungen an Sicherheit und Zuverlässigkeit, bekommen eine existentielle Bedeutung. Die Realisierung von Zusatznutzen für den Geschäftspartner über den elektronischen Kanal wird zum entscheidenden Wettbewerbsfaktor. Um sich gegen eine strategische Überraschung zu feien, müssen die Anwendungen schnell erstellt werden. Dies bedeutet einen erheblichen Kapitalaufwand.

Gleichzeitig gilt es, sich in den anstehenden elektronischen Gemeinschaften und Mehrwertdiensten zu engagieren, um das eigene Gewicht zu erhalten oder zu fördern.

Interfusion

Hinzu kommt, daß Information als Ware oder als Zusatznutzen über den elektronischen Kanal verteilt, eine neue kapitalintensive Form des Marketings erfordert.

Dazu zwingt das sogenannte »Informations-Paradox«. Ein Kunde kann den Wert einer Information erst dann feststellen, wenn sie ihm vorliegt. Wer mit Hilfe des elektronischen Kanals Wertschöpfung realisieren will, muß zuerst seinem Kunden die eigenen Welt-Anschauungen, Paradigmen und Syntagmen verkaufen. Er muß vor dem Bedarf operieren. Er muß nicht nur physikalisches, sondern auch semantisches und ideologisches »Rauschen« im Kommunikationskanal minimieren. Szenario-Management, Visions-Entwicklung, Architektur-Konzepte sind Schlagworte für ein neues Vorgehen. »High Tech« bedeutet »High Touch«. Unternehmen und Partner sind gezwungen, ideologisch zu verschmelzen.

Prozeßorientierter Ansatz

Transaktionskosten-Ökonomie

Das traditionelle Schema der Unternehmensplanung

- Strategy: im Sinne von Wettbewerbsstrategien
- Structure: im Sinne von strategieadäquater Organisation
- Conduct: im Sinne von strategie-adäquaten Verhaltensmaßnahmen
- Performance: im Sinne von Leistung und Profitabilität,

eignet sich nur bedingt als Raster zur Analyse möglicher Auswirkungen neuer Computer- und Kommunikations-Technologien.

Denn der Einsatz von C+C-Technologien kann nicht mehr nur als Alternative des unternehmerischen Verhaltens angesehen werden. Computer- und Kommunikations-Technologien werden vielmehr für alle Unternehmen mit hoher Informationsintensität von Produkten und/oder Prozessen zu der bestimmenden Größe sowohl von Strategie als auch von Struktur.

Dem traditionellen Ansatz fehlt zudem der theoretische Unterbau zur Erklärung und Beherrschung organisatorischer Friktionen. Die Rolle eines neuen Mediums sowie die Rolle von Zeit/Geschwindigkeit kann nur unzulänglich berücksichtigt werden. Die Transaktionskosten-Ökonomie greift diese Schwächen auf. Sie hat als Schwerpunkt ihrer Analyse die Betrachtung der »Kanäle«. Im Sinne der Wertschöpfungskette Porters umfaßt sie das gesamte Unternehmen. Damit ist sie zur Beurteilung der Auswirkungen neuer Kommunikationstechnologien ein innovatives Instrument.

Gedanklich kann man drei Stufen zur Transformation der Ablauf-Organisation eines Unternehmens unterscheiden:

1 Reduktion der Transaktionskosten durch Einführung von Kommunikationstechnologie zur Substitution anderer Medien und damit zur Vermeidung von Medienbrüchen.

Transaktionskosten sind die Kosten der Anstrengungen zur Überwindung von Informations- und Kommunikationsproblemen bei Anbahnung, Vereinbarung, Abwicklung, Kontrolle und Modifikation einer arbeitsteiligen Leistungserstellung. Ihre Definition in der Literatur ist nicht eindeutig. Sie sollen hier von den Transport- und Produktionskosten eines Wirtschaftsgutes unterschieden werden. Sie entstehen sowohl unternehmensintern als auch im Verhältnis zum Geschäftspartner und Kunden.

Unternehmensintern sind Transaktionskosten die Kosten des Produktionsfaktors Organisation. Extern, im Marktbezug, stellen sie die Reibungsverluste dar. Ein Effizienzvergleich zeigt, ob eine Wertschöpfung im Unternehmen erbracht oder besser zu einem Kooperationspartner ausgelagert oder über den freien Markt beschafft werden soll. Ablauforganisation, Leistungstiefe und Produktionsprogramm eines Unternehmens sind eine Frage der Transaktionskosten.

2 Reduktion des Transaktionskostenaufkommens durch ein Re-Design der Geschäftsprozesse, verbunden mit dem Abbau bürokratischer und koordinationsintensiver Organisationsstrukturen.

3 Steigerung der dynamischen Effizienz des Unternehmens (z.B. als Zeitwettbewerber in elektronischen Märkten) durch Einführung neuer transaktions- und koordinationsintensiver Abläufe und ihrer Gestaltung mit Hilfe der neuen Technologie.

Die Transaktionskosten-Ökonomie stellt nicht nur die bestehende Unternehmensorganisation sowie das Produktionsprogramm des Unternehmens in Frage. Sie erweitert die generischen Unternehmensstrategien um die Ansätze:

- Prozeß-Innovation
- Zeit/Geschwindigkeit
- Unternehmens-Allianzen
- Wachstum oder Rückzug auf das Kern-Geschäft.

Ihr bisheriger Nachteil war ihre mangelnde Operationalität. Aus dem Qualitätsgedanken in der Fertigungsindustrie heraus hat sich mit der BPM (Business Process Management)-Methode ein praktikables Instrument zur Gestaltung der Unternehmensprozesse entwickelt, das von IBM intern schon erfolgreich auch für die Neugestaltung von Verwaltungsprozessen eingesetzt wurde. Die Informationsverarbeitung selber hat für die Erstellung von DV-Anwendungssystemen Analyse- und Design-Werkzeuge entwickelt, die sich grundsätzlich auch auf die Gestaltung der Transaktionsprozesse im Unternehmen anwenden lassen.

Prozeß-Transformation

Ziel ist die Minimierung der Transaktionsfriktionen vordringlich in den unternehmerischen Prozessen, in denen die eigentliche Wertschöpfung stattfindet.

Prozeß-Denken ist zirkuläres Denken. Prozesse definieren sich vom »Kunden« her. Wettbewerbsvorteile sind Kunden-Vorteile. Nur der unternehmensinterne oder der externe Kunde bestimmt den Wert einer Leistung. Für die den Wertschöpfungsprozeß begleitenden oder vorauseilenden Informationen gilt es, den eigenen Output dem Input des Partners anzupassen. Im Gegenfluß gilt es, die Rückkopplung zu organisieren. Die Sachbearbeitung des Partners und die eigene Sachbearbeitung verschmelzen zu einem System. Jeweils rückkoppelnd wird so die gesamte Wertschöpfungskette betrachtet. Es gilt, die Probleme im vorgelagerten Bereich zu erkennen und zu ändern, um nicht an nachgelagerten Symptomen zu kurieren. Dabei müssen die Subprozesse besonders beachtet werden, bei denen in Relation zu den anderen Subprozessen der Kosten- und/oder Zeit-Zuwachs größer ist als der Wertzuwachs. Hier liegt ein wichtiger Ansatz für das Zeitmanagement. Erfahrungen zeigen, daß die meisten Produkte eine Wertsteigerung nur während eines geringfügigen Prozentsatzes der gesamten Durchlaufzeit erhalten. Die gleichen Erfahrungen sagen, daß Investitionen in Zeitkomprimierung immer auch Verbesserungen der Kostensituation mit sich bringen.

Eine Rationalisierung der Subprozesse muß der Gesamt-Prozeß-Integration vorausgehen. Ziel darf nicht die isolierte Automatisierung einzelner Aktivitäten sein. Die für die Abwicklung eines Prozesses erforderlichen Informationen und Daten müssen definiert und in einem Prozeß-Datenmodell festgehalten werden.

Wenn Subprozesse zur Zeitkomprimierung simultan ablaufen sollen, wird ein Produkt/Datenmodell benötigt. Nur die Vision eines virtuellen Endproduktes erlaubt seine gleichzeitige Bearbeitung von mehreren Stellen aus.

Diese produktgebundene Betrachtung sowie ein gemeinsames Prozeß/Datenmodell sind auch die Grundlage der unternehmensübergreifenden Prozeßbetrachtung.

Extended Enterprise

Betrachtet man das Unternehmen aus der sogenannten »Feldsicht« der Kommunikationstheorie, wird deutlich, daß Unternehmen nur in ihrer Beziehung zu anderen Unternehmen existieren. Das empfindliche Gleichgewicht eines mehrdimensionalen Netzes charakterisiert ein Unternehmen.

Der Ansatz vom »Extended Enterprise« fordert dazu auf, die Vernetzung des Unternehmens aus Sicht der Transaktionskosten zu sehen und zu gestalten. Die »Linkage Analysis« als ein einfaches Werkzeug der Feldsicht, gibt dem Unternehmensplaner Anhaltspunkte, welche Verbindungen besonders wichtig und verbesserungswürdig sind.

Bei der Integration der eigenen vitalen Wertschöpfungsprozesse mit den Wertschöpfungsprozessen der Geschäftspartner gelten unternehmensübergreifend die gleichen Regeln, wie beim unternehmensinternen Prozeß-Management. Dies führt zu einer Veränderung der Unternehmensbeziehungen. Nach dem Sachmittel Compunication bilden sich unternehmensübergreifend neue reale oder virtuelle Organisationseinheiten.

Externalisierung
Die Verbesserung der Transaktionskosten führt zu einer Externalisierung des Unternehmens. Die eigene Wertschöpfung reduziert sich auf sein Kerngeschäft. Im Sinne des Abbaus der eigenen Leistungstiefe werden Teile des bisherigen Produktionsprogramms nach außen verlagert. Die Beschaffung erfolgt entweder über »elektronische Märkte« oder es entstehen neue Formen der bilateralen Zusammenarbeit auf der Basis von Anwendung-zu-Anwendungs-Kommunikation oder sogar auf der Basis gemeinsamer Anwendungen. Die Verzahnung der Wertschöpfungsketten führt so zu »elektronischen Allianzen«. Sie schafft »virtuelle Organisationseinheiten«, die sich zwar in verschiedenen Unternehmen befinden, aber mit verzahnten Anwendungen in die gleichen Regelkreise eingebunden sind. Nur die eigenen Kernkompetenzen sichern den Bestand des Unternehmens. Dies führt zu einer nachhaltigen Veränderung der Wettbewerbskräfte.

Kontrolle der Prozeß-Kette

Der zweite Ansatz zielt auf die Kontrolle eines möglichst großen Teils der gesamten unternehmensübergreifenden vertikalen oder horizontalen Wertschöpfungskette. Die Unsicherheit über die neue Balance in sich wandelnden Märkten und über das eigene Gewicht führt zu einer Strategie der Ausweitung der eigenen Wertschöpfung im Hinblick auf Leistungstiefe, Diversifikation und Absatzbreite. Die Gründe dafür können vielfältig sein:

- instabile Versorgermärkte
- opportunistisches Verhalten der Lieferanten
- Ansprüche an die Qualität und Zuverlässigkeit der Zulieferung
- besondere Anforderungen an Distribution und Handel
- Veredelung der eigenen Wertschöpfung durch vorwärtige Integration
- Machtverschiebung zum Datenerfasser in zeitkritischen Bestell und Buchungssystemen

Der Hauptgrund einer solchen Strategie scheint in vielen Fällen aber darin zu liegen, die Fähigkeit zur »systematischen Innovation« zu erhalten. Systematische Innovationen erfordern die Umstellung des gesamten Leistungserstellungsprozesses in einer unternehmensübergreifenden Wertschöpfungskette. Sie sind besonders transaktionskosten-intensiv und basieren auf gemeinsamem Know-how.

Das Medium Compunication führt zu koordinationsintensiven Strukturen mit neuen Größenvorteilen. Die Realisierung solcher Größenvorteile verlangt die unternehmensübergreifende Homogenisierung und Standardisierung der Kommunikationstechnologie. Der Schlüsselbegriff für ein neues Verhalten heißt »strukturelle Koppelung«. Wenn ein System ein anderes im eigenen Sinne positiv beeinflussen will, dann muß es sich selbst so organisieren, daß nicht nur Medien und Abläufe, sondern auch Strategie, Organisation und Führungssystem strukturell übereinstimmen. Die Interfusion muß auch Werte und Bewußtseinsinhalte der Mitarbeiter umfassen.

Informationsbetrieb

Eine Veränderung der Transaktionskosten muß zwangsläufig solche Unternehmen besonders berühren, deren Wertschöpfung besonders informationsintensiv ist.

Im Gegensatz zum »Produktionsbetrieb« sind im »Informationsbetrieb« die Informationskanäle die entscheidenden Faktoren der Produktionsfunktion.

Änderungen in den Kanälen durch das Aufkommen neuer Medien führen zur Veränderung der gesamten Leistungserstellung.

Eine ungefähre Vision dessen, was diesen Branchen bevorsteht, läßt sich allenfalls aus dem Bereich der Geld- und Finanzwirtschaft ableiten. Das »Verschwinden« des materiellen Geldes in reine Information führt zu neuen Größenvorteilen (z.B. der »elektronischen Börsen«) und zu völlig neuen Informationsverknüpfungen, die weit über die heute erkennbaren Ansätze, z.B. der Verknüpfung von elektronischen Zahlungsmitteln und den Warenwirtschaftssystemen des Handels oder den Allfinanz-Konzepten hinausgehen werden. Neuartige Markt- und Unternehmensstrukturen zeichnen sich ab.

Die Betriebswirtschaftslehre kennt keine Theorie der Informationsproduktion. Bei den Erklärungsmustern müssen wir uns an dem Fertigungsbetrieb orientieren. Der Informations- oder Bürobetrieb läßt sich mit der Auftragsfertigung einer Werkstatt vergleichen. Die Büroleistung besteht in der Transformation von Information in Information. Im Fertigungsprozeß geht es darum, durch qualitätsverbessernde Maßnahmen und Erfolgskontrolle die sogenannte Gutrate, d.h. das Verhältnis von Output zu Input zu maximieren und Ausschuß zu vermeiden. Im Büroprozeß muß die Gutrate 100% betragen. Dies muß durch Rückkopplung und Nachbesserung zwischen den einzelnen Subprozessen erreicht werden. Die Gesamt-Durchlaufzeit wird zum Hauptmaßstab für die Büro-Effizienz. Gerade hier weist der Informationsbetrieb von heute mit

- übertriebener Arbeitsteilung
- Mehrfacherfassung von Informationen
- zusätzliche durch Medienbrüche erforderliche Umsetzfunktionen
- uneinheitliche Informationsbasis
- zeitaufwendige Übertragungswege
- überschneidende Zuständigkeiten
- hohen Koordinationsaufwand

ein erhebliches Gestaltungspotential auf. Die Rationalisierung durch Prozeßorientierung muß zuallererst ansetzen an den nicht oder nur bedingt wertsteigernden Tätigkeiten eines Vorgangs, wie

- Rüstzeiten
- Abstimmzeiten
- Suchzeiten
- Transportzeiten

Aber auch die Bearbeitungszeit selber kann erheblich verkürzt werden, wenn sie im Sinne der »Strategie des Fließens« gestaltet wird. Ziel ist ein integriertes bereichs- oder unternehmensübergreifendes Kommunikations- und Informationskonzept und nicht die »Elektrifizierung« von Einzelsituationen, die die bisherigen Ansätze der Büroautomation prägten.

Teil-autonome Informationsinsel

Gesucht werden Organisationsformen, die der turbulenter werdenden Umwelt gerecht werden können und das Unternehmen als ein komplexes System von Aktion und Reaktion begreifen. In der Fertigung versucht man, flexible Produktionssysteme aus teil-autonomen Fertigungsinseln mit eigenen Regelkreisen, eingepaßt in die Gesamtprozesse, aufzubauen.

Für den Informationsbetrieb bieten sich ähnliche Organisationseinheiten nach dem Sachmittel Computer-Kommunikation an. Die interne Vernetzung zwischen den beteiligten Mitarbeitern, deren Komplexität nicht oder nur sehr schwer systemanalytisch durchdrungen und von außen gestaltet werden kann, wird der Arbeitsgruppe selbst bzw. ihrer Führung überlassen.

Dieser neue konzeptionelle Ansatz entspricht dem fraktalen Weltbild, das nicht mehr alles systemanalytisch durchdrungen und deterministisch gestaltbar ist.

Teil-autonome Arbeitsgruppen:

- verfolgen Ziele des Gesamtsystems,
- sind eingebunden in die Geschäftsprozesse des Gesamtsystems,
- sind aufgebaut nach dem gleichen Ordnungsmuster und ausgestattet mit den gleichen Werkzeugen,
- sind mit weitgehender Selbstorganisation zur Selbstoptimierung ausgestattet.

Aufgabe der Informationslogistik ist es, mit gemeinsamen Anwendungen und einer gemeinsamen Kommunikationsarchitektur diese Arbeitsgruppen möglichst widerspruchsfrei einzubinden.

Die teil-autonome Arbeitsgruppe im Büro ist verantwortlich für die Wertschöpfung in einem oder mehreren Subprozessen mit definierbaren Ein- und Ausgabegrößen. Meßzahlen können Zeitaufwand und Qualität sein. Der Manager der Gruppe integriert die verschiedenen Funktionen, die zur Lösung der Aufgabe erforderlich sind. Er optimiert, in dem er bezogen auf seine Mitarbeiter die besten Methoden zur Lösung der jeweiligen Aufgabe anwendet. Daraus ergeben sich Vorteile:

- kurze, schnelle Kommunikation,
- Lernprozeß innerhalb der Gruppe institutionalisiert,
- interdisziplinäre Zusammenarbeit,
- laufende Verbesserung der Subprozesse im Kontext zum Gesamtprozeß.

Die Idee der teil-autonomen Arbeitsgruppe folgt dem Konzept der Materiallogistik. So wie Transporte selber nicht werterhöhend sind, sind dies auch Informationsbewegungen nicht. Alle Informationen, die nicht über das Medium Compunikation zeitlich und räumlich Aterritorial werden, sollten »an einem Ort« im Zugriff des Bearbeiters sein. Dabei gilt die gleiche Hol-Schuld für Informationen, wie sie in den sogenannten Pull-Systemen der Auftragsfertigung für das Material gilt.

So wie sich die industrielle Fertigung in den Fabriken ihre eigenen Architekturen schuf, wird dies auch für das Büro der Zukunft gelten. Das Großraumbüro versuchte, den Kommunikationsansprüchen und den prozeßorganisatorischen Anforderungen der »Papierorganisation« gerecht zu werden. Der Informationsbetrieb der Zukunft wird geprägt sein durch

- Arbeitskabinen für den einzelnen, in denen er unter seinem »elektronischen Zelt« arbeitet,
- ein Forum für Erörterung/Gedankenaustausch
- Räume für gemeinsame Geräte und Papierablage.

Tele-Arbeit wird eine wesentliche Rolle spielen. Bisherige räumliche Standortvorteile werden obsolet.

Informationslogistik

In der Materialwirtschaft kennt man den Begriff der Logistikkette. Sie kann sich aus vielen hintereinanderliegenden oder parallel verlaufenden Einzelgliedern zusammensetzen, in denen bestimmte Funktionen abgewickelt werden. Analog dazu kann man auch den Informationsfluß im Unternehmen als Funktionskette betrachten. Ihre Gestaltung ist Aufgabe der »Informationslogistik«. Ziel der Informationslogistik ist es, die Transaktionskosten, d.h. den Gesamtaufwand für die Informationsübertragung zu minimieren und analog zur Materiallogistik

- die richtigen Informationen
- am richtigen Platz
- zur richtigen Zeit
- auf richtigem Wege
- im richtigen Umfang

bereitzustellen oder abrufbar zu halten. Die Gestaltungsprozesse der Informationslogistik, wie

- einheitliche Formate,
- einheitliche Informationsübertragung,
- Beibehalten des Mediums,
- einfache, beherrschbare Technik,
- Aufbereitung für die nachfolgenden Bearbeitungsstufen,
- Mitarbeiter und funktionsgerechte Darstellung,
- Verkürzung von Zugriffswegen durch funktionale Zuordnung,

ähneln denen der Materiallogistik. Für beide gilt als kritischer Erfolgsfaktor die Frage: »Geht es nicht auch einfacher?«

So wie Transportvorgänge keine Werterhöhung darstellen, gilt dies im allgemeinen auch für die Übertragung operationaler Daten. Informa-tionsflußanalysen sowohl in Fertigungsbetrieben als auch in Informationsbetrieben zeigen folgende Sachverhalte:

- Zwischen jeweils wenigen Teilnehmern werden viele Informationen ausgetauscht,
- viele Transaktionen wären bei einer anderen Ablauf oder Aufbau-Organisation überflüssig,
- bei vielen Daten herrscht eine große Redundanz im Unternehmen.

Daraus ergibt sich als eigentliche Aufgabe der Informationslogistik das Konzept, Informationstransaktionen zu vermeiden. Computer-Anwendungen, Computer-Datenbanken und Computer-Kommunikation bieten hierfür mit ihren originären Eigenschaften einen universalen Werkzeugkasten für den Organisator. Er muß sich jedoch dessen bewußt sein, daß eine umfassende Vernetzung der Arbeitsplätze von Führungskräften und Sachbearbeitern mit Zugriff auf alle relevanten Informationen des Unternehmens allein keine nachhaltigen Verbesserungen bringt. Sicherlich lassen sich so die Geschäftsprozesse des Unternehmens beschleunigen, die Qualität der Leistungserstellung verbessern und in Ansätzen auch Kosten senken. Die eigentlichen Rationalisierungsreserven liegen jedoch in einer völligen Veränderung der Ablauf- und Aufbau-Organisation.

Unternehmensorganisation und die Gestaltung der Informationslogistik müssen aus einer Hand erfolgen. Computer- und Kommunikations-Technologien bestimmen die künftige »Bebauungs- und Verkehrsplanung« des Unternehmens. Sie bestimmen, wo welche Funktionen erfüllt werden und wie sie miteinander verknüpft sind. Zur Bewältigung der Komplexität und zur Erhaltung der notwendigen Flexibilität sind Architektur-Entscheidungen erforderlich. Es geht um eine ganzheitliche Sichtweise aller Infrastruktur-Objekte, wie DV-Systeme, Anwendungen, Datenbanken usw. Je schneller die Unternehmensprozesse laufen sollen, desto größer ist der Zwang zu einer einheitlichen Gestaltung.

Das Architektur-Konzept muß zukunftsoffen sein. Es muß möglich sein, seine Reichweite zu erweitern:

- von bilateral zu jeder/mit jedem
- von intern zu extern
- von der Mail-Box zur integrierten Anwendung
- von Datensätzen zu Multi-Media-Dokumenten
- von der Datenübertragung zur Übermittlung von Wissen = Kontext

Die Architekturen der Informations-Logistik sind, im Gegensatz zum räumlichen Architekturbegriff, Architekturen »in der Zeit«. Das Unternehmen der Zukunft definiert sich nicht mehr über seine Aufbau-Organisation, sondern über die Gestaltung der Zeit. Dies kann es nur gemeinsam mit seinen Partnern in der Wertschöpfungskette.

Die Zeit als Wettbewerbsfaktor

»Die Geschwindigkeit ist das Wichtigste im Krieg.«
Sun Tse »Die 13 Gebote der Kriegskunst«

Zeit = Existenz

»Ziel aller Technologie ist der Kampf gegen Raum und Zeit«, schreibt Günter Anders unter der Überschrift: »Die Antiquiertheit von Raum und Zeit«. Für den Informationsbetrieb bleibt nur noch die Zeit übrig. Sie dominiert auch im Produktionsbetrieb die Fertigung und den Transport. Im Interesse der

Zeitgewinnung als Distanz zum Konkurrenten gilt es, die Zeit als Distanz zum Kunden zu minimieren. Ändert sich das Zeitbewußtsein der Kunden oder ergeben sich neue technologische Möglichkeiten zur Beschleunigung der Prozesse, muß sich zwangsläufig das Unternehmen ändern. Die Zeit ist mehr als nur einer von mehreren Wettbewerbsfaktoren. So wie sie nach Heidegger zum innersten Wesen des menschlichen Seins gehört, bestimmt sie für das Unternehmen den Kern seiner Existenz. Alle Unternehmensprozesse – zwischen Disposition und Realisation, zwischen Einkauf und Vertrieb – können als ein System von Regelkreisen gesehen werden. Die Zeit verbindet ihre Teile.

Ein Unternehmen kann nur dann überleben, wenn seine Anpassungsgeschwindigkeit an die Märkte größer/gleich ist, als die Änderungsgeschwindigkeit der Wettbewerbskräfte und die Anpassungsgeschwindigkeit seiner Konkurrenten. Die Herausforderung ist es, mit Hilfe des elektronischen Kanals die Zeit als strategische Ressource zu organisieren.

Militärische Analogie

Welche Bedeutung die Zielstrategie »Time to Market« als kritischer Erfolgsfaktor hat, haben japanische Unternehmen bewiesen. Je langwieriger die Zeit der Vorbereitung bis zur Produktionsreife ist und je schneller die Marktprozesse laufen, desto größer sind die Vorteile für den Pionier. Der Nachfolger gerät in ein strategisches Dilemma.

Möglicherweise sind die westlichen Unternehmen, die sich plötzlich in einer defensiven Position wiederfanden, nur den falschen Denkmodellen gefolgt. Die existentielle Bedeutung der Zeit spiegelt sich in der traditionellen betriebswirtschaftlichen Theorie und den darauf aufbauenden Unternehmenskonzepten nur unzulänglich wider.

Die einzigen, die die Bedeutung der Zeit als »Waffe im Wettbewerb« schon immer erkannt haben, sind die Militärs. Schon bei Clausewitz geht es um die Bedeutung der Geschwindigkeit für die »strategische Überraschung« und für den »kritischen Erfolgspunkt«.

Die Macht eines Geschwindigkeitsvorteils erlaubt in der Offensive Durchstoßen statt Abnutzen oder Austaktieren. Die Verteidigungsstrategie dagegen ist, entweder Barrieren zu bauen, oder eine Technik des Verschwindens durch Zerstreuen und Verschmelzen mit der Umwelt.

Auf den ökonomischen Bereich übertragen heißt Offensive, sich nicht an bestehenden Marktstrukturen zu orientieren, sondern mit innovativer Kraft den Durchbruch zu schaffen. Kaum ein Markt oder eine Marktnische ist vor einem Überraschungscoup gefeit.

Dies führt weg von den traditionellen Wettbewerbsstrategien, hin zu einer »Dominanz der Mittel«. Neben Forschung und Entwicklung rückt die militärische Wissenschaft der Logistik im Sinne von Materiallogistik und Informationslogistik in den Mittelpunkt unternehmerischen Handelns.

Zeit-Ökonomie

Ziel muß eine systematische Bewirtschaftung der Zeit in den zeitverbrauchenden Prozessen sein. Dies geht über den »Just-in-time-Ansatz« hinaus, der die Zeit als Faktor der direkten Kosten sieht. Die Zeitführerschaft tritt neben die Kostenführerschaft als Wettbewerbsstrategie. Die Zeitrechnung muß neben die Kostenrechnung treten. Das Instrument der Prozeßkostenrechnung bietet die Grundlage für eine Prozeßzeitrechnung.

Die Opportunitätskosten der Zeit müssen berücksichtigt werden. Dominierten bisher Arbeitsteilung und Arbeitszerlegung, so geht es nun um eine übergeordnete Betrachtung des gesamten Geschäftsprozesses. Seine Neuorganisation räumt auch mit dem Vorurteil auf, daß Zeitoptimierung zusätzliche Kosten verursacht. Beispiele zeigen das Gegenteil. Gerade im »Informationsbetrieb« entstehen Kosteneinsparungen durch Geschwindigkeit.

Strategie

»Der Krieg ist der Motor der Institutionen und der Ordnung.«
M. Foucault

Das neue Medium wird zu einer Destabilisierung der Situation in vielen Märkten führen. Die neue Geschwindigkeit bedeutet eine Überlegenheit der Offensive. Kein Unternehmen in einer Branche mit informationsintensiven Produkten oder Prozessen kann vor einer strategischen Überraschung durch einen Mitbewerber oder eine Koalition von Konkurrenten sicher sein. Die traditionellen Wettbewerbsstrategien in oligopolistischen Märkten können in der Sprache der Militärs mit

- Ökonomie der Kräfte, um den Wettbewerber abzunutzen,
- Manöverieren, um Zeit zu gewinnen,
- Manöverieren, um Schwerpunkte zu bilden,

umschrieben werden. Nun gilt es aber, sich gegen die Gefahr einer strategischen Offensive und die ihr innewohnende Logik einer »Steigerung bis zum Äußersten« zu wappnen. Ein Unternehmen kann

- »Aufrüsten«, um im Falle der Kollision gewappnet zu sein und zurückschlagen zu können,
- »Barrieren bauen« durch Erhöhung der Markteintrittsschranken, um den Konkurrenten abzuschrecken,
- »teilweise verschwinden«, um nicht ganz zu verschwinden durch Verschmelzen der eigenen Wertschöpfungskette mit der von Lieferanten oder Abnehmern.

Daraus folgt, daß die Strategie, so wie sie die traditionelle Management-Lehre versteht, im Sinne von Clausewitz nach oben zur Politik und nach unten zur Logistik hin ergänzt werden muß.

Primat der Politik

Die grundlegenden Unternehmensziele und Unternehmensentscheidungen lassen sich in instabilen Situationen nicht mehr allein nach den Regeln der Wettbewerbsstrategien treffen. Die Absicherung der eigenen Stellung bei Geldgebern und Partnern, die Bildung von Koalitionen mit Mitbewerbern, das Austarieren von Interessen und die dabei auftretenden Konflikte zum Gesetzgeber verlangen vom Unternehmer zunehmend auch ein politisches Verhalten.

Dominanz der Mittel

Die traditionelle strategische Unternehmensplanung folgte dem Schema: Ziele – Wege – Mittel. Aber in Zeiten der Unsicherheit, des Zeitdrucks und der Furcht vor der strategischen Überraschung kann dieses Schema nicht mehr gelten. Allein die in der Situation des Konfliktes vorhandenen Mittel bestimmen den Weg und letztlich auch das Ziel des Handelns. Die richtigen Mittel zur richtigen Zeit zu haben, ist die Aufgabe der Logistik. Die Dominanz der Mittel bedeutet die Konzentration des Unternehmens auf die technische Innovation und die entsprechende unternehmensübergreifende

Ausgestaltung der gesamten Wertschöpfungskette im Sinne Informationslogistik.

Die Innovations- und Investitionsfähigkeit zur Adaption der neuen Technologien und ihre rasche Umsetzung in neue

- Produktionsverfahren
- Produkte
- Führungs- und Steuersysteme

bestimmt die Unternehmensstrategie, und nicht umgekehrt.

Organisation

»Es ist die Geschwindigkeit, die
die Ordnung der Dinge organisiert.«
Paul Virilio

Ziele und Vorgehensweise

Ziel einer effizienten Organisationsstruktur ist

- die Minimierung der Transaktionskosten und Transaktionsfriktionen,
- die Reduzierung von Unsicherheit, Unregelmäßigkeit, Mehrdeutigkeit,
- die Sicherung der Reaktionsfähigkeit des Unternehmens.

Organisationsstrukturen können als »Ordnungsmuster in der Zeit« gesehen werden. Das gilt sowohl für die interne Organisation, als auch für die externe Abwicklung.

Ein neues Medium, wie die Computer-Kommunikation, erfordert zwangsläufig neue Organisationsstrukturen. Es verändert die Balance zwischen

- Macht zur Durchsetzung des unternehmerischen Führungsanspruches,
- Kultur zur verantwortungsbewußten Eingliederung des einzelnen Mitarbeiters.

Dabei sind beide Optionen möglich. Das telematische Unternehmen der Zukunft kann total autoritär und zentral, als auch fast regierungslos und mit großer Selbststeuerung der dezentralen Einheiten gestaltet werden.

Neue Optionen

Computer- und Kommunikations-Technologien schaffen neue organisatorische Optionen:

Abgemagerte Organisation

Schneller werden zu wollen, heißt schlanker werden zu müssen. Das bedeutet, mit Hilfe der neuen Technologien so gegensätzliche Ansätze zu gestalten, wie

- Gesamt-Prozeß-Integration,
- Arbeitsgruppenverantwortung vor Ort mit eigenem Entscheidungsspielraum

Die gegenwärtige Tendenz geht aus vom

- Abbau repetitiver Routinearbeiten durch Computeranwendungen,
- Abbau des unteren Managements durch verbesserte computergestützte Führungssysteme,
- Verlagerung taktischer Entscheidungen zum Sachbearbeiter, unterstützt durch die computergestützte Vorgangsbearbeitung und Expertensysteme.

De-Zentralisation

Computer- und Kommunikations-Technologie schafft durch ihre Aterritorialität die neue organisatorische Unabhängigkeit, gleichzeitig zentrale als auch dezentrale Abläufe zu unterstützen. Sie ermöglicht im Sinne der Vorgangsberarbeitung vor Ort die organisatorische Des-Integration durch elektronische Integration. Das Konzept der räumlichen Zentralisierung kann zugunsten einer logischen Zentralisierung aufgegeben werden. Eine zentrale Einkaufsabteilung kann marktnäher in flexible dezentrale Abteilungen aufgelöst werden. Die nötige Integration erfolgt durch ein zentrales Informationssystem.

Funktionale Organisationseinheiten

Gilt für die Materiallogistik der Satz »Der beste Transport ist kein Transport«, dann ergibt sich für die Informationslogistik daraus das Konzept »Informationsübertragung vermeiden«. Informationsflußanalysen zeigen, wo sich Informationswege und Transaktionskosten durch neue funktionale Zuordnungen verkürzen lassen. Der Prozeßgedanke stellt die traditionelle Aufbauorganisation in Frage. Zusammengehörige Prozesse sollten nicht durchschnitten werden. Die Organisation eines Prozesses, wie Kunden-Service, kann in Außenstellen durch das organisatorische Zusammenfassen von Verkaufs-, Distributions- und Dienstleistungs-Funktionen verbessert werden, die simultan an einem Vorgang arbeiten können. Sie werden dabei durch zentrale Anwendungen mit getrennter Fachbereichsverantwortung unterstützt.

Virtuelle Organisationseinheiten

Die funktionale Integration der gesamten Wertschöpfungskette muß aber nicht zwangsläufig die bestehende Aufbauorganisation in Frage stellen. Verschiedene Funktionen können bereichsübergreifend an dem gleichen Vorgang arbeiten. Die Integration erfogt über gemeinsame Anwendungen. Unternehmensintern kann man so den organisatorischen Anpassungsdruck mildern. Bei der Einbeziehung von Geschäftspartnern, z.B. von Lieferanten oder Distributoren, bieten diese gemeinsamen Anwendungen die Chance für neue innovative Kooperationen.

Betriebliche Netzwerke

Als Gegengewicht zu den Planungs- und Kontrollsystemen der mit ihrer systemanalytischen Durchdringung aller wichtigen Unternehmensprozesse werden hierarchie-übergreifende, offene »betriebliche Netzwerke« empfohlen. Auf der Basis eines Mail-Box-Systems und Gruppen-Anwendungen dienen sie der Aktivierung der sozialen Kontakte und Kontrakte. Sie binden Know-how-Gruppen unabhängig von ihrer geographischen Zuordnung zusammen.

Ein Unternehmen ist nicht nur ein kybernetisches System, sondern auch ein »kontraktuales System«, zusammengehalten durch Kontakte und Kontrakte der Mitarbeiter. Expertise und Kausalwissen entstehen nur in interaktiven Gruppen. Die neuen Technologien bieten hervorragende Werkzeuge, die informelle Gruppe als Träger der Organisationsentwicklung zu nutzen.

Neue Gefahren

Die Einführung neuer schnellerer Medien in einem Unternehmen ist jedoch auch mit organisatorischen Problemen und Gefahren verbunden:

De-Zentralisations-Paradox

Die Kunden- und Marktorientierung, die unternehmensübergreifende Kommunikation, Arbeitsgruppen, betriebliche Netzwerke usw. verlangen nach einer dezentralen Gestaltungskompetenz. Das Medium Compunication kann jedoch nur funktionieren, wenn einheitliche Regeln, Standards, Prozeduren usw. bestimmt werden. Die Organisation dieses Mediums verlangt nach zentraler Kompetenz. Die Notwendigkeit zur Zentralisierung ist umso größer, je dezentraler das Unternehmen agieren möchte.

Ent-Äußerung

Ein Unternehmen, das in unternehmensübergreifenden Netzen und auf elektronischen Märkten agiert, muß akzeptieren, daß es als Preis dafür einen Teil seiner organisatorischen Souveränität abgibt. Elektronische Gemeinschaften und Mehrwert-Dienste wirken fordernd in das Unternehmen hinein.

Fallhöhe

Die Abhängigkeit des Unternehmens von den neuen Technologien ist umso größer, je schneller die Prozesse laufen und je mehr vitale Prozesse davon durchdrungen sind. Es gilt, die organisatorische Fallhöhe des Unternehmens zu verringern. Der Schutz vor der Katastrophe muß zum integralen Bestandteil der Gestaltung von Netzwerken, Systemen und Anwendungen werden.

Entropie-Gesetz

In Anlehnung an den zweiten Hauptsatz der Thermodynamik gilt, daß auch in sozio-ökonomischen Systemen die Entropie, sprich das Chaos und die Unordnung, mit der Zeit zunimmt. Jedes Organisieren eines Kommunikationssystems trägt den Bazillus der Bürokratisierung in sich. So wie technische Verbindung noch nicht Kommunikation ist, ist Kommunikation noch nicht mit zielgerichteter Information gleichzusetzen. Eine Abwandlung des Parkinsonschen Gesetzes besagt, daß das Wachstum der Beschäftigten in einem Unternehmen nicht abhängig ist von der Entwicklung der tatsächlichen Arbeit, sondern von der Leichtigkeit der Kommunikation untereinander. Komplexe bürokratische Systeme neigen dazu, für eine Weile die Zusammenbruchskatastrophe dadurch hinauszuzögern, indem sie sich, solange es geht, noch komplexer organisieren.

Aufgabe und Chance des Organisators ist es, mit den neuen Medien die Informations-Prozesse einfacher zu gestalten und immer wieder für das erforderliche Kommunikationsgefälle zu sorgen.

Indifferenz-Gesetz

Es gilt das Phänomen einer nicht nur in Hierarchie-Ebenen differenzierten, sondern auch »in der Zeit« übereinander geschichteten Organisation zu begreifen. Sowie die Eisenbahn nicht nur Ballungsgebiete, sondern auch Entleerungs- und Indifferenzgebiete schuf, tut dies auch das neue Medium im Unternehmen. Es kann der Zustand eintreten, daß sich bestimmte Bereiche z.B. in den oberen Hierarchie-Ebenen plötzlich »schneller drehen«, losgelöst von den anderen Bereichen. In herkömmlichen Organisationen bringt ohnehin nur ein relativ geringer Teil der Mitarbeiter seine volle Leistungskraft. Die Beschleunigung der Prozesse hat die Tendenz, die Indifferenzgebiete der betrieblichen Wertschöpfung wachsen zu lassen. Erforderlich ist es, eine zeitliche Balance aller Unternehmensprozesse zu erreichen.

Gesetz der Schwerkraft

Die Beschleunigung fordert eine neue Balance zwischen der Umlaufgeschwindigkeit, der dezentralen organisatorischen Einheiten und der

Schwerkraft des Unternehmenskerns. Diese Balance muß fein austariert werden, sonst könnte die Gefahr bestehen, daß die Befreiungsgeschwindigkeit externer Einheiten so groß wird, daß sie von der Gravitation der Zentrale immer weniger erreicht werden. Die umgekehrte Gefahr ist jedoch viel größer, daß im Unternehmenskern eine indifferente träge Masse nicht aus zuwenig, sondern aus zuviel Kommunikation entsteht. Dies führt dazu, daß das ganze System implodiert. Die Erfahrung zeigt, daß große bürokratische Organisationen einfach in sich zusammenfallen können.

Politisches Spiel

Henry Mintzberg beschreibt das Unternehmen und seine Organisation als ein politisches Spielfeld. Man kann sich die Aufbau-Organisation als ein »Mobile« vorstellen. Das Gewicht eines neuen Mediums bringt dieses zum Schwanken. Die unternehmensinternen Machtverhältnisse müssen neu ausbalanciert werden.

Es liegt auf der Hand, die neuen Technologien und die prozeß-orientierten Gestaltungskriterien als Instrumente für das unternehmensinterne politische Spiel zu benutzen. Oder aber, fast schlimmer noch, aus Furcht vor Veränderungen die konsequente Umsetzung von Prozeß-Innovationen zu verhindern.

Planung und Führung

»Im Gebirge kämpfen mehr die Armeen,
in der Ebene mehr die Feldherren gegeneinander.«
C. v. Clausewitz

Die neuen Medien und die Zeit als Waffe im Wettbewerb schaffen grundsätzlich unterschiedliche Anforderungen an das Führungssystem mit unterschiedlichen Informations- und Kommunikationsansprüchen. Wo die taktischen Entscheidungen fallen, ist eine Frage der Kommunikationsmöglichkeiten. Ein Unternehmen kämpft nunmehr gleichzeitig

- »in der Ebene«
  einer neuen Übersichtlichkeit und Transparenz, bedingt durch elektronische Märkte, elektronische Partnereinbindung, engere Regelkreise zu den eigenen Organisationseinheiten usw., die zentrale Planungs- und Entscheidungskompetenz erfordern.
- »im Gebirge«
  neuer Unsicherheiten, die Entscheidungsfähigkeiten und Expertenwissen vor Ort erfordern.

Vom Konfirmations- zum Informationssystem

Der technologische Wandel und die Gefahr einer strategischen Überraschung erfordern eine neue Form der strategischen Führung. Eine Extrapolation der Vergangenheitsdaten reicht nicht mehr aus. Traditionelle Management-Informations-Systeme, die Auskünfte und Berichte aus Geschäftsvorfällen herausfiltern, dienen mehr der »Konfirmation«, in der Vergangenheit nichts falsch gemacht zu haben, als der zukunftsorientierten Information. Sie müssen um Strategieunterstützungssysteme und strategische Wissenssysteme ergänzt werden. Dabei muß sich das Unternehmen in seinen kybernetischen Regelkreisen als ein offenes System begreifen.

Modellsystem/Realsystem

Das Schrumpfen der Zeit erfordert eine neue Qualität der Unternehmensplanung. Simulationsmodelle können (analog zur militärischen Planung) risiko- und zeitbehaftete Feldversuche ersetzen. Aufbau und Pflege des »richtigen« gedanklichen oder mathematischen Modells zur Simulation von Unternehmensprozessen und Wettbewerbskräften wird zu einem entscheidenden Wettbewerbsfaktor. In diesem Zusammenhang kann man die Wiederbelebung des Operation Researchs aus den Anfangsjahren der Datenverarbeitung – nun aber mit verbesserten Werkzeugen – prognostizieren.

Aufbau und Pflege des richtigen Unternehmensmodells dienen auch der Reduktion der sonst kaum zu bewältigenden Informationsflut. Es erlaubt die Einebnung der sonst ständig wachsenden »Datenfriedhöfe«. Der Soll/Ist-Vergleich, wie er im MIS (Management-Informations-System) stattfindet, muß ergänzt werden um den Soll/Wird-Vergleich. Entsprechend dem neuen

Zeitmodell, der Punktzeit, gilt es, die Gegenwart aus der Zukunft zu erklären.

Computergestützte Führung

Der Führungsprozeß im Unternehmen kann als ein Kreislauf analog der militärischen O-O-D-A-Schleife gesehen werden (Observation-Orientation-Decision-Action). Computergestützte Führung, die das traditionelle Command- und Control-System um den Aspekt der Kommunikationstechnologie erweitert, erlaubt es, die Schleife wesentlich zu straffen und damit die Effizienz des Unternehmens zu erhöhen. Die Kampfkraft einer sogenannten C3-Einheit (Command, Control, Communication) wird von den Militärs um bis zu 300% höher als die Kampfkraft einer klassischen Einheit eingeschätzt. Die Elemente eines solchen Systems im Unternehmen können sein:

Online-Berichtssysteme
- variabel im Hinblick auf die jeweiligen kritischen Erfolgsfaktoren
- nicht periodengebunden, sondern spontan auf Probleme ausgerichtet
- sofortige Verfügbarkeit, mit der Möglichkeit zur sofortigen Rückkopplung

Tele-Präsenz
- der Unternehmensführung über Electronic Mail
- zum Situation- und Krisen-Management

heißer Draht
- zum Geschäftspartner über ein unternehmensübergreifendes Electronic-Mail-System
- zur Abstimmung und Bereinigung von eventuellem Konfliktpotential

Entdeckung der Langsamkeit

Die Beschleunigung der Unternehmensprozesse und die Einführung computergestützter Führungssysteme erfordert im Sinne einer neuen Balance des Informationsaustausches mehr »Langsamkeit« als bisher für persönliche Kontakte zwischen Management, Mitarbeitern und Geschäftspartnern. Die Explosion der Informationsmöglichkeiten zwingt zu einer bewußten Gestaltung der zu ihrer Wahrnehmung unabdingbaren Management-Aufmerksamkeit. Die Situationsbeurteilung ausschließlich über den

Bildschirm verhindert Tiefenschärfe und Perspektive. Erörterung und Reflektion brauchen Zeit. Diskussion braucht das Gespräch von Angesicht zu Angesicht. Die physische Langsamkeit des Menschen gegenüber den neuen Technologien darf nicht zum Makel werden.

Mit den neuen Medien als Führungsinstrument sind jedoch noch andere Gefahren verbunden:

Informations-Illusion

Statt zuwenig, erhalten Führungskräfte zuviel Informationen in zu kurzer Zeit. Die Entscheidungsunsicherheit wird nicht behoben, sondern verlagert sich auf eine andere Ebene. Die bekannten Portfolio-Analysen sind ein Beispiel dafür, daß der Mensch kaum in der Lage ist, mehr als drei Variablen gedanklich miteinander zu verknüpfen. Unternehmensmodelle helfen als Filter zur Eingrenzung und zur richtigen Auswahl der Informationen.

Kybernetische Illusion

Statt Dialog und wechselseitigem Austausch der Argumente, dominiert in elektronischen Kommunikationssystemen leicht der, der Antworten zu geben vermag und dem nicht zurückgegeben werden kann. Wirklicher Konsens kann sich nur ergeben, wenn alle Ebenen der Kommunikation von der Sachebene bis zur Beziehungsebene einbezogen sind. Wird die erforderliche Wechselwirkung nicht gestaltet, so ergibt sich das Phänomen der »Kognitiven Dissonanzen«. Wichtige Informationen werden nicht gegeben oder nicht zur Kenntnis genommen.

Distanz-Illusion

Computer-Kommunikation verringert nicht nur Distanzen, sondern schafft auch welche, wenn Mitarbeiter der gleichen Abteilung nicht mehr direkt, sondern über die elektronische Post miteinander verkehren. Die Idee der kooperativen Interaktion in einer Arbeitsgruppe wird so konterkariert.

Mitarbeiter-Endbenutzer

»Die menschliche Kommunikation – Ursprung des Chaos?«

Peter Müri

Unternehmenskultur ist zum größten Teil Kommunikationskultur. Ein neues Medium, das mit so tiefgreifenden Veränderungen für den einzelnen verbunden ist, ändert die Grundlage dieser Kultur. Auf der einen Seite sind elektronische Kommunikationssysteme ideal geeignet, Unternehmensziele zu transportieren und zu jedem offenen Problem schnell einen unternehmensweiten Konsens herbeizuführen. Auf der anderen Seite ergibt sich ein gravierender Wandel der Anforderungen an den einzelnen durch das Agieren in »Echtzeit«, wo Aktion und Reaktion sowie Bearbeiten und Entscheiden zusammenfallen. Die »Archäologie des Fortschritts« lehrt uns, daß der Übergang von der handwerklichen zur industriellen Fertigung mit erheblichen Friktionen und Konflikten verbunden war. Ähnlich müssen wir uns die kommenden Schwierigkeiten beim Übergang vom handwerklichen Büro zum Informationsbetrieb vorstellen. Die Anforderungen an Persönlichkeit, Einstellung und Motivation des einzelnen wachsen.

Unternehmenskommunikation ist eine soziale Gestaltungsaufgabe. Es kommt nicht nur darauf an, Systeme, Anwendungen und physische Kommunikationskanäle zu gestalten, sondern es müssen auch die psychischen Wahrnehmungsprozesse des Menschen berücksichtigt werden. Aufmerksamkeit als Produktionsfaktor, der für die Sachbearbeitung erforderlich ist, ist eine knappe Ressource. Die technisch-orientierte Informationslogistik muß durch eine kognitiv-orientierte »Logistik der Wahrnehmung« ergänzt werden. Eine neue Ästhetik ist erforderlich, die in den neuen Medien Funktion und Form einer Botschaft in Einklang bringt.

Es darf an dieser Stelle nicht der Pessimismus verschwiegen werden, den Kommunikationswissenschaftler dem neuen bildschirm-orientierten Medium entgegenbringen. Die Stichworte der Kritik sind u.a.:

- »Angeschlossen sein« als Selbstzweck,
  Teilhaben, aber nicht mehr selber tun.
- Pseudo-Dialog, Pseudo-Aktivismus
  als Folge der Informationsüberlastung.
- Verschwinden der Verantwortlichkeit
  als Folge des Verschwindens der Souveränität.

- Kybernetische Zwangsjacke
  in der man sich manipulieren läßt, weil man nicht mehr die Zeit hat, zu wissen, ob man in den Entscheidungen frei ist oder nicht.

Die Erfahrung zeigt, daß es erfolgreiche Strategien gibt, um der »Telekratie« zu entgehen, die dem Unternehmen droht, wenn es mit Hilfe der Computer- und Kommunikationstechnik der Bürokratie entrinnen will. Zur vollständigen Kommunikation gehören immer zwei Kanäle. Der eine transportiert die Anforderungen des Unternehmens an die Mitarbeiter; der andere als Gegenkanal die Anforderungen des Mitarbeiters an das Unternehmen. Je schneller und reibungsloser die Unternehmensprozesse laufen sollen und je mehr Verantwortung dem einzelnen übertragen werden muß, desto mehr Bedeutung kommt diesem Gegenkanal im Sinne von Öffentlichkeit, Teilhabe, Diskussion, Erörterung und positiver Konzeptionskonkurrenz zu.

Schluß

Das Medium Compunication verändert nicht nur das Bild vom Unternehmen, sondern auch die Datenverarbeitung steht in einer neuen »Ein-Bildung«.

Den meisten DV-Abteilungen ist diese noch sehr fremd. Sie haben den tiefgreifenden Paradigmen-Wechsel vom Rechner zum Netz noch nicht nachvollziehen können. Sie müssen sich erst mit dem Gedanken vertraut machen, daß die Innovationskurve der traditionellen Datenverarbeitung ausläuft und parallel schon eine neue Lernkurve einer neuen Informationsverarbeitung existiert.

Für das »Informations-System-Management« ergeben sich neue Schwerpunkte. Waren bisher Anwendungsentwicklung und Rechenzentrumsbetrieb die Hauptaufgaben, kommen nun Organisation und Benutzer-Service hinzu. Die Anwendungsentwicklung wird dominiert durch die Neu-Organisation ressortübergreifender und unternehmensübergreifender Geschäftsprozesse. Der Rechenzentrums-Betrieb tritt hinter einen flächendeckenden Service zurück, der Rechenzentren, dezentrale Systeme, programmierbare Workstations und Netze umfaßt. Das Netzwerk-Management, und nicht mehr der zentrale Rechner, ist der künftige Dreh- und Angelpunkt des IS-Betriebs.

Das »Verschwinden der Zeit« zwingt zu neuen Anwendungskonzepten und zu einem neuen computer-gestützten Vorgehen in der Anwendungsentwicklung. Die Konsequenzen der Beschleunigung für den Rechenzentrums-Betrieb sind eine »Ästhetik des Verschwindens«. Das Rechenzentrum verschwindet aus Sicherheitsgründen in Bunkern. Die Rechenzentrums-Mannschaft wird durch die Rechenzentrums-Automation erheblich reduziert. Schnellere und sichere Netze fördern »Downsizing«-Konzepte in benutzernahe dezentrale Systeme und/oder »Outsourcing-Konzepte« in die Größenvorteile neuer zentraler Super-Computer-Center. Das eigene Netz wiederum wird bedingt durch andere Größenvorteile abgelöst durch die Angebote von Netzwerk-Service-Betreibern.

In dieser Phase des Umbruchs gilt es die richtigen Architektur-Entscheidungen zur Gestaltung der Informationslogistik zu treffen. Diese Aufgabe ist von existentieller Bedeutung. Nicht seine Aufbauorganisation, sondern die Architekturen und Plattformen seiner Informationsverarbeitung determinieren das künftige Unternehmen. Die strategische Spitze des Unternehmens ist gefordert.

Literaturverzeichnis

RAYMOND ARON
»Clausewitz – Den Krieg denken«;
Frankfurt a. M., 1980

STEWART BRAND
»Media Lab-Computer, Kommunikation und neue Medien«;
Hamburg, 1990

VILEM FLUSSER
»Die Schrift«;
Göttingen, 1987

MARSHALL MCLUHAN
»Die magischen Kanäle«;
Düsseldorf, 1968

PAUL VIRILIO
»Geschwindigkeit und Politik«;
Berlin, 1980

PAUL VIRILIO, SYLVERE LOTRINGER
»Der reine Krieg«;
Berlin, 1984

PETER WEIBEL
»Die Beschleunigung der Bilder – In der Chronokratie«;
Bern, 1987

MICHAEL WEISSER (HRSG)
»Computerkultur oder The Beauty of Bit & Byte«;
Bremen, 1989

MICHAEL WETZEL
»Die Enden des Buches oder die Wiederkehr der Schrift«;
Weinheim, 1991

ROBERT D. BUZZELL (HRSG)
»Marketing im Zeitalter der Compunications«;
Wiesbaden, 1988

ULF GOLLUP
»Zukunftskonzept: Information vermeiden?«;
CAD/CAM Magazin, 4/84

MICHAEL HAMMER,
GLENN MANGURIAN
»The Changing Value of Communications Technology«;
Sloan Management Review,
Winter 1987

JENS HANKER
»Die strategische Bedeutung der Informatik für Organisationen«;
Stuttgart, 1991

PETER G. W. KEEN
»Competing in Time, Using Telecommunications for Competitive Advantage«;
Cambridge MA, 1988

ARNOLD PICOT
»Transaktionskosten«;
DBW (Die Betriebswirtschaft) 2/85

MICHAEL E. PORTER,
VICTOR E. MILLAR
»Wettbewerbsvorteile durch Information«;
Harvard Manager, 1/86

MICHAEL E. PORTER
»Globaler Wettbewerb«;
Wiesbaden, 1989

JOHN F. ROCHART, JAMES E. SHORT
»IT in the 1990s: Managing Organizational Interdependence«;
Sloan Management Review,
Winter 1989

HERMANN SIMON
»Die Zeit als Strategischer Erfolgsfaktor«;
ZfB (Zeitschrift für Betriebswirtschaft) 1/89

GEORGE STALK
»Time – The Next Source of Competitive Advantage«;
Harvard Business Review 4/88

CORNELIUS H. SULLIVAN
»Systems Planning in the Information Age«;
Sloan Management Review,
Winter 1985

C

B. Semen

Motivieren im Team – ein entscheidendes Qualitätsmerkmal der Beratung

Kurzfassung

Die beiden Worte Motivieren und Team sind ganz aktuelle Begriffe des modernen Managements. Das Einrichten von Teams, als eine besondere Arbeitsform bei der Erarbeitung von Lösungen in unserer komplexer werdenden Welt, bewährt sich immer mehr.

Ein kooperatives Miteinander, anstelle eines passiven Nebeneinanders oder sogar eines Gegeneinanders, ist besonders wichtig bei der Zusammenarbeit der Unternehmensberater mit den auftraggebenden Firmen. Ein motiviertes Team, bestehend aus Beratern und Firmenmitarbeitern, kann dadurch, daß die Betroffenen zu Beteiligten wurden, sehr gute und brauchbare Arbeit leisten.

Um die hohe Qualität der Arbeit eines solchen, zum Beginn der Beratung möglicherweise noch inhomogenen, Teams zu gewährleisten, bedarf es einer klaren und motivierenden Führung. In dieser Abhandlung werden schwerpunktmäßig die Voraussetzungen und Randbedingungen für eine effiziente Teamarbeit und insbesondere die Moderatorenrolle in einem gemeinsamen Klienten/Berater-Team erörtert.

Auf die Motivierung und Führung eines Teams wird dabei ein besonderer Augenmerk gelegt.

Vorwort

Die deutschen Unternehmen geben für externe Unternehmensberatung gut drei Milliarden DM im Jahr aus. Ein beträchtlicher Teil dieses Geldes wird nach den Ermittlungen des »Managers Magazins« für nicht implementierbare, unbrauchbare Lösungsvorschläge ausgegeben, also für Beratung, die an den wahren Erfordernissen des Auftraggebers vorbeigeht.

In dieser Abhandlung werden die Erfolgselemente einer auf der engen Zusammenarbeit zwischen den Unternehmensberatern und den Klienten basierenden Beratung erörtert.

➡ *»Ein Unternehmensberater kann nur so gut sein wie sein Klient«. (These)*

Im Sinne dieser These ist der Grundgedanke dieser Abhandlung, daß optimale Lösungen am besten durch ein kooperatives und partizipatives Vorgehen, das heißt in einem gemeinsamen Berater/Klienten-Team, erarbeitet werden können.

Bei einem solchen Vorgehen fällt dem Unternehmensberater naturgemäß die Rolle des Moderators zu. Vom Berater wird dabei analytisches Denken, Fachwissen und die richtige Vorgehensmethodik verlangt. Allerdings kommt es hierbei in erster Linie auf seine Fähigkeit, zu motivieren und im Team zu führen, an. Ein weiterer entscheidender Erfolgsfaktor ist die persönliche Qualität des Beraters.

Aus diesem Grunde behandelt diese Abhandlung zuerst die Eigenschaften eines Beraters und die Elemente einer Moderation, als Grundelemente für eine motivierte und erfolgreiche Teamarbeit. Anschließend werden einige Ansichten in bezug auf das Motivieren im Team erörtert.

Grundgedanken zur Beratung

Eine externe Beratung wird von den Unternehmen in der Regel dann in Auftrag gegeben, wenn die Erarbeitung der benötigten Lösung schnell, unkonventionell und innovativ sein soll, aber skillbedingt oder wegen der großen Arbeitslast im eigenen Unternehmen die Lösungserarbeitung mit den eigenen Mitarbeitern nicht erfolgen kann. Die unternehmensspezifischen Gegebenheiten bzw. die jeweilige Unternehmenskultur ist dabei in möglichst hohem Maße zu berücksichtigen. Die gewonnenen Erkenntnisse, die ermittelten Feststellungen und die erarbeiteten Empfehlungen sind in einer für die Firmenangehörigen verständlichen Form und mit den im Unternehmen gebräuchlichen Fachbegriffen zu beschreiben (dokumentieren).

Bei der Lösungserarbeitung ist der Berater anhand seines Wissens und Erfahrungsschatzes in der Lage, für den Auftraggeber nützliche Arbeit zu erbringen. Um die unternehmensspezifischen Gegebenheiten bei der Erarbeitung von Lösungen ausreichend berücksichtigen zu können, empfiehlt es sich, ein Klienten/Berater-Team zu bilden.

Neben dem Erarbeiten von Lösungsvorschlägen gehört zu den Aufgaben eines jeden Beraters auch das rechtzeitige Stellen von Weichen für die Realisierung der empfohlenen Maßnahmen. Ein Berater, dessen Lösungsvorschläge seitens des Klienten nicht akzeptiert oder nicht umgesetzt werden, hat seine Aufgabe nicht ganz erfüllt.

Nach einer Umfrage der Zeitschrift »Manager Magazin« (Heft 11/1991) über die Beratungsfirmen in Deutschland und die Qualität ihrer Beratungen wird festgestellt, daß im Schnitt 27% der Empfehlungen tatsächlich auch realisiert werden.

Es ist sicherlich zweckmäßig, sich Gedanken darüber zu machen, warum nur gut ein Viertel der empfohlenen Lösungen in die Tat umgesetzt werden. Ist es die fehlende Nähe zum Problem? Ist es vielleicht Unkenntnis des Beraters über die spezifische Situation des Klienten? Würde hierbei ein kooperatives Vorgehen in Form eines Klienten/Berater-Teams bessere Voraussetzungen für die Erstellung von akzeptierten und umsetzbaren Maßnahmen schaffen?

Was bestimmt den Erfolg einer Beratung?

Die Unternehmensberater werden, wie kaum eine andere Berufsgruppe, nach unterschiedlichsten Kriterien beurteilt. Wie kommt es dazu?

Der Erfolg einer Beratung und die damit verbundene Bewertung der Qualität eines Beraters hängt von einer solchen Vielzahl von spezifischen, klientenbedingten Faktoren ab, daß nur so erklärbar ist, warum die Unternehmensberater und ihre Leistungen so unterschiedlich bewertet werden. Sie werden manchmal gelobt und manchmal getadelt, ja, geehrt und verspottet.

Was sind die Ursachen dafür?

In dieser Abhandlung wird versucht, das Umfeld des Beraters, die an ihn und seine Beratung gestellten Anforderungen (und Erwartungen) und Möglichkeiten seines Wirkens zu beschreiben.

Für ein erfolgreiches Wirken eines jeden Beraters ist die entscheidende Voraussetzung sein volles Engagement, das heißt, daß er seinen Beruf liebt und sich mit der Aufgabe vorbehaltlos identifiziert (die Klientenerwartung sich zu eigen macht) und das Erarbeiten von Lösungen als persönliche Herausforderung versteht. Dann kann er erfolgreich wirken.

Eine solche Eigenschaft ist natürlich nicht nur für die Beratung von Bedeutung, sondern auch bei vielen anderen Berufen und Aufgaben genauso wichtig. Oft habe ich mich gefragt, was motiviert einen Tennisspieler, wie z.B. Boris Becker, sich in den harten Spielen des Profi-Tennis bis zum äußersten zu verausgaben. Die Antwort kam von ihm selbst spontan nach seinem ersten Sieg in Flushing Meadow. Er sagte: »Du mußt dieses Spiel lieben, um hier gewinnen zu können. Du mußt es lieben, trotz dem störenden Lärm der in unmittelbarer Nähe startenden Flugzeuge, trotz der riesigen Betonhölle, trotz der Affenhitze, trotz der Störung durch die Zuschauer. Nur dann kannst du hier gewinnen.« Auf einen Teamleiter bzw. einen Moderator bezogen, kann dies so ausgedrückt werden: Nur ein Moderator, der sich als Mensch einbringt, also mit »Haut und Haaren« bzw. mit seiner Seele und seinem Geist, kann erfolgreich sein. Dann stimmt auch die Qualität der Beratung.

Das Umfeld eines Beraters

Der Berater wird bei seiner Arbeit in einem Unternehmen mit fest verankerten, historisch gewachsenen Verhaltensregeln und Ritualen konfrontiert. Um gute, nützliche und wirklich innovative Lösungen erarbeiten zu können, wie von ihm mit Recht erwartet wird, muß er beim Erarbeiten von Problemlösungen diese Hürden überwinden. Um exzellente Lösungen mit einem »Quantensprung« erarbeiten zu können, bedarf es oft einige Überzeugungskraft und viel Zivilcourage.

➡ *Das Handeln der meisten Menschen wird stark durch den Vorwurf und die Verteidigung gesteuert.*
(These)

Unser Denken und Handeln ist oft durch die hierarchischen Strukturen aus unserer Umwelt geprägt. Unsere Kultur basiert auf einem System, in dem zwischen den Befehlsgebern und -empfängern unterschieden wird. Früher hat man bei den Berufstätigen stark zwischen denen, die entscheiden und denen, die es ausführen, unterschieden. Noch immer gibt es in der ganzen Welt viele Unternehmen, die nach dem militärischen Prinzip des »Befehlens« und des »Ausführens« aufgebaut sind.

Das Obrigkeitsdenken wird von der heutigen Generation immer weniger getragen. Die aktuelle »Parole« bei den Unternehmen heißt: Kreative Lösungsfindung und kooperative Entscheidungsvorbereitung.

Wir leben im Zeitalter der wirklichen Demokratisierung des Denkens und des Handelns. Aufgrund der Verfügbarkeit von Informationen auf breiter Basis entsteht die Mündigkeit und Informiertheit der Beteiligten und Betroffenen (Schlagworte: »Mitarbeiter steht im Mittelpunkt«; »Kundennähe« bzw. adäquat dazu »Bürgernähe«; usw.).

Für die Lösungsfindung bedeutet dies, daß sie am effektivsten wird, wenn sie unter Mitwirkung derjenigen erfolgt, die sie später auch realisieren sollen. Auf diese Weise wird eine hohe Qualität und ein hoher Identifikationsgrad erreicht. Die Betroffenen werden zu Beteiligten.

Bei einer solchen Vorgehensweise haben neue Ideen und Anregungen große Chancen, gehört zu werden. Standardeinwände wie: »Das haben wir doch alles schon gehabt« und »Das haben wir noch nie so gemacht!« haben kaum noch eine Chance.

Aufgaben eines Beraters – was wird von einem Berater erwartet?

➡ *Projektion der Vergangenheit in die Zukunft führt nicht zu innovativen Lösungen mit einem Quantensprung.*
(These)

Eine problembezogene Beratung erfolgt normalerweise anhand des Grundverständnisses, daß durch eine gewissenhafte Analyse der bekannten Daten neue Erkenntnisse und Lösungsansätze entstehen können. Dieser traditionelle Glaube beruht leider auf einem Irrtum. Das Gehirn kann nur das aufnehmen, worauf es eingestellt ist. Um wirklich Neues wahrnehmen zu können, müssen zuerst, anstelle der vorhandenen Muster, in unserem Gehirn neue Muster durch Nachdenken, Provokation, Hypothesen und Visionen angelegt werden. Die Analyse von bestehenden Daten und Informationen ermöglicht uns lediglich eine Auswahl unter den Gedankengängen zu treffen, die bereits zu unserem Repertoire gehören. Übertragen auf die Beratung bedeutet dies, daß man die Berater und die Beratungsfirmen in erster Linie als Problemlöser betrachtet und aus diesem Grunde die Beratung oft mit einer »Schwachpunktanalyse« gestartet wird. Derartiges Vorgehen bedeutet Kurieren an den Symptomen und nicht an den Ursachen.

Um Unkraut wirklich ausrotten zu können, reicht es nicht, dem Unkraut nur den Kopf abzureißen, sondern man muß es an der Wurzel packen.

Es ist viel effektiver und nützlicher, statt Kräfte auf die Beseitigung von Schwachstellen zu konzentrieren, sich um den weiteren Ausbau von Stärken zu bemühen und in einem Team, mit dem externen Berater als Moderator, durch Vordenken und verbesserte Wahrnehmung unkonventioneller, innovativer Lösungen einen Quantensprung zu erzielen.

Beim Erarbeiten von Lösungen kann ein Unternehmungsberater grundsätzlich nach zwei unterschiedlichen Weisen vorgehen, und zwar:

1 Die Lösungen werden durch externe Berater allein erarbeitet:
Der externe Berater erarbeitet, anhand des Sachverhalts bzw. der Problembeschreibung, die entsprechenden Lösungsvorschläge und dokumentiert sie in einem Bericht.

2 Das Erarbeiten von Lösungen erfolgt in einem gemeinsamen Team des Klienten und der Berater:
Die Lösungen werden gemeinsam erarbeitet. Der Berater versteht sich dabei nicht nur als »Problemlöser«, sondern auch als Trainer und Unterstützer.

➡ *Die Rolle des Beraters ist die eines Moderators.*
(These)

Die Aufgabe eines Beraters ist, Lösungsansätze im Sinne des Auftrages zu erarbeiten. Das kann er erfolgreich dann tun, wenn er auf das im Unternehmen bereits vorhandene Wissen aufsetzt. Das heißt, wenn er nicht im Alleingang, sondern kooperativ und im Kontext mit dem Klienten die Arbeit bei der Lösungsfindung gestaltet.

Was macht einen guten Moderator aus?

Fast täglich erleben wir irgendwo einen Moderator (im Fernsehen, bei Veranstaltungen, Besprechungen usw.) mit ausgeklügelten Moderationstechniken. Einen Moderator bewerten wir als gut und kompetent, mit einem anderen sind wir weniger zufrieden. Welche Faktoren sind es, die einen Moderator als gut oder schlecht erscheinen lassen?

Die Aufgaben des Moderators eines Teams sind vielfältig. Sie beschränken sich nicht nur auf das Führen, sondern dazu gehört auch das Dienen. Hierbei ist das Führen allerdings nicht als Befehlen zu verstehen.

➡ *Europäer ziehen es vor, im permanenten Wettkampf mit anderen zu denken und zu diskutieren, statt kooperativ die Lösungen zu suchen. (These)*

Eines ist sicherlich für jede Art von erfolgreicher Moderation entscheidend: der Moderator darf nicht sich selbst und sein Können und Wissen in den Vordergrund stellen.

Die Aufgaben eines Moderators:

1 Er versteht sich als »Helfer« der Gruppe. Er darf weder allein noch autoritär bestimmen, was im Team zu tun ist.

2 Seine primäre Aufgabe besteht darin, die Individualität der einzelnen Teammitglieder im Sinne der Aufgabe zu integrieren, d.h. aktiv zuzuhören und aus unterschiedlichsten Standpunkten und Meinungen einen Konsens herauszuarbeiten, der für alle Beteiligten tragbar ist.

3 Anhand dieser Integration der Individualität wird aus einzelnen Teammitgliedern, die ein verschiedenartiges Verständnis der Aufgabe und möglicherweise die unterschiedlichsten Interessen haben, ein Team, das ein und dasselbe Ziel verfolgt. Die erarbeiteten Lösungsvorschläge werden gemeinsam getragen und es wird kooperativ und konsequent dafür gesorgt, daß die notwendigen Voraussetzungen für das Umsetzen (Realisieren) der vorgeschlagenen Maßnahmen gewährleistet wird.

4 Der Moderator soll Initiative ergreifen, wo immer es der Effizienz der Teamarbeit hilft. Er sorgt dafür, daß die Zeit anderer nicht vergeudet wird, hält sich aber mit seinen inhaltlichen Beiträgen zurück, ohne deshalb meinungslos zu sein. Er sorgt für eine strukturierte und zielorientierte Diskussion zwecks der optimalen Lösungsfindung.

Damit wird klar, daß der Moderator das Miteinander steuert und darauf achtet, daß alle Beteiligten die Lösungsvorschläge gemeinsam, im Einverständnis, tragen können.

➡ *Die themenzentrierte Interaktion hilft, ganzheitliche Lösungen zu erarbeiten.*
(These)

Themenzentriert heißt, verschiedene Individuen (»Ich«) mit unterschiedlichsten Meinungen und Interessen durch die Interaktion zu einem gemeinsamen, ausgewogenen Gruppenverständnis (»Wir«), insbesondere in bezug auf die Aufgabe / das Thema (»Es«), zu bringen.

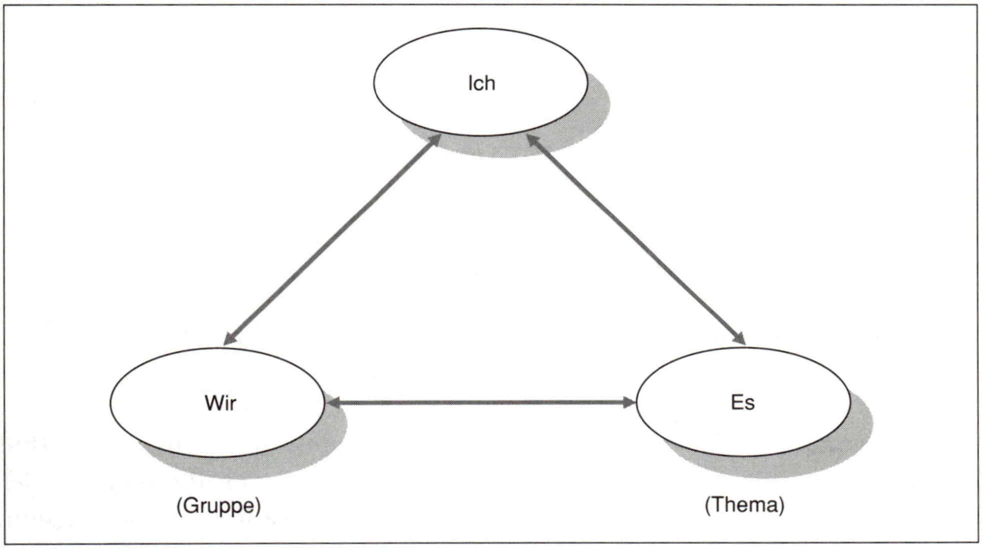

Abb. 3.1: Spannungsfelder (themenzentrierte Interaktion)

Die Aufgabe des Moderators ist, während der gesamten Dauer der Arbeit im Team die Balance in dem hier abgebildeten Dreieck »Spannungsfelder« zu erreichen und zu halten. Dies ist kein einmaliger, sondern ein permanenter Prozeß. Aus diesem Grunde spricht man hierbei von der »dynamischen Balance«. Eine derartige Arbeitsweise wirkt sich auf einzelne Teammitglieder positiv aus, da dadurch viele ihrer Fähigkeiten stark gefordert werden und sie sich schöpferisch entfalten können. Die Teamarbeit führt von der Fachorientierung zur Aufgabenorientierung (vom »Kasten«-Denken zum funktions- und prozeßbasierten Denken). Mit anderen Worten: zu einem ganzheitlichen Denken.

Folgende Abb. aus dem Buch »TAO«, von Manfred Jahrmarkt, zeigt den zukunftsweisenden Weg von der Fachorientierung zur Aufgabenorientierung bei der Teamarbeit.

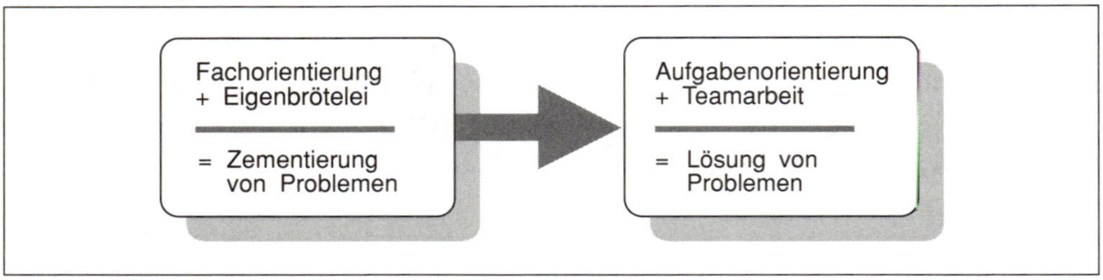

Abb. 3.2: Von der Fachorientierung zur Aufgabenorientierung

Erfolgreiche Teamarbeit – Teamgeist

Ein Team ist eine aktive Gruppe von Fachleuten, die sich zu gemeinsamen Zielen (Erfüllen eines Auftrags) verpflichtet haben und bemüht sind, harmonisch zusammenzuarbeiten, Freude an der Arbeit haben und bestrebt sind, hervorragende Leistungen zu erbringen. Eine Teamgröße von vier bis fünf Personen kann als optimal bezeichnet werden. Ein Team sollte nicht größer als sieben Personen sein. Je nach Aufgabenstellung kann es fördernd sein, wenn die Teammitglieder aus verschiedensten Fachrichtungen, mit unterschiedlichen Erfahrungen und Wissensprofilen, kommen. Das fördert das Erarbeiten von ganzheitlichen Lösungen.

➡ *Teamgeist schafft eine verbindende Klammer, also Ganzheiten mit Eigenschaften, die ihre einzelnen Teile nicht haben, d.h. die Synergieeffekte.*
(These)

Die Leistungsfähigkeit eines Teams (einer Gruppe) hängt weitgehend davon ab, wie gut die Zusammenarbeit der einzelnen Teammitglieder untereinander

ander funktioniert. Eventuelle Konflikte, die unter der Oberfläche schwelen, würden auf die Dauer zerstörend wirken.

Für ein Aktivieren der Teammitglieder bedarf es natürlich einer professionellen und motivierenden Gruppenmoderation.

Der Moderator muß dafür sorgen, daß die im Team entfaltete Energie in konstruktive Bahnen gelenkt wird, um mit einer Gruppe von Individualisten, durch Förderung von Kreativität und Kommunikation, optimale Ergebnisse zu erzielen.

Ein gemeinsames, kooperatives Miteinander im Team, anstelle von einem unproduktiven Gegeneinander, hat sich aus folgenden Gründen bewährt:

1 Die Vielfalt der Meinungen und individuellen Erfahrungen ist förderlich für das Finden von optimalen (ganzheitlichen) Lösungen.

2 Bei einem gemeinsamen Klienten/Berater-Team wird das im Unternehmen bereits vorhandene Wissen für die Lösungsfindung eingesetzt, was für die Praktikabilität der Lösung förderlich ist.

3 Das Erarbeiten von Lösungen erfolgt in einem iterativen Prozeß, um sich die Vielfalt der Ideen und Erfahrungen der Teammitglieder zunutze zu machen.

4 Bei den vom gemeinsamen Berater/Klienten-Team erarbeiteten Empfehlungen und Lösungsansätzen werden die spezifische Situation des Unternehmens und die bestehende Unternehmenskultur berücksichtigt.

5 Die Akzeptanz der empfohlenen Maßnahmen ist wesentlich besser, als wenn diese Empfehlungen von »Fremden« kommen. Dadurch wird die Umsetzung bzw. Realisierung erleichtert.

6 Die mitwirkenden Teammitglieder des Klienten lernen die Lösungsfindungsmethodik kennen und sind später in der Lage, wenn sich Parameter verändern sollten, die adäquate Korrektur der empfohlenen Maßnahmen kompetent durchzuführen.

Eine graphische Darstellung von iterativem Vorgehen bei der Problemlösung zeigt die Abb. 3.3 (aus »Getting to YES«, Roger Fischer und William Ury; Penguin Books).

Durch Mobilisieren von weiteren Gesprächspartnern aus verschiedenen Bereichen des Unternehmens (z.B. durch Interviews) werden wertvolle Beiträge zur Lösungsfindung geleistet.

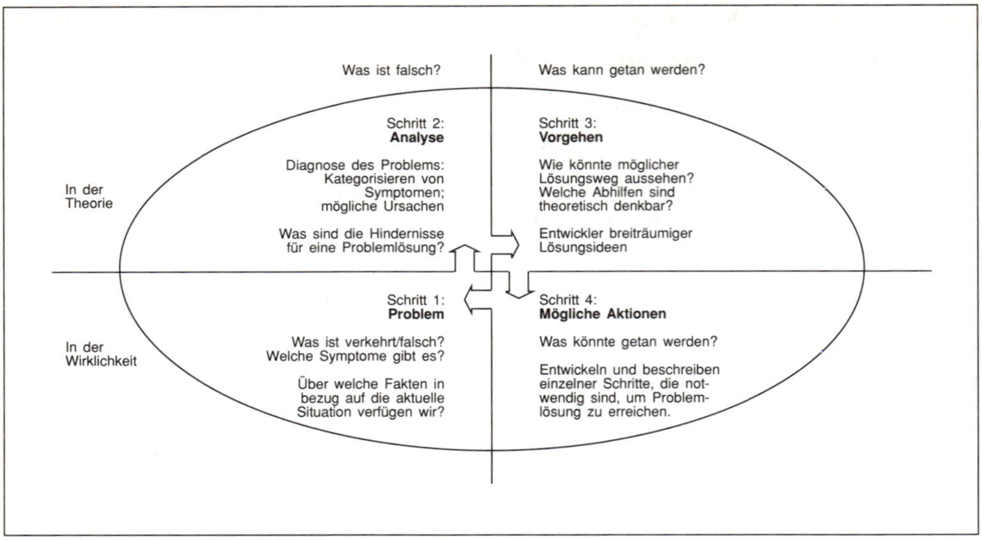

Abb. 3.3: Graphische Darstellung von iterativem Vorgehen bei der Problemlösung

Es gibt kein Rezeptbuch, das Teamführung/-moderation ohne »Wenn und Aber« lehren könnte. Aber eine wichtige Voraussetzung für die kooperative und partizipative Teamarbeit ist das Arbeitsklima. Ein Klima, das geprägt ist von:

- gegenseitigem Respekt der Teammitglieder
- gleichberechtigtem Mitwirken aller Beteiligten
- demokratischem und kollegialem Miteinander
- alle Vorschläge, gut oder schlecht, erhalten Resonanz (werden ernst genommen)
- Offenheit
- positivem Denken
- Vertrauen der Teammitglieder untereinander und in sich selbst
- Toleranz
- Loyalität
- ethischem Verhalten
- klaren Perspektiven

hebt die Motivation und die Arbeitsmoral des Teams.

Im Gegensatz dazu ist ein Klima, das geprägt ist von:

- Machtkämpfen
- Mißtrauen

- menschlicher Kälte
- Betonen der Schwächen der anderen
- Gerüchten
- Vorurteilen
- fehlender Toleranz
- Moderator steht im Mittelpunkt

für die Teamarbeit hinderlich oder möglicherweise »tödlich«. Es empfiehlt sich, die Qualität der Teamarbeit von Zeit zu Zeit zu überprüfen. Eine Anregung diesbezüglich zeigt die Abb. 3.4.

Frage	Bewertung					Maßnahmen
	1	2	3	4	5	
1 Die Teammitglieder respektieren sich gegenseitig **2** Die Aufgaben im Team sind richtig zugeordnet **3** Anregungen und Ideen anderer werden angenommen **4** Wir agieren und reagieren offen und beharren nicht auf eigenen »Positionen« **5** Unsere Teamarbeit basiert auf unserer gegenseitigen Schätzung und Respekt **6** Wir hören einander zu **7** Alle Teammitglieder wirken engagiert mit **8** Wir können gut zwischen der Methode und den Sachinhalten unterscheiden **9** Wir geben und akzeptieren »Feedback« **10** Die Moderation und die Vorgehensmethodik sind gut						
Legende: 1 = trifft voll zu 3 = weder/noch 5 = trifft überhaupt nicht zu						

Abb. 3.4: Mögliche Bewertung der Qualität der Teamarbeit

Erfolgreiches Vorgehen im Team bedeutet:
- Offen kommunizieren,
- gemeinsam Stärken herausarbeiten und
- Schwächen ausräumen, unter
- aktiver Mitwirkungen aller Teammitglieder.

Dialogisch Führen durch partnerorientiertes Verhalten

➡ *Das partnerorientierte Verhalten ist nicht eine »Masche«, sondern konsequente Folge einer Geisteshaltung.*
(These)

Die Japaner haben ihre Marktvorteile nicht dadurch erzielt, daß sie Niedriglöhne und lange Arbeitszeiten haben, sondern weil sie in den letzten 20 Jahren durch eine großartige Mobilisierung der Menschen in ihren Betrieben es fertiggebracht haben, Kreativität auf einer breiten Basis zu fördern und mehr Produktivität zu erzeugen. Ein solches Verhalten kann als »dialogisch« bezeichnet werden.

➡ *Eine dialogische Einstellung bedeutet, anzuerkennen, daß der einzelne immer nur einen Ausschnitt der Wirklichkeit wahrnehmen kann.*
(These)

Die Kommunikationswissenschaft hat nachgewiesen, daß jeder Mensch eine individuell geprägte Wirklichkeitsauffassung hat. Was wir Wirklichkeit nennen, kann in den seltensten Fällen aus der Beobachtung des einzelnen hervorgehen.

Die Wahrnehmung ist das, was wir für »wahr« nehmen. Jeder von uns deutet die Sachverhalte aber anhand seiner individuellen Denkmuster. Jede Bewertung erfolgt zutiefst subjektiv und basiert auf persönlichen Erfahrungen.

Wie oft wird man von den Mitmenschen mit folgenden Einstellungen konfrontiert:

- Alle sind wie ich
- Alle nehmen wahr wie ich
- Alle bewerten auch wie ich

Eine Meinung darzustellen, ist schon schwer genug. Sie dann auch noch für die einzig richtige zu halten, das wirkt lächerlich. Eine dialogische Einstellung bedeutet, die Unterschiedlichkeit in der Wahrnehmung und Bewertung verschiedener Menschen grundsätzlich anzuerkennen und die Meinung anderer zu respektieren. Dies ist sicherlich für ein kooperatives Miteinander förderlich. Der Dialog erweitert den Horizont. Um dies zu ermöglichen, sollte man:

- Neugierig sein
- Offen für Alternativen sein
- »Zulassend« Denken und Reden

Um so die intellektuellen Ressourcen aller Mitarbeiter des Unternehmens zu mobilisieren und zu bündeln.

Warum ist persönliche Qualität so wichtig?

Was ist eigentlich Qualität? »Gute Qualität« und »schlechte Qualität« sind keine objektiven Begriffe. Die gleiche Qualität kann von derselben Person zu verschiedenen Zeitpunkten unterschiedlich aufgefaßt werden. An die Qualität von Produkten und Dienstleistungen knüpfen wir bestimmte Erwartungen. Für bestimmte Produkte und Services gibt es jeweils spezifische Qualitätsmerkmale. Wenn die Qualität eines Produktes unsere Erwartungen erfüllt oder sogar übertrifft, bezeichnen wir die Qualität als »gut«. Andernfalls, wenn unsere Erwartungen nicht erfüllt werden, empfinden wir die Qualität als »schlecht«.

➡ *Was wert ist, getan zu werden, ist es auch wert, gut getan zu werden. (These)*

Wir erwarten die Qualität der technischen Erzeugnisse/Einrichtungen oder die Qualität der Services und nehmen sie als etwas selbstverständliches. Die Qualität kann entscheidend sein für die Zukunft von Unternehmen und damit für die Zukunft jedes einzelnen Mitarbeiters dieses Unternehmens. Während bei Produkten und Services die Qualitätsmerkmale relativ einfach und schnell festzulegen sind, ist die persönliche Qualität eines Menschen, in bezug auf seine fachlichen und menschlichen Eigenschaften, oder die Qualität einer Beratung, relativ schwer zu bewerten. Die Anforderungen an die Qualität steigen ständig. Kunden und Klienten sind immer weniger bereit, sich mit unzureichender Qualität abzufinden.

➡ *Persönliche Qualität ist die Voraussetzung für jede andere Qualität. (These)*

Eine Dienstleistung ist nur so gut, wie die Leute, die dahinter stehen. Ob eine Dienstleistung, ein Service, als gut oder schlecht empfunden wird, entscheidet unser subjektives Empfinden. Qualität schafft Selbstachtung; Selbstachtung ist die Voraussetzung für Qualität. Unzureichende Qualität kann schnell zum Imageverlust führen, was im Extremfall sogar zum Firmenuntergang führen könnte.

Neue Dimensionen der Qualität

Während die Produktqualität mittlerweile etwas vollkommen selbstverständliches ist, wird die persönliche Qualität immer stärker gefragt, also die Qualität des menschlichen Einsatzes, durch Verbesserung der menschlichen Beziehungen, der Kommunikationsformen und des Teamgeistes, sowie die Erhaltung einer hohen Moral.

In bezug auf die Beratung geht es hierbei nicht allein darum, die hochwertige Qualität des Beraters und seines Einsatzes zu gewährleisten, sondern diese neuen Dimensionen des Qualitätsdenkens in alle Bereiche und Phasen der Betrachtung zu übertragen. Dabei steht die Verbesserung der zwischenmenschlichen Beziehungen, der Kommunikationsformen und des Teamgeistes sowie die Erhaltung einer hohen Motivation im Vordergrund. Die persönliche Qualität ist auch hier die entscheidende Voraussetzung.

Eine Unternehmensberatung kann bei der Erledigung der ihr übertragenen Aufgaben nur durch einen hohen Qualitätsstandard ihrer Beratung erfolgreich sein.

Die persönliche Qualität eines Beraters wird bestimmt durch Merkmale, wie:

- Respekt gegenüber anderen Menschen
- Offenheit
- Kommunikationsfähigkeit
- Toleranz
- Einfühlungsvermögen

Zur Qualität gehört, selbst wenn es auf den ersten Blick paradox erscheint, auch das Recht, Fehler machen zu dürfen. Warum soll das, was im Lernprozeß eines jeden Kindes selbstverständlich ist, einem Erwachsenen nicht als unvermeidlicher Teil seiner persönlichen Entwicklung zustehen? Wenn man den Fehler nicht wegdiskutiert und nicht verdeckt, sondern sichtbar läßt und zugibt, dann kann man den Kampf gegen ihn aufnehmen. Dies kann man als Herausforderung zur Vermeidung von zukünftigen Fehlern auffassen.

Die Qualität mancher Vorhaben und Projekte wäre viel besser und der Aufwand geringer, wenn man begangene Fehler umgehend zugegeben hätte und notwendige Maßnahmen rechtzeitig bzw. zu einem möglichst frühen Zeitpunkt eingeleitet hätte.

Die Fehler müssen als Teil der Entwicklung eines Mitarbeiters bzw. als »Lehrgeld« eines Teams, und als eine Herausforderung zu Verbesserungen betrachtet werden. Vorausgesetzt, die Fehler werden nicht bewußt wiederholt.

Qualitätssicherung der Teamarbeit (bei einer Beratung)

Die Qualität der Arbeit im Team und die Qualität der Ergebnisse (empfohlener Maßnahmen) hängt stark von der im Team angewandten Vorgehensmethodik und von den Randbedingungen ab. Hier einige der wichtigsten Elemente der Qualitätssicherung der Teamarbeit:

1 **Ziel und Auftrag**
Unmißverständlicher Auftrag (Mission) und meßbare Ziele für die Teamarbeit bzw. für die Beratung werden definiert und schriftlich festgehalten. Beim Fehlen eines klaren und motivierenden Auftrags droht Gefahr, sich zu verzetteln bzw. an den Erwartungen des Auftraggebers vorbeizuarbeiten.

2 **Ergebnisdefinition**
Die Form und der Umfang der gewünschten Ergebnisse sind bereits zum Beginn der Beratung festzulegen. Auf diese Weise kann die Arbeit von Anfang an ergebnisorientiert und damit effizient gestaltet werden.

3 **Aufwandsschätzung**
Anhand einer detaillierten Aufstellung einzelner Vorgehensschritte kann eine präzise und gewissenhafte Aufwandsschätzung erfolgen. Daraus kann ein exakter Zeitplan erstellt werden.

4 **Kompetenzen und Pflichten des Moderators und des Teams**
Um eine reibungslose und produktive Arbeit im Team zu gewährleisten, empfiehlt es sich einen »Verhaltens-Kodex« zu beginn der Teamarbeit

festzulegen. Genauso wichtig und nützlich ist es, sich gleich am Anfang auf gemeinsame Begriffsdefinitionen zu einigen.

5 **Lösungsvorschläge / Empfehlungen / Maßnahmen**
sollten in einem iterativen Prozeß durch das gemeinsame Klienten/-Berater-Team erarbeitet werden. Die Moderation erfolgt durch den Berater.

Als Qualitätsmerkmal einer Beratung und der Teamarbeit kann der Grad (Prozent) der Realisierung der empfohlenen Maßnahmen eingesetzt werden.

Durch Einhalten dieser Regeln stellt sich der Erfolg noch nicht von alleine ein, aber es wird eine entscheidende Voraussetzung geschaffen.

Offenheit als Basis für Führung und Vertrauen

Die Offenheit hat neben der Motivation in der modernen Geschäftswelt eine große Bedeutung. Ein offener Umgang der Partner miteinander wird immer mehr zur Selbstverständlichkeit.

➡ *Offenheit ist Voraussetzung für das kooperative und vertrauensvolle Miteinander im Team.*
(These)

Vertrauen bekommt man nicht geschenkt, vor allem nicht in der Geschäftswelt.

Vertrauen muß man sich verdienen im kooperativen, umgänglichen Miteinander und zwar gleichermaßen in den verschiedensten – privaten und geschäftsbezogenen – Bereichen des Zusammenlebens und der Zusammenarbeit.

Vertrauen gewinnt man, indem man es gewährt. Offenheit ist die Basis und die Voraussetzung für das Vertrauen. Um Vertrauen aufzubauen, bedarf es oft Geduld und Zeit. Es bedarf der Ehrlichkeit, Glaubwürdigkeit und Zuverlässigkeit der Beteiligten, die in persönlicher Bescheidenheit bereit sind, sich unter einem höheren Ziel gegenseitig zu helfen. Der hohe Stellenwert des Vertrauens als Grundelement der Führung ist in anderen Zeiten und anderen Kulturen genauso verankert.

Anekdote: Konfuzius wurde einmal von einem seiner Schüler gefragt, worauf es in der Verwaltung eines Staates in erster Linie ankomme. Er antwortete: »Auf ein tüchtiges Heer, auf die Sicherung der Ernährung des Volkes und darauf, daß es Vertrauen zu seinem Herrscher hat«. Darauf gefragt, wenn nicht alles zu erreichen ist und worauf man am ehesten verzichten könnte, antwortete Konfuzius: »Auf das Heer«. »Und wenn noch ein weiteres entfallen müßte?«, fragte der Schüler. Konfuzius antwortete: »Die Nahrung, denn zwar sind Speise und Trank zum Leben notwendig, aber früher oder später muß doch jeder sterben. Ohne Vertrauen aber ist es unmöglich, daß der Staat auch nur einen Tag überlebt.«

Die aktuellen politischen Ereignisse (z.B. in der früheren UdSSR) zeigen eindrucksvoll, wie aktuell diese Aussage auch in der heutigen Zeit noch ist.

Rezept: Für einen Teamleiter oder einen Moderator (auch für die moderne Führung eines Unternehmens) muß die Offenheit eine Maxime sein, die von ihm gelebt und vorgelebt werden muß. Dies ist die Basis des Vertrauens und Zugehörigkeitsgefühls und dadurch auch wichtiger Grundstein für die Motivation.

Moderation durch offene »Zweiwege«-Kommunikation

➡ *Kommunikation ist das wichtigste Werkzeug zur Lösungsfindung. (These)*

Offene Kommunikation bedeutet freien Informationsfluß zwischen den Beteiligten und Betroffenen. Offene Kommunikation bedeutet gegenseitiges Feedback in einem Klima des Vertrauens. Offene Kommunikation bedeutet Interesse, Aufmerksamkeit und gegenseitigen Respekt. Offene Kommunikation dient außerdem der Qualitätssicherung.

Eine offene, ja, vorbehaltslose Kommunikation ist die Voraussetzung für das Funktionieren der Teamarbeit. Sie kann nur in einer vertrauensvollen Atmosphäre und bei voller Identifikation der Beteiligten mit den gemeinsamen Zielen zustandekommen. Der Gegensatz zur offenen Kommunikation ist die leider noch häufig praktizierte autoritäre Kommunikation.

Eine gute Zusammenarbeit setzt offene Kommunikation voraus. Vom Berater wird ein solches Kommunikationsverhalten verlangt, und zwar das Fördern eines kommunikativen Miteinanders im Beratungsteam.

Erfolgreich Führen durch Überzeugen

Wenn es dem Moderator gelingt, die Teammitglieder zu einer verschworenen Gemeinschaft zusammenzuschweißen, ist dies ein Zeichen dafür, daß er es geschafft hat, die Ziele und die gestellten Aufgaben den Teammitgliedern überzeugend darzustellen.

Unsere Mentalität, ja, unsere Erziehung, ist darauf ausgerichtet, die Kommunikation außerhalb eines intimen Bereichs (z.B. des Familienkreises) sehr vorsichtig und restriktiv zu betreiben.

Der Platzvorteil der Japaner ist hauptsächlich durch ihre offene Einstellung zu der Kommunikation entstanden.

Voraussetzung für eine offene Kommunikation ist Vertrauen. Solange in unserem Denken das Verständnis verankert ist, daß Fehler machen, aber auch Unwissen über einen Sachverhalt, etwas schlechtes, ja niederträchtiges ist, wird die Kommunikation nach wie vor primär als Mittel zur Selbstdarstellung und nur sekundär als Mittel zur Problemlösung eingesetzt. Durch mehr Mut zum Fehler, Toleranz im Denken, Zurückdrängen oder gar Ausrotten der »elitären Arroganz« der Besserwisser, könnten gute Voraussetzungen für ein erfolgreiches, höchst motiviertes, effizientes und innovatives Arbeiten im Team geschaffen werden.

Wenn es uns gelingen könnte, unsere innere, uns anerzogene Einstellung, besser zu sein als der andere, zu einem Bekenntnis, gute und exzellente Leistung im Team zu erbringen, umzuwandeln, würden wir durch ein kooperatives Miteinander viel effizienter arbeiten, als durch das praktizierte Nebeneinander oder manchmal sogar Gegeneinander. Es ist schwer, in einer Gesellschaft, in der nur das Gewinnen und besser als der andere zu sein zählt, in der ein zweiter Platz oft als Niederlage bzw. als Versagen eingestuft wird, sich in einem offenen, kommunikativen Miteinander zu eigenen Schwächen und Fehlern zu bekennen, um dann Lösungen gemeinsam in einem kreativen, iterativen Prozeß schneller und wirksamer zu erarbeiten.

Interview als dialogische Kommunikation

Eine dialogische Einstellung läßt die Sichtweiten anderer zu; sie lebt vom offenen, kommunikativen Meinungsaustausch und fördert Beschlüsse auf breitem Konsens.

- Das Gespräch als partnerschaftliche »Zweiwege«-Kommunikation, als Dialog (= Wechselgespräch oder noch besser Zweigespräch) und keinesfalls als Monolog (Selbstgespräch) verstehen.
- Reversibel kommunizieren bedeutet: Die richtigen Fragen stellen, auf die Antwort aufmerksam »lauschen«, eigene Meinung zum jeweiligen Sachverhalt unverblümt äußern.
- Möglichst viele Sichtweiten sind einzubeziehen
- Beschlüsse sind auf breitem Konsens zu fassen

Fördern der Kommunikation im Team

Gleichberechtigtes und gleichwertiges partnerschaftliches Miteinander ist das »A & O« einer erfolgreichen Teamarbeit. Die Persönlichkeit einzelner Teammitglieder ist naturgemäß verschiedenartig ausgeprägt. Eventuelle Dominanz einzelner Teammitglieder oder das Zustandekommen von Fraktionen (Interessengemeinschaften), würden auf Dauer große Gefahren für die erfolgreiche Teamarbeit bringen.

Die Aufgabe des Moderators ist, diese Dominanz zu verhindern. Verschiedene Moderationstechniken können dabei Abhilfe bieten, wie z.B. Metaplan (Kartenabfrage), Brainstorming, Brainwriting, usw.

Die Technik allein macht die gute Moderation noch nicht aus. Dem Moderator kommt außerdem die Aufgabe zu, für eine ausgewogene und offene Kommunikation Sorge zu tragen, daß:

1 Alle vorgetragenen Gedanken, Einschätzungen, Ideen und Anregungen gleichberechtigt erfaßt und festgehalten werden (und nicht nur oder nicht vorwiegend die der Meinungsführer). Es empfiehlt sich, alle Gedanken und Ideen neutral zu visualisieren (ohne Wertung) und zu notieren, z.B.

auf eine Pinwand oder Flipchart, um den gesamten Stand der Diskussion zu überblicken und gleichzeitig zu dokumentieren.

2 Durch Zusammenfassen und durch Nachfragen bezüglich einzelner Punkte ein Konsens erarbeitet und festgehalten werden kann.

3 Der Moderator bei der Lösungsfindung nicht dominiert, jedoch mit Hilfe von unterschiedlichen Fragetechniken und -formen die Diskussion gezielt vorantreibt. Seine Fragen sollen offen und nicht geschlossen sein, alternativ und nicht rhetorisch, eventuell gegenfragend aber nicht suggestiv. Nur wer die Kunst zu Fragen beherrscht, wird ein guter Moderator.

4 Der Moderator Konfliktstrukturen aufzeigt und neue Formen des Umgangs miteinander entwickelt.

5 Die erarbeiteten Lösungen oder Maßnahmen anhand von den im Team erstellten Kriterien bewertet und eventuell priorisiert (z.B. in bezug auf die Realisierbarkeit) werden.

6 Der Abschluß einer Sitzung (einer Moderation) durch die gründliche Nachbereitung gebildet wird. Allen Teammitgliedern (bzw. allen an der Diskussion Beteiligten) ist die Dokumentation der Ergebnisse unmittelbar nach der Besprechung, oder in kürzester Zeit danach, auszuhändigen.

Eigenschaften eines Moderators (eines Projektleiters)

Für den Erfolg eines projektartigen Vorhabens, z.B. einer Beratung, können die Eigenschaften und Fähigkeiten eines Moderators von entscheidender Bedeutung sein. Darum an dieser Stelle eine kurze Betrachtung dieser Thematik.

Die Frage der Fähigkeit des Moderators wird in fast allen Abschnitten dieser Abhandlung gestreift. An dieser Stelle eine zusammenfassende Betrachtung. Folgende Eigenschaften sind für den Erfolg eines Moderators von großer Bedeutung:

Zwischenmenschliche Kommunikation
- Vertrauen in die Fähigkeiten und Leistungsbereitschaft der anderen
- Offenheit für die eigenen Empfindungen und die Empfindungen anderer
- die Fähigkeit, die Situation so zu beeinflussen, daß sich niemand »überfahren« oder als Verlierer fühlt

Auftreten und Persönlichkeit
- verhält sich unkompliziert und ungezwungen
- überzeugt ohne viele Worte
- ist glaubwürdig
- wirkt vertrauenserweckend
- stellt sich auf den Partner / die Situationen ein

Entscheidungsverhalten
- wertet die zur Verfügung stehenden Informationen aus
- bei einem Entscheidungsprozeß kann er logisch-analytisch vorgehen
- entwickelt Alternativen
- berücksichtigt mögliche künftige Ergebnisse und Folgen einer Lösung / Maßnahme

Kommunikationsfähigkeit
- kann zuhören
- geht auf die Argumente seiner Gesprächspartner ein
- läßt die Meinungen und Einwände anderer Teammitglieder gelten
- geht von sich aus auf andere zu
- wertet die Äußerungen anderer nicht ab
- zeigt sich kompromißbereit
- führt keine Monologe

Soziale Urteilsfähigkeit
- kann in schwierigen Gesprächssituationen auf andere eingehen
- berücksichtigt auch die situativen Einflüsse auf das Verhalten der Teammitglieder
- übernimmt nicht und überprüft die Meinung Dritter
- erkennt Gefühle und Beweggründe der Gesprächspartner

Motivation

Motivation als Begriff hat bei den meisten Führungskräften einen positiven Tenor. Die Erfolge führt man gerne auf eine gute Motivation und die Mißerfolge auf eine mangelhafte Motivation zurück. Über die Motivation, als Allheilmittel zur Leistungssteigerung, ist in den letzten Jahren so viel geschrieben worden, wie kaum über ein anderes Phänomen. Die Literatur über Motivation und Menschenführung wächst umgekehrt proportional zu den gesicherten Erkenntnissen. Man hat auch verschiedenartigste Motivationstechniken entwickelt und sie in vielen Büchern beschrieben und dabei manchmal das Individuum mit seinen spezifischen menschlichen Bedürfnissen übersehen.

➡ *Motivation ist heute ein Schlüsselwort, ja, fast ein Synonym für »Führung«.*
(These)

Wenn mit Führen gemeint ist, jemanden zielbezogen zu »lenken«, dann entspricht dies dem sprachlichen Ursprung des Wortes (lat. movere = bewegen). Motivieren heißt also, bei jemandem (z.B. einen Mitglied eines Projektteams) so viel innere Triebkraft, so viel Lust an der Arbeit zu erzeugen, daß er die Bewältigung der gestellten Aufgaben als eine Herausforderung empfindet und den maximalen Beitrag erbringt.

Mit anderen Worten: hier geht es darum, daß das individuelle Leistungsniveau eines Menschen seinen Leistungsfähigkeiten angepaßt wird. Der frühere USA-Präsident Dwight D. Eisenhower drückte es so aus: »Motivation ist die Fähigkeit, einen Menschen dazu zu bringen, das zu tun was man will, wann man will und wie man will, weil er selbst es will.« Das Ergebnis der vielfältigen Überlegungen und Untersuchungen in bezug auf Motivation kann eigentlich auf einen Nenner gebracht werden: die Motivation kann nur dann wirksam sein, wenn sie auf das einzelne Individuum ausgerichtet ist.

Die Aufgabe des Teamleiters/des Moderators ist es, als erstes die eventuell vorhandenen individuellen Demotivationsfaktoren der einzelnen Teammitglieder herauszufinden und zu beseitigen, um das Erbringen von Leistung überhaupt möglich zu machen. Der Moderator hat auch für die adäquate Anerkennung der erbrachten Leistung zu sorgen. »Motivation kann man nicht wie mit der Gießkanne über seine Mitarbeiter ausschütten. Motivation ist keine Massenkonfektion, sondern Maßarbeit, auf das einzelne Individuum bezogen«. (Dieter W. Solfrian, Geschäftsführer Verkaufstrainerzentrum Mercuri International, München).

Motivieren heißt, Bedingungen zu schaffen, unter denen ein Mitarbeiter von sich aus Leistungen erbringen will.

Abb. 3.5: Grundprinzipien der Motivation

Dies ist eine permanente Aufgabe der Führungskraft. Die Kunst, zu motivieren, besteht darin

- klare Ziele zu formulieren.
- einen freien Informationsfluß zu gewährleisten.
- Entscheidungsfindung kooperativ im Team zu betreiben.
- Perspektive zu zeigen, weil Perspektivelosigkeit demotivierend ist.
- Vereinbarungskultur zu praktizieren.

- Motivation durch Aufzeigen einer Vision (Vision = Die Fähigkeit mit Phantasie vorzudenken) zu vermitteln.

➡ *Eine klare Vision ist die beste Orientierungshilfe zur Erreichung der gesteckten Ziele.*
(These)

Eine Vision kann sich bei der Lösungserarbeitung auf die Beteiligten sehr motivierend auswirken. Besonders bei der Suche nach Lösungen für komplexere Sachverhalte und gravierende Probleme kann eine Vision Orientierungshilfen im Sinne eines »Leuchtturms« bieten. Sie hilft, die Zukunft deutlicher erscheinen zu lassen. Eine Vision (lat. Erscheinung) ist ein Ziel, das noch nicht quantifiziert ist. Im Gegensatz zu quantifizierten Zielen der Mitwirkenden kann eine bildlich dargestellte und leicht verständliche Vision Engagement und Motivation der Mitwirkenden fördern. Sie kann einen entscheidenden Schub für Kreativität und Lösungsfindung erzeugen. Eine Vision verstärkt das »Wir-Gefühl« des Teams. Für die meisten Menschen ist das Erreichen des Ziels, das nicht immer motivierend ist, nicht das interessanteste, sondern das »unterwegs zu sein«, d.h. das Meistern des Weges zum Ziel.

➡ *»Wenn Du ein Schiff bauen willst, dann trommle nicht Männer zusammen, um Holz zu beschaffen, Aufgaben zu vergeben und die Arbeit anzuleiten, sondern lehre die Männer die Sehnsucht nach dem weiten, endlosen Meer.«*
(Antoine de Saint-Exupéry)

Die Visionsfähigkeit des Teams und des Moderators bestimmt die Qualität der Vision. Visionsfähigkeit kann durch entsprechende Moderationstechniken unterstützt werden.

Qualitätsmerkmale einer Vision:

- Die Glaubwürdigkeit einer Vision hängt stark davon ab, wie stark sich der Auftraggeber, der Sponsor (z.B. der Vorstand), mit ihr identifiziert.
- Die Vision soll nicht vom Moderator allein, sondern gemeinsam im Team erarbeitet werden.
- Eine Vision wird dann akzeptiert, wenn die Teammitglieder das Gefühl haben, sich wiederzufinden und damit persönlich identifizieren können.
- Eine Vision muß auf Grundelementen basieren, die allen einleuchten (z.B. an einem bestimmten Szenario).

Dimensionen der Leistung

Zwischen der Leistungsbereitschaft eines Menschen und der tatsächlich erbrachten Leistung kann ein ganz erheblicher Unterschied bestehen. Die Gesamtleistung, die ein Mensch aufgabenbezogen erbringt, hängt, vereinfacht dargestellt, von folgenden Faktoren ab:

- Leistungsbereitschaft
- Leistungsfähigkeit
- Leistungsmöglichkeit

Diese drei Komponenten sind vom Teammitglied und vom Moderator unterschiedlich beeinflußbar. Die Leistungsbereitschaft ist die Komponente, die hauptsächlich von jedem einzelnen Teammitglied allein bestimmt wird. Die Bereitschaft eines Menschen, eine bestimmte Leistung zu erbringen, kann natürlich durch Motivation gesteigert werden. Die Leistungsbereitschaft ist eine individuelle Angelegenheit jedes einzelnen Teammitglieds und nicht des Moderators.

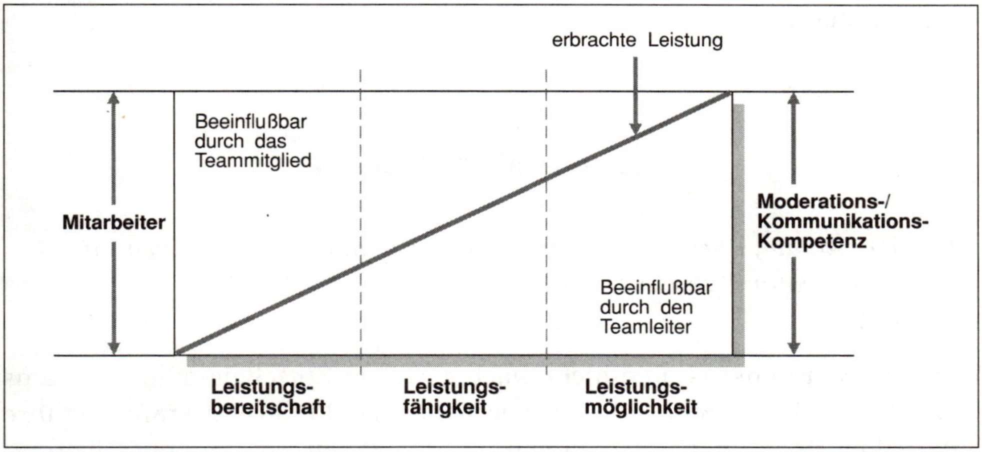

Abb. 3.6: Erbrachte Leistungen in Abhängigkeit von verschiedenen Faktoren

Alle praktizierten Motivationsmaßnahmen werden auf die Leistungsbereitschaft der Mitwirkenden ausgerichtet. Die beiden anderen Komponenten, die Leistungsfähigkeit und die Leistungsmöglichkeit, die für die Erbringung einer Leistung genauso von Bedeutung sind, werden dabei selten berücksichtigt. Die Aufgabe des Moderators oder des Vorgesetzten ist es jedoch, sich gerade um die beiden Komponenten Leistungsfähigkeit und Leistungsmöglichkeit zu kümmern, da sie sonst, wenn sie nicht in ausreichendem Maße vorhanden sind, zu Demotivationsfaktoren werden. Im Extremfall, wenn die Leistungsfähigkeit oder gar die Leistungsmöglichkeit nicht vorhanden ist, kann die erwünschte Leistung nicht erbracht werden.

Als Ursache für ihre unbefriedigenden Leistungen gaben die Mitarbeiter laut einer Umfrage an, daß sie sich nicht dazu »inspiriert« fühlten, die Leistung zu bringen, die sie im Innersten gerne bringen möchten.

Minimalführung

Leistung ist nicht etwas absolutes. Leistung ist eine Frage der Erwartung. Die Erwartung ist von der Führungskraft (bei der Beratung die Erwartung des Auftraggebers = Unternehmensleitung) zu definieren und verständlich zu formulieren.

Führen durch Zielvereinbarung ist die einfachste und oft effizienteste Form der Führung. Wenn ein Teammitglied sich genau über das Ziel im klaren ist, wird er Initiative entwickeln.

Konsens-Management

➡ *Wer glaubt, allein entscheiden zu müssen, hat sich von seinen Mitarbeitern (Teammitgliedern) geschieden.*
(These)

Wir brauchen Konsens- und nicht machtgestützte Entscheidungen. Konsens heißt »gemeinsamer Sinn«. Was wir brauchen, sind Führungskräfte, die ihre Mitarbeiter als Partner ernstnehmen und mit ihnen Konsens und Übereinkunft herstellen können; die nicht polarisieren, sondern integrieren; die nicht ausschließen, sondern einschließen; die umsetzen statt durchsetzen. Die Japaner machen es uns eigentlich vor. Die Entscheidungsfindung der Japaner erfolgt in sicherlich langen Entscheidungsprozessen mit hohem Energie- und Zeitaufwand, in die aber möglichst viele Sichtweisen einbezogen werden, so daß man auf einem breiten Konsens entscheiden kann.

Zugegeben, dieses Vorgehen bedeutet einen hohen Zeitaufwand. Bei Entscheidungen, die autoritär getroffen worden sind, wird oft anschließend in die getroffene Entscheidung noch weiterhin investiert, um die Zustimmung der Beteiligten zu erreichen, um die Sache optimal zum Laufen bringen zu können und um die bestehenden Widerstände zu beseitigen.

Ergebnisse, die weder durch rein demokratische Abstimmungen noch autoritär erzielt werden, sondern als Ergebnis des gemeinsam Erarbeiteten, haben hohe Qualität und große Akzeptanz. Bei klaren Vereinbarungen in diesem Sinne gibt es keine Motivationsprobleme.

Fazit

Effizientes Arbeiten im Team

Von einem Team (Projektteam) wird erwartet, daß die ihm gestellte Aufgabe auf eine produktive Weise optimal gelöst wird.

Um dieser Anforderung gerecht zu werden, bedarf es eines Umfelds, in dem sich das Team als ganzes fühlt und jedes der Teammitglieder sich ungehindert entfalten kann.

Dem Moderator fällt dabei die Aufgabe zu, für die Motivierung der Teammitglieder zu sorgen. Das bedeutet, ein Arbeitsklima zu schaffen, in dem jedes Teammitglied seine individuellen Erfahrungen und sein spezielles Fachwissen ungehindert in die Lösungserarbeitung einbringen kann.

Wirksames Motivieren

Das Motivieren muß, wenn es wirksam sein soll, individuumbezogen erfolgen. Jedes Teammitglied soll die Möglichkeit für seine persönliche Entfaltung erhalten und die Bedeutung seines Beitrags zur Lösung der gestellten Aufgabe, und damit zum Erfolg des gesamten Teams, sehen können.

Das Motivieren allein kann sehr leicht verpuffen, wenn eventuelle Demotivationsfaktoren (wie z.B. mangelndes Verständnis und mangelnde Unterstützung seitens der Unternehmensleitung) vorhanden sind. Darum gehört zu den Aufgaben des Teamleiters nicht nur Motivierung, sondern genauso das Eliminieren von Demotivations-Faktoren, weil nur dann, wenn beides erreicht ist, ein Team optimal arbeiten kann.

Verhalten der Teammitglieder

Auf einen kurzen Nenner gebracht kann man es so ausdrücken: ein Moderator (Teamleiter) ist in seiner Arbeit dann erfolgreich, wenn er ein motiviertes Team aufgebaut hat, in dem:

- jedes Teammitglied seinen Beitrag zum Teamerfolg anhand seines Spezialwissens und der Möglichkeit der vollen Entfaltung seiner Stärken ungehindert leisten kann
- jedem der Teammitglieder bewußt ist, daß es mit seinem Wissen und seiner Erfahrung nur einen Teil der Wahrheit kennt und aus seinem Blickwinkel nur einen Ausschnitt der Wirklichkeit überblickt
- einzelne Teammitglieder sich gegenseitig respektieren und akzeptieren
- »zulassend« gedacht und diskutiert wird
- für die Erarbeitung von Lösungsvorschlägen möglichst viele Fakten, Sichtweisen und Meinungen einbezogen werden (z.B. durch Zuziehen von Interviewpartnern)
- Offenheit für Alternativen besteht
- die Beschlüsse auf einem von allen Teammitgliedern getragenen, breiten Konsens erfolgen

Eine solche Arbeitsweise, bei der die Erarbeitung von Lösungen auf vielfältigen Meinungen und unterschiedlichsten Erfahrungen der Teammitglieder basiert und in einem offenen und kreativen Klima erfolgt, ist sicherlich qualitativ hochwertig.

Eine kleine Anekdote

Ein interessierter Spaziergänger beobachtet ein paar Steinmetze bei ihrer Arbeit, wie sie einzelne Steine bearbeiten. Neugierig wie er war, fragte er einen der Arbeiter: »Was tun Sie da?«. Der Arbeiter antwortete: »Ich verdiene mir hier meinen Lebensunterhalt«. Mit der Antwort nicht ganz zufrieden, fragte der Mann einen weiteren Arbeiter, was er da so macht. Die Antwort: »Sie sehen es ja selbst, ich klopfe die Steine«. Der Spaziergänger wagt es noch einmal, einen weiteren Arbeiter zu fragen. Der antwortet ganz stolz: »Ich baue am Kölner Dom mit«. Die Frage, welcher dieser drei Arbeiter seine Arbeit am sorgfältigsten erledigt, erübrigt sich.

P. Bünte

Geschäftsprozesse und Kommunikationssysteme

Teil C

Durchgängige Zielorientierung als Wettbewerbsfaktor

Eine wirtschaftende Einheit – ob Unternehmen, ob öffentliche Verwaltung, ob Verein – ist bestrebt, die Grundlagen ihrer Existenz zu erhalten. Die Existenzfähigkeit erweist sich bei den Adressaten der Leistung, d.h. im Absatzmarkt.

Kunden- und Marktorientierung im Betrieb

Der Adressat der Leistungen muß zufriedengestellt werden; der Klient oder Kunde wird andernfalls auf andere vergleichbare Anbieter ausweichen, soweit ihm das möglich ist.

Bei dem Vergleich schaut der Kunde nicht nur auf das Produkt oder die Dienstleistung, um die es im Kern geht, oder auf den Preis, sondern er beachtet auch die Umstände:

- was geschah im Vorfeld (wie wurde er beraten)
- wie wurde die Leistung dargebracht (Wartezeit, Termineinhaltung, qualitative Aspekte)
- wie erfolgte die übrige Abwicklung (Berechnung, Zahlungsvorgang)
- was geschah in der Nachsorge (Anleitung, Beratung, Behandlung von Störungen)

Diese scheinbaren Begleitumstände können für das Geschehen im Betrieb des Kunden oder in seinem Markt eine Bedeutung erlangen, die sie zum wettbewerbsentscheidenden Faktum macht. Eine Auto-Werkstatt, die zu einem neuen Mittel der Diagnostik nicht die verständliche Anleitung erhält, wird das Mittel nicht einsetzen und nachbestellen.

Schon die wenigen angedeuteten Beispiele für Leistungskriterien aus der Sicht des Kunden lassen ahnen, an wievielen Stellen im Betrieb zu einem Mangel oder zu einer in der Sicht des Kunden positiven Leistung beigetragen werden kann. Weder die produzierende (Dienst-) Stelle noch gegebenenfalls ein Außendienst sind allein für die Zufriedenheit des Kunden verantwortlich. Vielmehr müssen alle Abteilungen, deren Leistung oder Mangel an Leistung bei dem Kunden spürbar wird, ihren Beitrag leisten. Sie müssen erst einmal verstehen lernen, welche Auswirkungen es bei dem Kunden geben kann und wie das auf das eigene Unternehmen zurück wirkt.

Sich in Gedanken auf den Stuhl des Kunden zu setzen, ist bereits eine hilfreiche Übung.

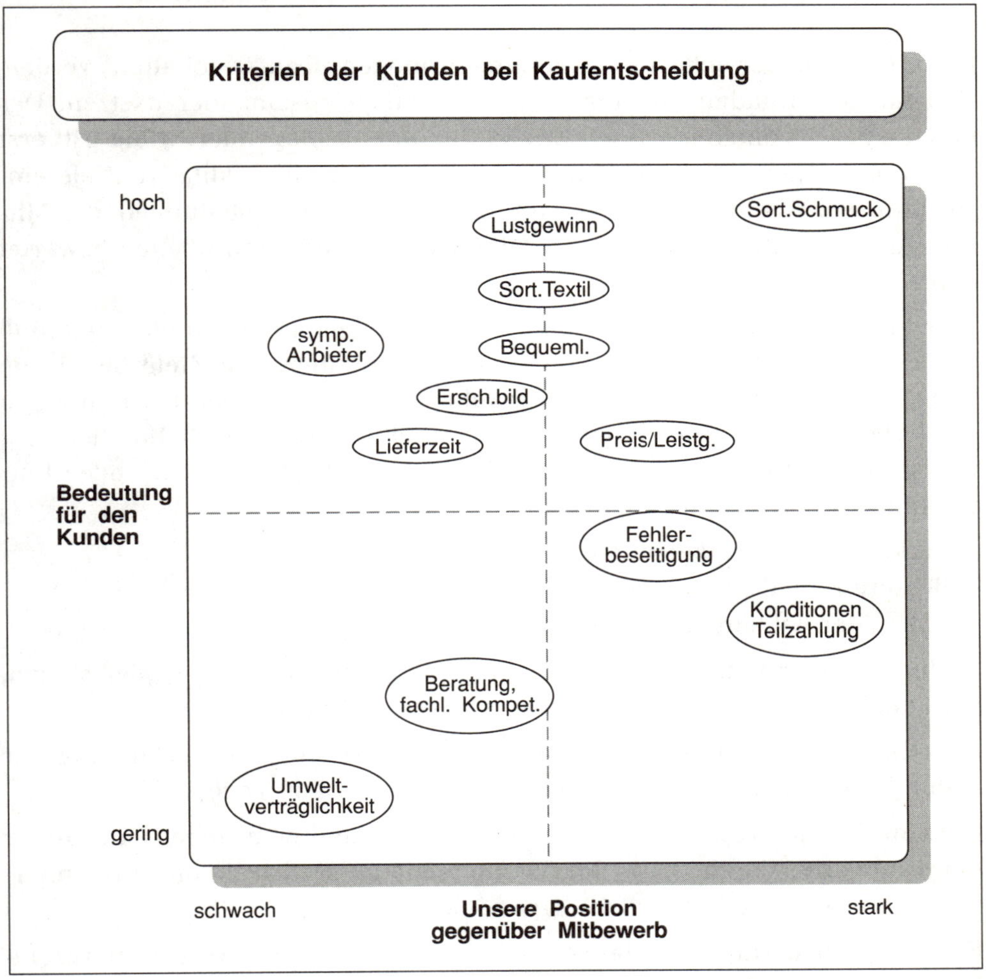

Abb. 4.1: Entscheidungskriterien der Kunden (Beispiel)

Eine zweite wäre, die Entscheidungskriterien nach der Bedeutung für den Kunden zu ordnen und das eigene Unternehmen in den einzelnen Faktoren mit den stärksten Wettbewerbern zu vergleichen, und schließlich die für die Zukunft zu erwartenden Veränderungen in die Betrachtung einzuführen.

Abb. 4.1 zeigt an einem Beispiel, wie ein Versandhaus die Diskussion unter den eigenen Führungskräften in Gang setzen kann.

Unternehmerische Ziele bilden die Leitschnur

Die einzelnen Bereiche und Abteilungen mögen dazu angehalten werden, sich mit den Kunden und ihren Anforderungen auseinanderzusetzen. Das brächte bereits einen gewissen Erfolg. Ein durchschlagender Erfolg tritt erst ein, wenn es gelingt, die Abteilungen durchgängig auf qualitative Ziele einzuschwören. Was bestimmt das Tun der Bereiche, der Abteilungen, der Mitarbeiter? Wesentlich wird sein, wie die Arbeit auf höheren Ebenen bewertet wird.

Eine klare Linie für die Ausrichtung der betrieblichen Einzelfunktionen muß von der Unternehmensspitze kommen. Unternehmerische Ziele bilden die Leitschnur für das betriebliche Geschehen, wozu auch gehört, wie und wo an Verbesserungen und Neuerungen gearbeitet wird. Das Zielbündel wird neben geschäftlichen, quantitativen Zielen auch Verbesserungs- oder Entwicklungs-Ziele bestimmen, z.B.

- Verkürzung der Angebotszeit
- Bessere Einhaltung zugesagter Liefertermine
- Abbau der Reklamationsquote

Solange Zielvorstellungen dieser Art allerdings nur auf dem Papier stehen, wird noch nicht viel geschehen. Zweierlei erscheint erforderlich:

- Verbesserungen müssen meßbar gemacht werden (z.B. Verkürzung der durchschnittlichen Angebotszeit von 45 Tagen auf 30 Tage)
- Es muß zeitbezogene Vorgaben für jeden Beteiligten geben, die dieser verantworten kann. (z.B. Bearbeitungszeit im Konstruktionsbüro innerhalb von 1 Jahr von 18 auf 12 Tage senken)

Es geht also darum, qualitative Ziele in nachprüfbarer Weise zu vereinbaren. Dafür werden sie mit quantitativen Meßgrößen versehen und auf die beteiligten Bereiche und Abteilungen heruntergebrochen. Da die Anteile nicht mechanisch, etwa nach Kopfzahlen, ermittelt werden können, müssen Abläufe betrachtet, die Beeinflußbarkeit untersucht und andere angemessene Wege beschritten werden.

Ziele mit Hilfe der Erfolgsfaktoren konkretisieren

Einen Weg, Abhängigkeiten in die Betrachtung einzubeziehen, weist die Feststellung der Erfolgsfaktoren (Critical Success Factors nach Rockart). Eine Geschäftseinheit, die soeben ihre Ziele definiert hat, fragt sich, wovon die Erreichung dieser Ziele abhängt oder was das Erreichen gefährden kann. Und da diese gefährdenden Faktoren, soweit sie beinflußbar sind, meist in Ressourcen liegen, können Ziele für diese Ressourcen und damit für alle Abteilungen bestimmt werden, die mit diesen Ressourcen umgehen.

So lassen sich im obigen Beispiel für die Ingenieurabteilungen Ausbildungsziele ableiten. Ferner wird als Erfolgsfaktor möglicherweise die Kommunikation ausgemacht, weil die Auslösung der Folgestufe nach einer erfolgten Arbeit nicht gut funktioniert. Dann mag der Abbau von Wartezeiten der Angebotsaufträge ein Ziel werden.

Insgesamt bildet sich eine Folge von Zielen und Erfolgsfaktoren heraus. Sie gliedert sich stufenweise von oben nach unten, siehe Abb. 4.2.

Zu beachtende Randbedingungen

In einer Phase der Ideensammlung für neue oder verbesserte Abläufe sollte es zunächst keinerlei kritische Schranken geben – ein Grundprinzip des »Brainstormings«.

Doch die nachfolgende Phase muß selektieren, muß prüfen, was machbar und mit den sonstigen Bedingungen verträglich ist. Diese Bedingungen müssen frühzeitig bekannt und Teil des Zielrahmens sein.

Bei neuen Lösungen zu beachtende Randbedingungen lauten beispielsweise:

- Personalbedarf muß durch Personaleinsparungen im Untersuchungsbereich kompensiert werden
- Implementierung muß in 12 Monaten möglich sein

Oft sind Randbedingungen implizit bekannt oder werden als bekannt vorausgesetzt. Es dient der Klarheit, sie vor der Untersuchung schriftlich zu fassen.

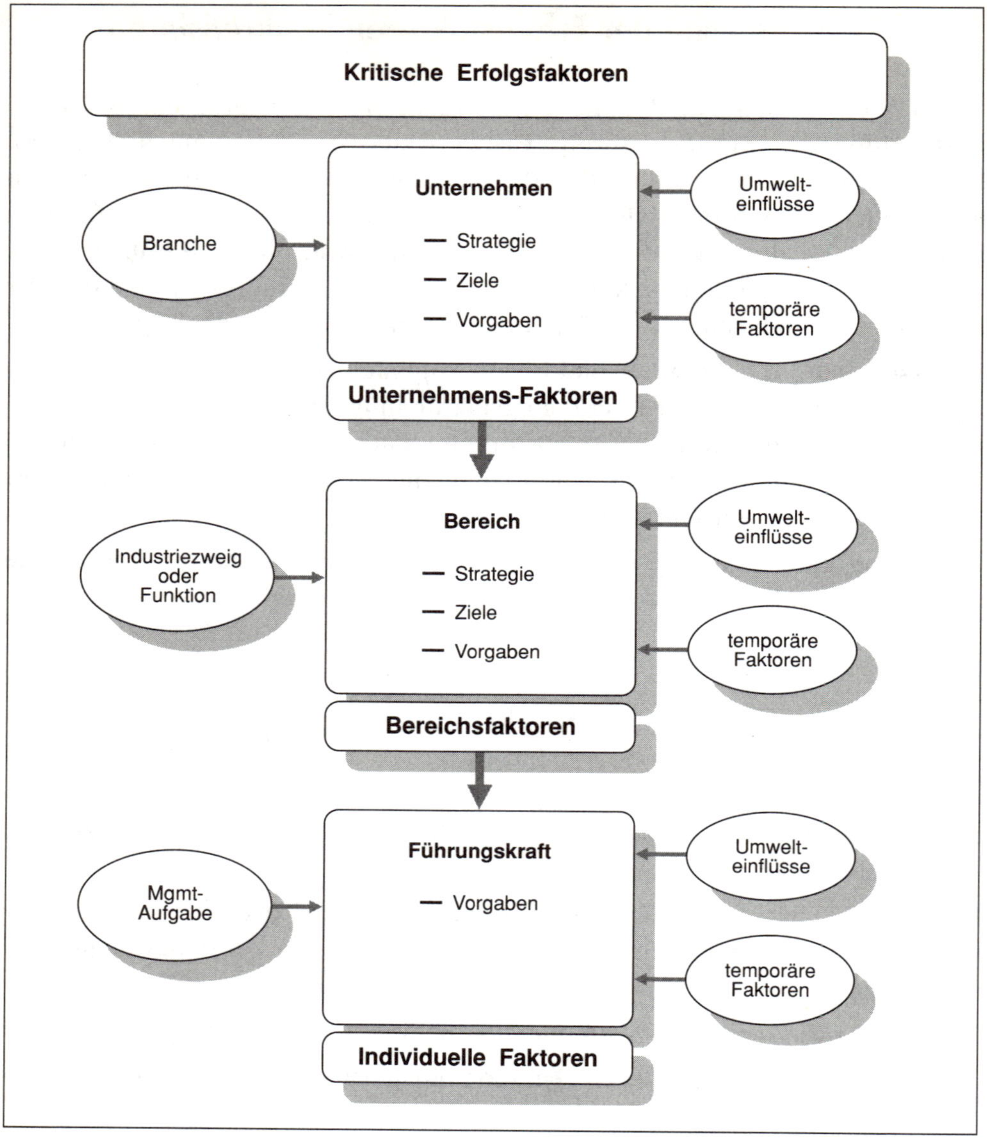

Abb. 4.2: Zielhierarchie im Unternehmen (nach F. Rockart, 1982)

Die Diagnostik

Maßnahmen zur Verbesserung der Leistungsfähigkeit gleichen Schwächen aus oder »heilen organisatorische Krankheiten«. Die »Therapie« bedarf zuvor einer Diagnose, wenn die Schwäche oder Krankheit nicht von vornherein lokalisiert und dingfest gemacht ist. Handlungsbedarf in organisatorischer Hinsicht kann sich auftun durch

- Erkennen von Schwachstellen im IST-Zustand, indem bereits jetzt geltende Ziele (in Teilbereichen) nicht erreicht werden oder indem Wettbewerber bestimmte Leistungen besser erbringen
- Aufsuchen von Potentialen für Verbesserungen bei systematischer Analyse mit Sicht auf Verbesserungsziele

Während im ersten Fall Unzulänglichkeiten meist bekannt sind und auf ihre Quellen untersucht werden, werden im zweiten Fall eher potentielle Ansatzpunkte gesucht. Die konventionelle Schwachstellenanalyse wird immer wieder zur Anwendung kommen, bedarf hier jedoch keiner Darstellung. Die Aufmerksamkeit sei einer systematischen Analyse zugewendet.

Struktur der Geschäftsprozesse als analytisches Instrument

An die Stelle der Untersuchung (und Optimierung) einzelner Abteilungen ist seit einiger Zeit die Analyse zusammengehöriger Geschäftstätigkeiten, der Geschäftsprozesse getreten. Dies erlaubt, Verkettungen und damit Abhängigkeiten von Tätigkeiten zu verfolgen, unabhängig von Abteilungsgrenzen (IBM Methodik des Business System Planning – BSP). Prozesse können ermittelt oder definiert werden, indem für das Unternehmen wichtige Objekte, Ressourcen (assets) in den Mittelpunkt gerückt werden. So gibt es viele Tätigkeiten, die primär mit der Ressource »Personal« zu tun haben. Es bietet sich an, dem Lebenszyklus einer Ressource zu folgen und

- Personal zu planen
- Personal einzustellen
- Personal auszubilden
- Personal einzusetzen und zu verwalten

- Personal zu betreuen
- Personal als Ressource wieder aus dem Betrieb zu nehmen

Die 2. Gruppe »Personal einstellen« besteht wiederum aus einer Reihe einzelner Tätigkeiten (siehe Abb. 4.3). Es handelt sich um verschiedenartige Tätigkeiten und diese werden sicher von verschiedenen organisatorischen Einheiten erbracht. Aber sie müssen dennoch verkettet sein, also nacheinander ausgelöst werden. So sollten sie auch im Zusammenhang organisiert werden.

Ein Vorteil dieser Betrachtungsweise, nämlich des Denkens in Prozessen: wenn die Zuständigkeit für Einstellungsentscheidungen von der Personalabteilung auf die Fachabteilung übergeht, ändert das nichts an der logischen Kette und den Inhalten. Unterstützende EDV-Programme werden auf die Vorgänge abgestellt statt auf Abteilungen und müssen nicht mit der Organisationsstruktur geändert werden. Diese Denkweise ist in der Programmgestaltung nicht neu. Doch mangelt es häufig noch der ganzheitlichen Organisationsentwicklung (Erklärung folgt).

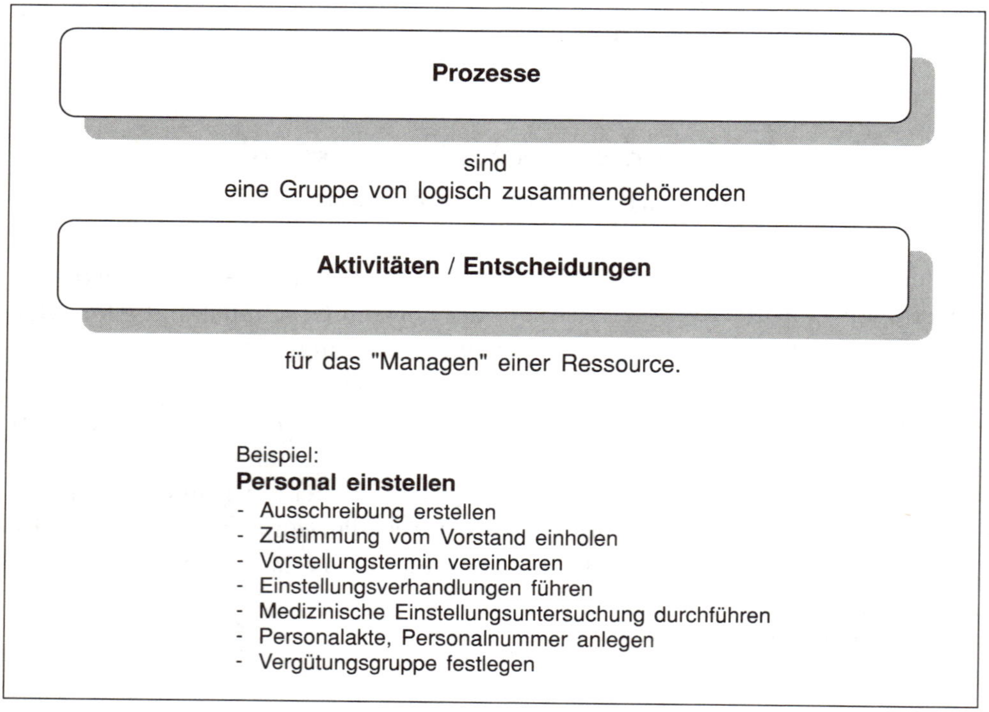

Abb. 4.3: Prozeßstrukturierung

Das Beispiel der Personalprozesse läßt ferner die Top-Down-Vorgehensweise erkennen, eine hierarchische Strukturierung. Zuoberst steht die Ressource selbst: Personal. Entsprechend zeigt die oberste Ebene der verschiedenen Prozeßgruppen wichtigste Objektbereiche an, die häufig mit Funktionsbereichen gleich klingen, wie Finanzen, Personal, Liegenschaften, Verträge.

Alles, was »gemanagt«, geplant, beschafft, gesteuert und überwacht wird, sind betriebswirtschaftliche Objekte oder Ressourcen in einem weiten Sinn, siehe Abb. 4.4.

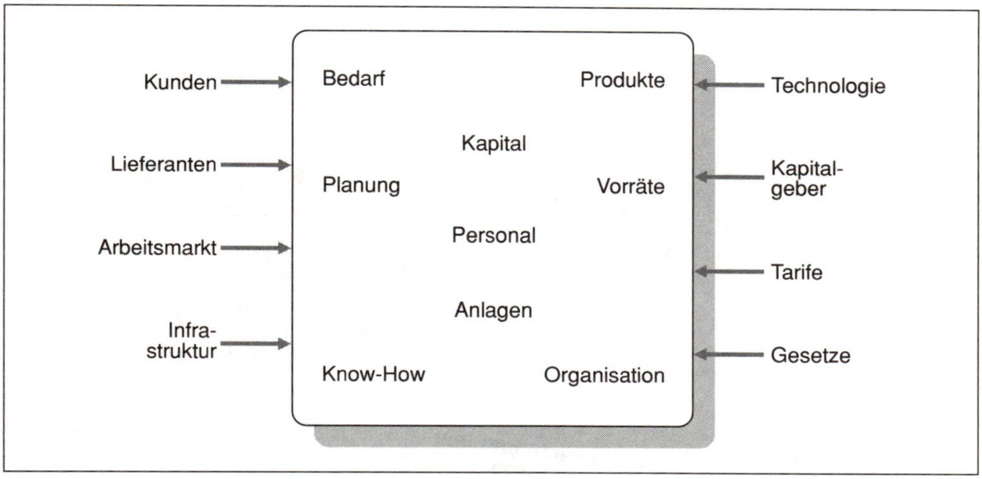

Abb. 4.4: Betriebliche Ressourcen

Die Objekte oder Ressourcen können in Gruppen zusammengefaßt werden (Hauptprozesse); diese werden dann strukturiert, siehe Abb. 4.5.

Während die Gestaltung der Informationsversorgung neuerdings Objekte in den Vordergrund stellt, ist eine gedankliche Durchdringung der Geschehnisse und Abhängigkeiten im Unternehmen am klarsten anhand der Aufgaben, der Tätigkeiten, d.h. der Prozesse möglich.

Neben dem Ansatz, die Untergliederung am Lebenszyklus der Ressource zu orientieren, gibt es auch den des Objekt-Durchlaufes, z.B. die logistische Kette eines Material- oder Produkt-Durchlaufes.

Wenn dann noch jenseits der physischen Vorgänge und »Behandlungen« die Management-Prozesse der planenden, steuernden und überwachenden Führungskräfte in die Betrachtung einbezogen werden, lassen sich unterschiedliche Zeithorizonte ausmachen, innerhalb derer verkettete Tätigkeiten zu erkennen sind.

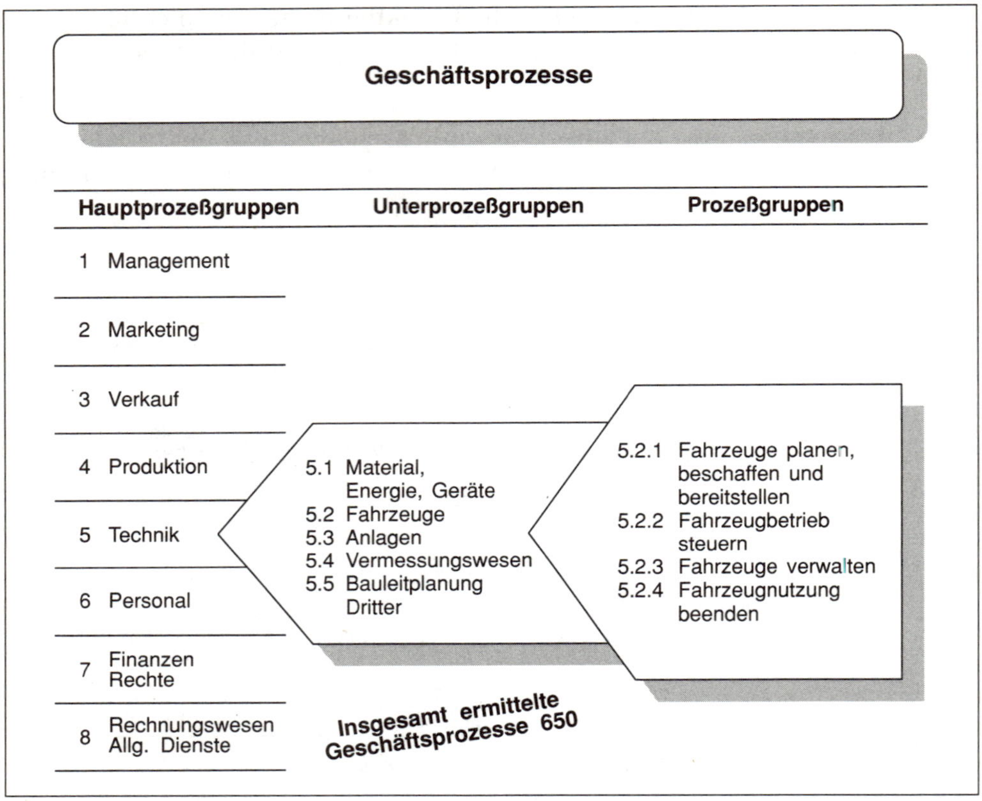

Abb 4.5: Prozeßliste der Bundesbahn (publiziert im ISM Kongreß Berlin 1985)

Ein Auszug aus einer Prozeßliste eines Fertigungsbetriebes mag dies veranschaulichen, siehe Abb. 4.6.

1.4	**Fertigungssteuerung (Woche/Monat)**
1.4.1	Planung für Serie und Kommission (intern und extern)
1.4.1.1	Auflagenplanung durchführen
1.4.1.2	Kapazitätsplanung/-steuerng (z.B. über VDIA, Maschinenkapazität) abgleichen und einstellen
1.4.1.3	Bedarfe führen (Material, Personal, Kapazitäten, Fläche)
1.4.1.4	Bestände führen
1.4.1.5	Verfügbarkeit prüfen (BM, Mat., Pers.) und Bereitstellung organisieren (bei überstunden, Sonderschichten...)
1.4.2	Material bestellen (auch Lieferbedingungen, Transportmittel)
1.4.3	Serie: Aufträge verplanen und Zuschnitt optimieren (Menge, Termin, Kapazität)
1.4.4	Kommission planen
1.4.4.1	Sonderabläufe erstellen (incl. Skizzen, NC-Programm, Projekte, Objekte)
1.4.4.2	Fahrtenplanung durchführen:
1.4.4.2.1	Transportmittel disponieren
1.4.4.2.2	Montageaufträge disponieren
1.4.4.2.3	Zollabwicklung organisieren (Ausgang)
1.4.4.3	Folgenrechnung durchführen
1.4.5	Neuheiteneinführung überwachen
1.4.6	Ablauf und Vorgaben überwachen
1.4.6.1	Auf Abweichnungen reagieren
1.4.6.2	Störungen managen (Qualität, Material, Personal. Anlagenverfügbarkeit)
1.4.6.3	Bestellungen überwachen, incl. Rechungsprüfung
1.4.7	Instandhaltungsmaßnahmen planen
1.4.8	Wiederverwendung organisieren
1.4.8.1	Entsorgung veranlassen (Retouren, Ausschuß, Auslauf, Fehlplanungen)
1.4.8.2	Für 2. Wahl einsetzen
1.4.8.3	An Lerferant zurückgeben
1.4.9	Ensorgung steuern (Abfälle)

Abb. 4.6: Beispiel einer Prozeßliste (Auszug)

Informationsnetze spiegeln das betriebliche Geschehen

Jede Tätigkeit im Unternehmen hinterläßt Spuren, nicht nur am Produkt (Beschaffenheit, Ort etc.), sondern im Medium der Informationen, meist sogar in vielfältiger Weise: Lohnansprüche, Kalkulationselemente, Lagerveränderungen, Auslösung weiterer Tätigkeiten, Zustände usw. Und sie verändern aggregierte Steuerungsgrößen, wie Bestände, Bewegungen usf. Aus den Informationen, die im Zusammenhang mit einer Tätigkeit erfaßt werden, sowie aus der Art ihrer Verwertung läßt sich der Entwicklungsstand der betriebswirtschaftlichen Steuerung und Durchdringung der Geschehnisse ablesen.

Welche Daten werden wirklich benötigt?

Personen, die in und mit den Prozessen beschäftigt sind, können befragt werden, welche Informationen sie für erforderlich halten, um bestimmte Tätigkeiten durchzuführen. Wenn wir noch ermitteln, wo im Unternehmen diese Informationen erstmals entstehen oder ins Haus kommen, genauer: bei welcher Tätigkeit, zeigen wir eine Beziehung auf zwischen Quellort und Verwendungsort von Informationen.

Wir erhalten eine Verknüpfung zwischen betrieblichen Tätigkeiten oder auch zwischen externen und internen Prozessen. Zu fragen ist, welche Qualität diese Verknüpfung für das Unternehmen hat und was bisher schon unternommen wurde, um die Information verfügbar zu haben.

Denn manche Informationen erscheinen für den zugrundeliegenden Prozeß nicht zwingend. Ein Meister fährt fort, seine Auftragsbestände abarbeiten zu lassen, wenn nicht andere Informationen die Prioritäten ändern. Läuft alles schön nach Plan, reichen die routinemäßig vorbereiteten »Papiere« oder sonstigen Arbeitsunterlagen, um im Geschäft fortzufahren.

Das gilt bis hinauf in die Entscheidungsebenen. Auch Entscheidungen müssen gefällt werden, ohne immer Kenntnis über sämtliche Randbedingungen zu besitzen. Vielfach kann der Aufwand gar nicht getrieben werden, alles Wissenswerte heranzuschaffen.

Doch können solche Informationsdefizite zu Mängeln, betriebswirtschaftlichen Fehlern oder Fehlentscheidungen führen. Das ist ein Risiko, mit dem man seit jeher lebt. In der zunehmenden Dynamik der Märkte und dem auf Termineinhaltung und (Dienstleistungs-) Qualität ausgerichteten Wettbewerb gibt es immer weniger Serienfertigung – auch in der Verwaltung. Die Aufträge oder Anfragen der Kunden müssen einerseits ins Betriebsgeschehen eingeordnet, andererseits flexibel und kundennah bedient werden. Unflexibilität kann schnell zum Aus führen. Unflexibilität ist zum einen ein Verhalten, zum anderen eine Frage der Information.

Und es ist ärgerlich, wenn die Informationen eigentlich verfügbar sind, jedoch nicht am richtigen Ort und in einer für den jeweiligen Benutzer geeigneten Form.

Bei der Ermittlung des Informationsbedarfs werden solche Dinge aufgedeckt – sofern die Befragten Gelegenheit erhalten, die Geschäftsprozesse im Kontext und zukunftsbezogen zu betrachten.

Damit läßt sich erkennen, welche Informationen aus anderen Prozeßgruppen benötigt werden, bzw. von den unterstützenden EDV-Anwendungen.

Hinter den Prozessen stehen Bereiche, Abteilungen, die diese Tätigkeiten durchführen. Also lassen sich die informatorischen Abhängigkeiten sowohl zwischen Prozessen als auch zwischen Abteilungen darstellen.

Abhängigkeiten im Informationsfluß

Eine strukturierte Vorgehensweise zur Ermittlung des Informationsbedarfes je Prozeß und je Abteilung entwickelte Michel Veys, IBM Belgien, mit ISS, Information Systems Study, in Deutschland KSS, Kommunikations-System-Studie. Das unterstützende Programm ISMOD erlaubt es, die Informationsbeziehungen zwischen Prozessen oder zwischen Abteilungen in verschiedenartigen Tabellen oder Matrizen aufzubereiten und zu bearbeiten (siehe Hein, 1985 und Vetter, 1988).

Die hierarchische Struktur der Geschäftsprozesse erlaubt auch, Informationsströme auf verschiedenen Ebenen oder in Ausschnitten aufzuzeigen, also etwa zwischen den Prozessen der Produktionsplanung und denen der Personalplanung.

In der Abb. 4.7 sind waagrecht alle Prozeßgruppen aufgeführt, und zwar als Quellort von Informationen, senkrecht ebenfalls die Prozeßgruppen, jedoch als Verwender dieser Informationen. Die Breite der Ströme spiegelt die Anzahl der Datennennungen und damit die Abhängigkeit zwischen den Prozessen im Informationsfluß wider. Die Wichtigkeit der Information für den Fortgang kommt darin nicht zum Ausdruck. Aber die Ströme sind doch ein Indiz für den Bedarf an Abstimmung, an organisierter Kommunikation und für die Existenz von »Geschäftsdaten«, die nicht nur einem Bereich »gehören«.

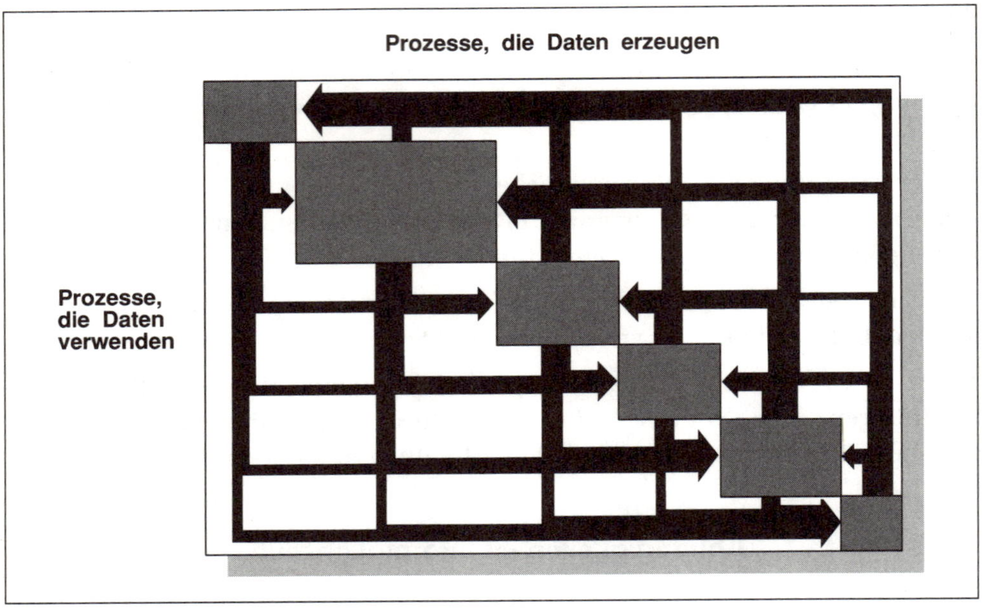

Abb. 4.7: Informationsströme zwischen Geschäftsprozessen

Qualität der Informationsversorgung

Während das zuvor beschriebene Informationsnetz Abhängigkeiten der Geschäftsprozesse vom Informationsfluß beschreibt, ohne den Zustand zu bewerten, können Aussagen über die Informationsversorgung Mängel aufzeigen. So wird es sinnvoll sein, Aufschluß darüber zu gewinnen, ob es Stellen im Hause gibt, die für ihre Tätigkeiten nötige Informationen nicht erhalten oder zu spät oder mit anderen Mängeln behaftet. Das Beispiel einer statistischen Auswertung im Rahmen einer Unternehmensanalyse mag das belegen (siehe Abb. 4.8).

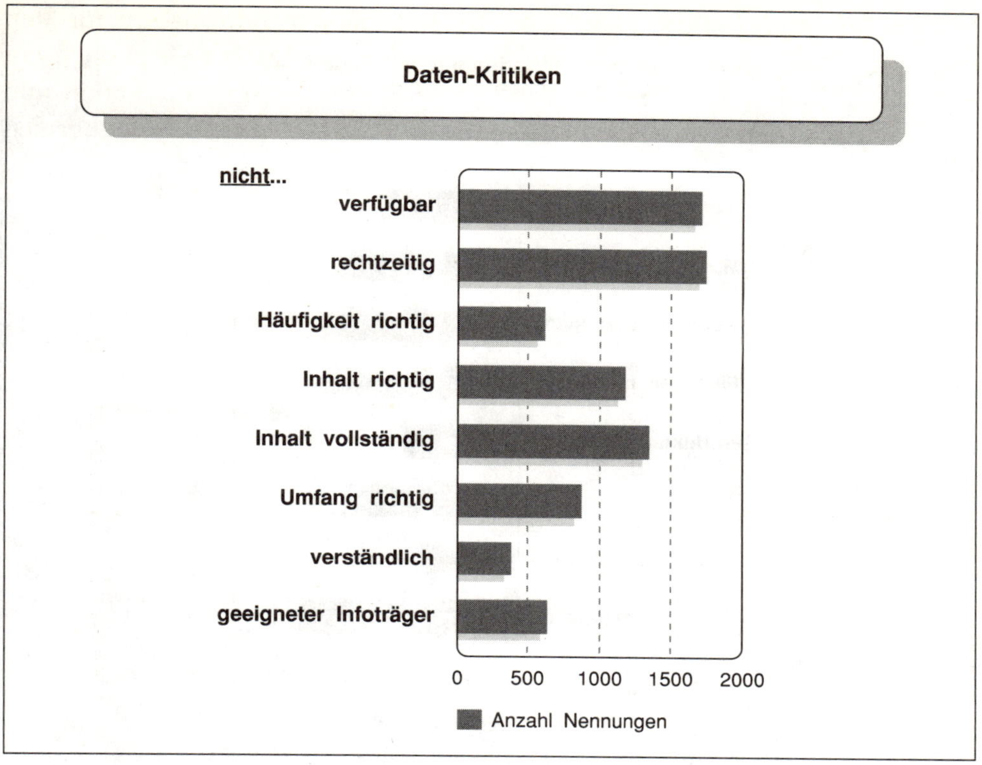

Abb. 4.8: Auswertung nach Art der Kritik

Solche Erhebungen in großem Umfang und ins Detail gehend durchzuführen, ist heute nicht mehr erforderlich, soweit alle Informationen in Datenbanken enthalten sind und alle Stellen den nötigen Zugriff erhalten; Information ist im Grundsatz dann Holpflicht. Als Stichprobe oder auch für Teilbereiche oder -aufgaben können Befragungen zur Informationsqualität dennoch den Aufwand wert sein, wenn nämlich erkannt werden soll,

- welche Informationsarten (auch außerhalb der EDV) besonders kritisiert werden,
- welche Informationen als Auslöser für Geschäftstätigkeiten dienen und diese Funktion unzureichend erfüllen
- welche Funktionsbereiche oder Geschäftspartner deutlichen Bedarf für Verbesserung in der Informationsversorgung ausweisen (siehe Abb. 4.9.).

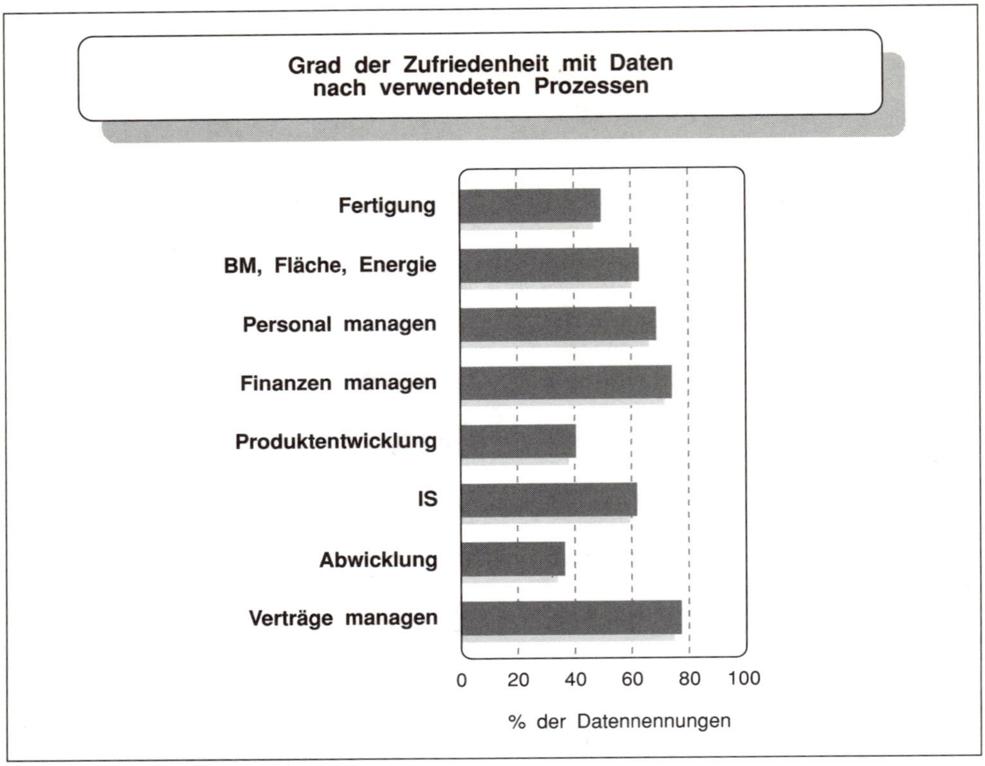

Abb. 4.9: Zufriedenheit mit Informationen in den Prozessen: (kurzer Balken = hoher Anteil kritisierter Daten)

Bedarf an Verbesserungen in Abläufen

Komplementär zum Informationsstrom müssen wir den »physischen Ablauf« sehen: die Tätigkeit von Menschen und/oder Maschinen in einem Geschäftsprozeß, in der Erzeugung von Produkten und Leistungen für die Kunden. Selbst wenn es sich um eine Dienstleistung wie die Abwicklung eines Schadensfalles in einer Versicherung handelt, gibt es auslösende, ordnende, entscheidende oder überprüfende menschliche Tätigkeiten. Sie wollen wir als physische Abläufe bezeichnen. Es sei dahingestellt, ob die eigentliche Leistung im physischen Prozeß geschieht und Informationen nur als Material dienen oder ob die Leistung in einem verarbeitenden EDV-Programm erbracht wird und der Mensch nur steuert und überwacht. Beides muß sich komplementär ergänzen und insgesamt die eingangs definierten Ziele optimal unterstützen. Die Diagnostik muß die Abläufe insgesamt unter die Lupe nehmen oder in Frage stellen, also den Prozeß selbst zum Objekt der Analyse machen. Hinweise auf Mängel ergeben sich aus verschiedenen Sichten:

Analyse der Fehlleistungen

Bereits aus Vergangenheit und Gegenwart sind Mängel, Abweichungen von zugesagten Terminen, Qualitätskriterien und Dienstleistungen im Unternehmen bekannt. Die Aufgabe besteht in erster Linie darin, diese Mängel zusammenzustellen und durch Ursache-Wirkungs-Analyse anhand der Prozeßstruktur zu lokalisieren und damit auf die späteren konstruktiven Ansatzpunkte zuzusteuern.

Qualitative Ziele als Vorgaben

Ein weiterer Hinweis ergibt sich unmittelbar aus den vom Management anvisierten Zielen für eine qualitative Verbesserung. Es handelt sich dann um zumindest auf die Zukunft bezogene relative Mängel der gegenwärtigen Organisation. Auch hier kann die Prozeßstruktur zur Lokalisierung der Ansatzpunkte dienen. Es kann daher direkt auf das Kapitel »Gestaltung« verwiesen werden, da Schwächen im IST nicht erst erkannt werden müssen.

Aussagen in der Prozeßanalyse

Um Schwachstellen zu erkennen oder Ideen für Verbesserungen und andere Formen der Prozeßorganisation zu gewinnen, kann sich die Mühe lohnen, auf Wissen und Gedanken der Mitarbeiter zurückzugreifen. In einer systematischen Befragung, orientiert an der Prozeßliste, lassen sich Schwachstellen ausmachen, und zwar sowohl nach Prozessen als auch nach Bereichen, z.B. anhand dieser Fragen:

- Ist die Aufgabe richtig zugeordnet?
- Ist die Aufgabenstellung klar und geregelt?
- Sind Ausnahmesituationen organisiert?
- Ist die Verbindung zu vor- und nachgelagerten Prozessen gut organisiert?
- Ist die EDV-Unterstützung ausreichend?
- Sind die Arbeits- und Betriebsmittel ausreichend?

Die Gewinnung diagnostischer Aussagen

Jeder Kommentar, jede Aussage zu einem Punkt der Befragung, kann Kristallisationspunkt einer Auswertung sein. Die Diagnostik kann aber auch, bevor sie Einzelaussagen nachgeht, eine statistische Auswertung vornehmen,

1 nach den oben genannten Arten von Schwachstellen
2 nach den Prozessen mit gehäufter Kritik, siehe hierzu Abb. 4.10.

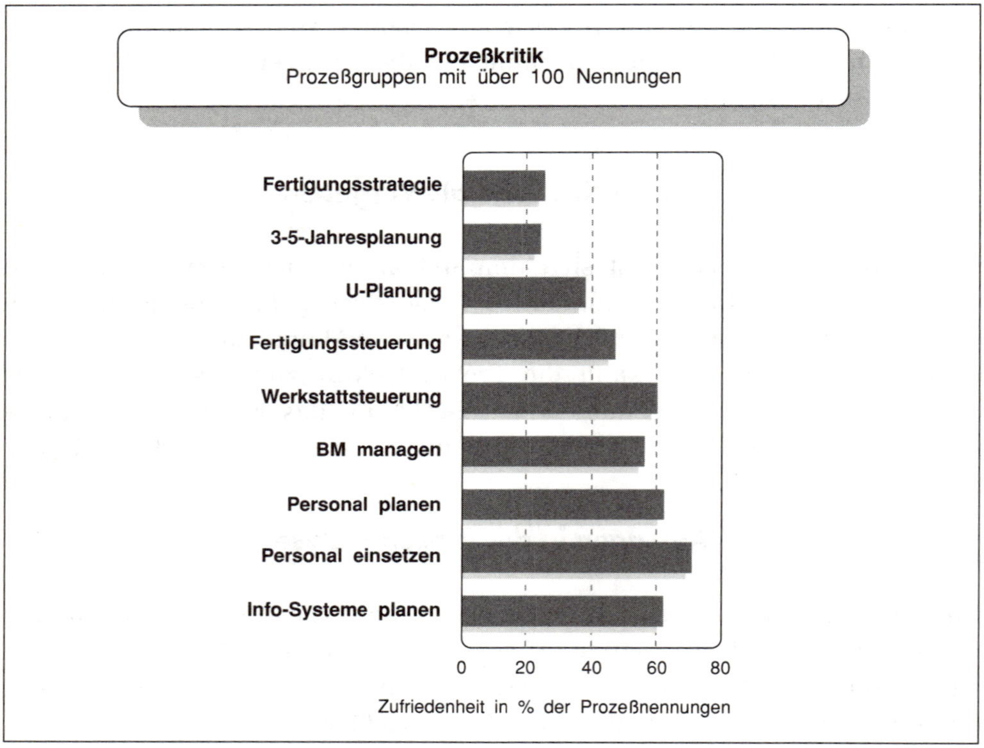

Abb. 4.10: Statistische Auswertung der Prozeßkritik: (nur Prozesse, an denen viele Befragte beteiligt sind)

Ansatzpunkte der Gestaltung

Die zuvor skizzierte Phase der Diagnostik ist nicht zwingend notwendig. Sie dient dem Auffinden und Orten des Handlungsbedarfs. Häufig ist dies bereits bekannt; die Engpässe, Schwachstellen oder Ansatzpunkte für Verbesserungen sind lokalisiert.

Die eigentliche Aufgabe liegt im Aufzeigen (und Umsetzen) von Lösungsmöglichkeiten zur Erhöhung der Wettbewerbsfähigkeit. Genauer: im Entwickeln von Maßnahmen zur Unterstützung der definierten Unternehmensziele. Prozesse, Informationsnetze, Abläufe oder organisatorische Einheiten werden im Hinblick auf bestimmte Zielsetzungen neu geordnet oder mit anderen Handlungs- oder Entscheidungskriterien versehen. Ein neues Optimum wird definiert und angestrebt.

Die Gestaltung von Organisationen erfordert zwei Komponenten, die sich gegenseitig ergänzen, oft jedoch in ihren Elementen einzeln erarbeitet werden. Diese beiden komplementären Aspekte (siehe auch Abb. 4.20) sind:

1 die Zielorientierung
Das betrifft das Bestimmen der qualitativen Ziele und der Erfolgsfaktoren, darüber hinaus aber auch die Möglichkeiten und die Ideen zu Neuerungen oder Verbesserungen, also zur Lösung der Aufgaben.

2 Strukturdarstellungen
Das sind die Ansatzpunkte für Maßnahmen: organisatorische Abläufe und Strukturen, Managementprozesse, Informationssysteme, technische und personelle Ressourcen etc.

Es sind auch technische, gesetzliche und betriebliche Bedingungen angesprochen, die das IST widerspiegeln oder bestimmen. Sie bilden das Arbeitsmedium.

Der Rahmen für Verbesserungen und Neugestaltung ist sehr unterschiedlich. Je nach Vorgehensweise werden mehr die marginalen Verbesserungen in den einzelnen Prozeßabschnitten oder die grundsätzliche Neuorganisation eines Geschäftsprozesses betrieben. Da meist Bestehendes fortentwickelt werden muß, besteht eher die Tendenz zum erstgenannten Typ.

Auf der anderen Seite sollten Prozesse völlig oder in Teilen in Frage gestellt werden dürfen. Es sollte möglich sein, »alte Zöpfe abzuschneiden«, Tätigkeiten neu zu ordnen und zu gruppieren.

Selbst früher eher konservative Unternehmen zeigen darin heute eine große Dynamik. Eine organisatorische Neuorientierung liegt in der Überwindung des Taylorismus, den Folgen der fortgesetzten Zerlegung und Aufteilung der Prozesse in Arbeitsschritte.

Die Ausschöpfung von Rationalisierungspotentialen wird zwar als Ziel weiterverfolgt, jedoch treten daneben gleichwertige Ziele auf, die eine andere Orientierung erfordern, zum Beispiel die Verkürzung der Durchlaufzeiten für Kundenaufträge. Oder es geht um die umfassende Bedienung eines Kunden zum Zeitpunkt seines Besuches oder Anrufes. Eine bessere Kundenorientierung bei dem Erbringen von Leistungen wird mehr und mehr ein Wettbewerbskriterium.

Die Entwicklungen in den Branchen der Versicherungen und Banken sind davon geprägt und führen sogar zu einer zunehmenden gegenseitigen Durchdringung. Die bisher an Produkten oder Dienstleistungen orientierten Branchengrenzen verwischen sich und werden ersetzt durch eine Orientierung an Problemstellungen der Kunden, wie Kreditbeschaffung, Finanzanlage etc. Ebenso wird Maschinenbau ersetzt durch Beratung, Unterstützung und evtl. auch Belieferung von Kunden in der Installation von Anlagen.

Diese Beispiele aus Branchenentwicklungen mögen verdeutlichen, wie Prozeß-Analyse und -Gestaltung von den Geschehnissen am Markt her begriffen werden müssen. Aufgaben und Ziele des Unternehmens müssen die Leitlinie bilden.

Triebfeder sind also die angestrebten Ziele wie etwa eine Verkürzung der Bearbeitungsdauer von Geschäftsvorfällen oder umfassende und direkte Bedienung eines Kunden.

Ferner geht es um die Vermeidung oder Verminderung der Reibungsverluste, die in einer Kette von Tätigkeiten immer dann entstehen, wenn eine Übergabe an Geschäftspartner (extern) oder zu anderen Abteilungen (intern) erfolgt. Diese »Reibungsverluste« sind häufig Zeitverluste, darüber hinaus aber auch Informationsverluste und Veränderungen in den Zielen und im Prozeßverständnis. Diesem Phänomen, das für Effizienz und Effektivität ebenso bedeutsam sein kann wie die Technologie, widmet sich die Transaktionskostenökonomik (siehe Hanker, 1990, S. 136 ff.).

Alle Prozeßschritte für die Abarbeitung eines Geschäftsvorfalles an einem Arbeitsplatz zusammenzulegen, wird nur unter bestimmten Bedingungen möglich sein. Bestellungen oder Aufträge werden in vielen Unternehmen weiterhin durch viele Hände gehen müssen, um erledigt zu werden. Welche

Möglichkeiten gibt es hier, um für die große Herausforderung im »Zeitwettbewerb«, also in der Optimierung in logistischen Ketten eine Antwort zu finden?

Große Potentiale liegen in der Verknüpfung von verschiedenen Prozessen, etwa in einer besseren Abstimmung zwischen Auftragsbearbeitung und Fertigungsplanung, was die Terminierung, Kapazitätsauslastung und Serienoptimierung angeht – immer im Hinblick auf den Kundennutzen, d.h. auf seine Wertungen. Die dichtere Verknüpfung von Prozessen kann erfolgen durch

- schnellere Auslösung von Folgetätigkeiten
- vollständigere Informationsversorgung
- Bessere Managementabstimmung in Planungsphasen bezüglich Bedarf und Kapazitäten
- Abstimmung im Management aller betroffenen Bereiche bei
  Bereinigung von Ausfällen und Fehlern
  Repriorisierung aus Sicht der Kundensituationen
  Umstellungen und Veränderungen in den Prozessen
- Direktere Rückkopplung von Ergebnissen und Mängeln
- Bessere Ausbildung oder Information über Belange anderer Bereiche, auf die sich die eigene Arbeit (und auch Fehlverhalten) auswirkt. Ein Beispiel hierfür ist die im Rahmen der »CIM-Philosophie« geforderte Berücksichtigung von Fertigungsmöglichkeiten und -kosten bei der Entwicklung und Konstruktion. Gleiches gilt auch für Wechselbeziehungen zwischen Marketing / Vertrieb und Produktion / Beschaffung.
- Parallelisierung von bisher sequentiell angeordneten Arbeiten: »Simultaneous Engineering« (siehe von Eiff, 1991, S. 24 f.).

Für den Geschäftserfolg kommt es an auf:

- gemeinsames Verständis über Herausforderungen des Marktes
- Kundenorientierung im Leistungsangebot
- strategische Leitlinien / Zielsystem / Erfolgsfaktoren
- Nutzung der gesamten – auch externen – Wertschöpfungskette zur Zielausrichtung und zur Optimierung
  Informations-Managment
  Management-System
  Arbeitsorganisation

Abb. 4.11: Voraussetzungen für künftigen Geschäftserfolg

Bei der Suche nach Ansatzpunkten für Verbesserungen müssen somit in Betracht gezogen werden

1 Verständnis aller Bereiche, auch der Stabsfunktionen, über die Herausforderungen im Markt und die internen Abhängigkeiten (siehe Abb. 4.11).
2 Ziele und Leitlinien
3 Organisation der operativen Prozeßabläufe
4 Planungs-, Steuerungs- und Überwachungs- (d.h. Management-) Prozesse
5 Informations-Versorgung und -Verarbeitung
6 Entwicklung der Ressourcen (Investitionen, Ausbildung etc.)

Erforderlich ist eine gesamtheitliche, Bereiche oder Einzelprozesse übergreifende Betrachtungsweise. Das seit Porter diskutierte Modell der Wertschöpfungskette eignet sich gut für den Einstieg, siehe zunächst das Grundmodell Abb. 4.12 und dann die Übersicht zu den unterschiedlichen sich stellenden Aufgaben in Abb. 4.13.

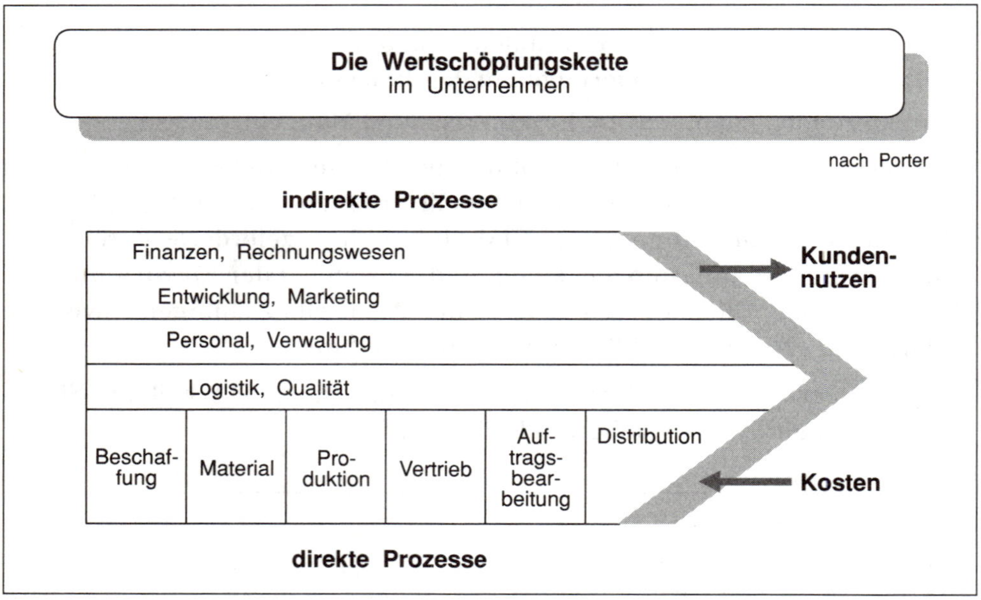

Abb. 4.12: Wertschöpfungsmodell nach Porter

Prozeß-Listen eignen sich für verschiedene Aufgaben:

- Verantwortlichkeiten Bereichen zuordnen

- Prozeßverantwortliche bestimmen
  Qualitätsziele und Meßzahlen definieren
  Vereinbarungen treffen (»Lieferanten« – »Kunden« – Beziehung
  Erreichung der Ziele sichern

- Informationsbedarf je Prozeß analysieren
  Informationsbedarf feststellen
  Mängel aufdecken

- Informationsnetz darstellen
  Zwischen erzeugenden und verwendenden Prozessen
  Zwischen erzeugenden und verwendenden Abteilungen

- Verbesserungen in Abläufen betreiben
  Schwachstellen / Ansätze / Maßnahmen

- Unterstützung der Prozesse durch EDV ausbauen
  Analyse des IV Anwendungs-Protfolios
  Anwendungs-Architektur mit klaren Schnittstellen

- Unternehmens-Daten-Modellierung unterstützen

Abb. 4.13: Aufgabenstellungen im Rahmen des Prozeßmanagement

Prozesse neu- oder umstrukturieren

Häufig stellen leitende Personen die Aufgabe, eine Tätigkeit produktiver oder effektiver zu gestalten. Damit ist das Wirkungsfeld schon stark eingegrenzt. Wenn es auch nach abstraktem Umweg aussieht, ist es zweckmäßig, eine Ebene höher z.B. mit der Frage anzusetzen, was ist erforderlich, um den Kundenwunsch zu erfüllen? Dann können nämlich top down die erforderlichen Prozesse und Tätigkeiten formuliert und gegliedert werden. Daraus ergibt sich möglicherweise eine völlige Neuordnung gegenüber dem IST (Prozeß-Redesign).

Im weiteren ist dann die Frage nach dem »wie« zu stellen und zu beantworten. Maßgeblich für die Gestaltung sind die Ziele und die Erfolgsfaktoren.

Besonders deutlich wird dies, wenn Prozesse nicht von Grund auf neu organisiert werden, sondern im Hinblick auf bestimmte Ziele verbessert werden sollen.

Ein ergiebiges Instrument hierfür ist die Arbeit an oder in einer Matrix Prozesse/Erfolgsfaktoren (siehe Abb. 4.14). Das untersuchende Team nimmt sich einen bestimmten Prozeß vor und fragt je Spalte, also je Erfolgsfaktor: was kann/muß dieser Prozeß zu dem Erfolgsfaktor beitragen? Oder: was muß in diesem Prozeß geschehen, damit er den Erfolgsfaktor besser unterstützt? Bei Durchgang durch die Matrix werden eine Fülle von Ideen generiert, die im weiteren geordnet, geprüft und bewertet werden unter den Gesichtspunkten

- Machbarkeit
- Beitrag zum Erfolg (je Erfolgsfaktor)
- Aufwand
- Abhängigkeit von anderen Maßnahmen, Voraussetzungen

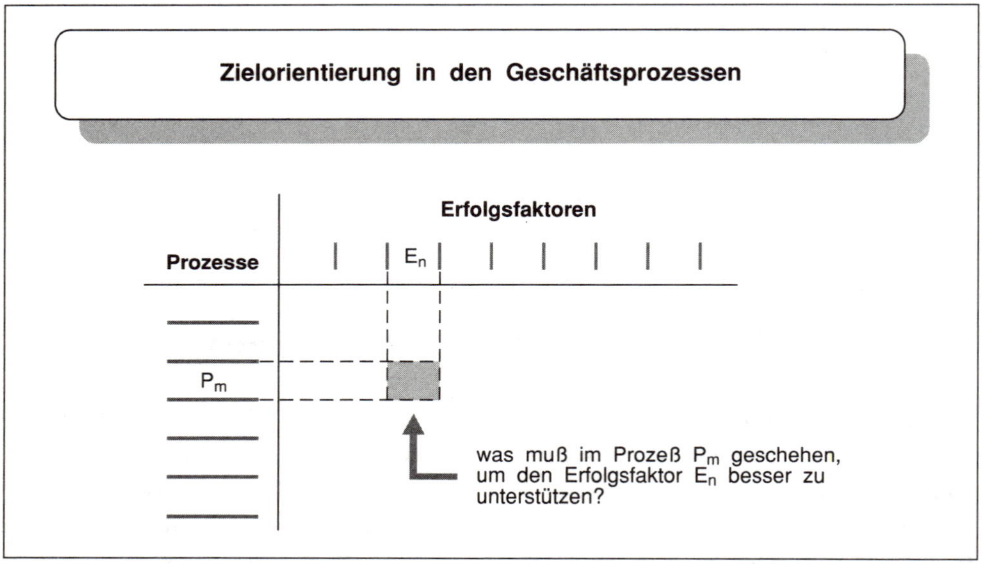

Abb. 4.14: Ausrichtung der Prozesse auf Erfolgsfaktoren: systematisches Suchen nach möglichen Verbesserungen – Qualitätsmanagement der 1000 kleinen Schritte

Geschäftsprozeßmanagement (GPM)

Ein weiterer Ansatz – oder sogar eine Voraussetzung für eine erfolgreiche, systematische Verbesserung der Prozesse – liegt im Geschäftsprozeßmanagement (GPM). Das Verfahren hierzu wurde für interne Zwecke der IBM unter dem entsprechenden englischen Begriff Business Process Management (BPM) entwickelt.

Prozeßverantwortung und Zielvorgaben

Kernstück ist die Einbindung in das Managementsystem. Neben den eigentlichen geschäftlichen oder operativen Zielen erhalten Führungskräfte die Verantwortung dafür, in bestimmten Prozessen definierte qualitative Ziele der Verbesserung zu erreichen. Dabei handelt es sich nicht notwendigerweise um jene Prozesse oder Prozeßabschnitte, für die eine Führungskraft ohnehin die Verantwortung hat. Es können Prozesse sein, die weit über deren Zuständigkeit in der Personalverantwortung hinausgehen.

Beispielsweise soll die Auftragsbearbeitung bis hin zur Auftragsbestätigung schneller, kundenorientiert in Terminierung und Lieferdetails und auch noch fehlerfrei erfolgen; dazu müssen Bereiche des Vertriebs, der Verwaltung und der Disposition in die Optimierung einbezogen werden. Die Fäden müssen in einer Hand zusammenlaufen.

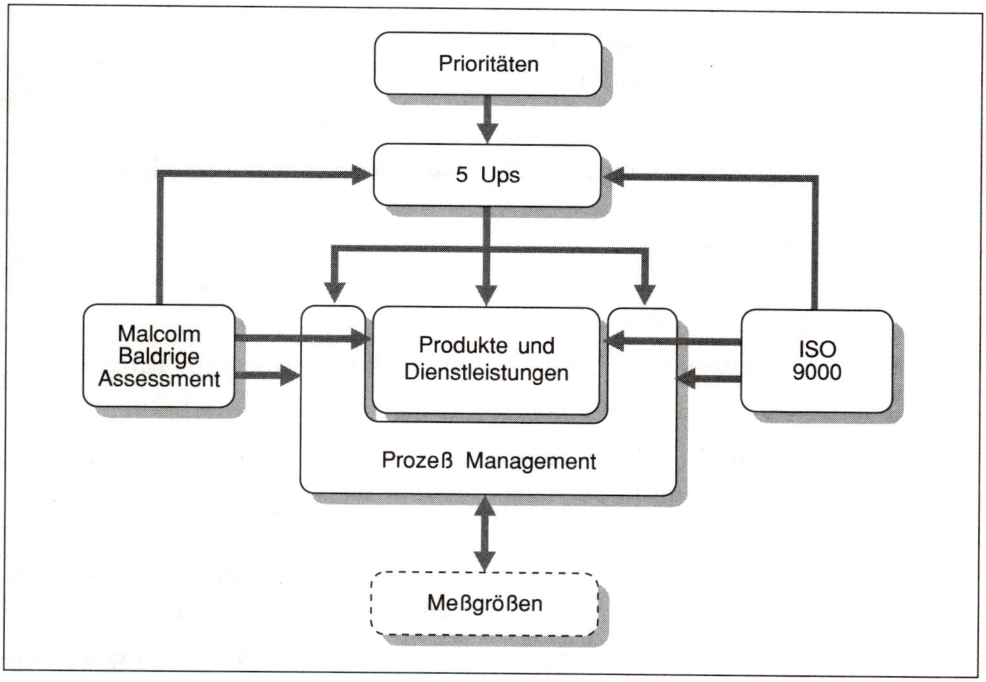

Abb. 4.15: Rahmenkonzept für Qualität

Die Ziele für die Prozeßverbesserung werden klar und eindeutig definiert:

1 meßbar, nachprüfbar hinsichtlich des Fortschritts
2 zeitbezogen: die angestrebte Verbesserung nach 1 Jahr, nach 2 Jahren etc.

Geschäftsprozeßmanagement ist eine Komponente des Qualitätsmanagements, ebenso wie die unmittelbar auf Produkte oder Dienstleistungen bezogenen Bestrebungen, und daher auch Objekt außerbetrieblicher Qualitätsbeurteilung und -Zertifizierung (siehe Abb. 4.15).

GPM steht und fällt mit der Management Identifikation und Verpflichtung. Erkennbar wird dies, wenn diese Kriterien erfüllt werden:

- Qualität als Priorität bei der Zielerfüllung
- Strategien müssen das Ziel unterstützen
- Führungsrolle sichtbar machen
- Ziele vereinbaren
- Ergebnisse prüfen
- Leistungen anerkennen
- Verpflichtung zur Langfristigkeit
- Rahmenbedingungen schaffen

Zerlegung von Prozessen, Verantwortlichkeiten und Zielen

Eine systematische Verbesserung läßt sich in einem Prozeß nur erzielen, indem die Potentiale auf der gesamten Strecke gesucht und angegangen werden. Das geschieht durch

- Zerlegung des Prozesses in Teilprozesse bis hin zu einzelnen Tätigkeiten.
- Zuordnung von Verantwortlichkeiten für die einzelnen Abschnitte.
- Vergabe von Zielen für die einzelnen Abschnitte. In ihrer Summe müßten sie das Gesamtziel zumindest decken, wenn die Chance der Realisierung gewahrt werden soll.

  Somit entsteht nicht nur eine (theoretische) Prozeßhierarchie, sondern spiegelbildlich eine Hierarchie von Zielen und Verantwortlichkeiten.

  Auf der obersten Ebene – in der Zusammenfassung aller Leistungen – lassen sich Qualitätsmerkmale schwer konkret fassen, vielleicht in Durchschnittswerten. Für die strategische Willensbildung sind eher die Auswirkungen zu verfolgen, etwa in der Kundenzufriedenheit, soweit diese systematisch erfragt und analysiert wird. Bei dem Herunterbrechen muß man jedoch bald zu meßbaren Kennzahlen kommen. Abb. 4.16 verdeutlicht am Beispiel der Auftragsbearbeitung für Hardware die nach unten zunehmende Präzisierung der Meßzahlen.

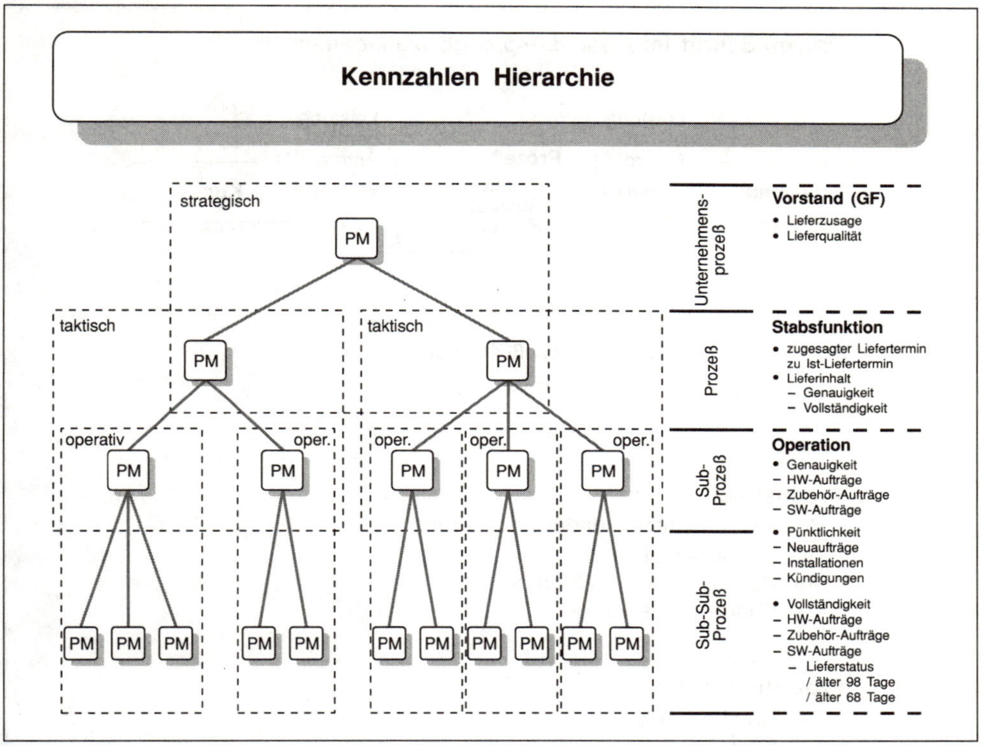

Abb. 4.16: Hierarchische Gliederung der Prozeßkennzahlen am Beispiel Auftragsbearbeitung für Hardware

- Jeder für einen Prozeß oder Prozeßabschnitt Verantwortliche wird bestrebt sein, die Abhängigkeiten für die Zielerreichung herauszufinden: Abhängigkeiten im eigenen Prozeßabschnitt und Abhängigkeiten von der Arbeitsqualität vorgelagerter Prozesse. Somit bestimmt er die für ihn maßgeblichen Erfolgsfaktoren und richtet auf diese seine Maßnahmen aus.
- Die nicht im eigenen Bereich liegenden Faktoren werden im Sinne einer Kunden-/Lieferanten-Beziehung durch Vereinbarungen geregelt, in denen die maßgeblichen Indikatoren mit ihren Grenz- oder Zielwerten (und gegebenenfalls Toleranzen) bestimmt sind (siehe Abb. 4.17). Teil dieser

Beziehungen sind die den Prozeß in Gang setzenden, begleitenden oder kontrollierenden Informationen, über die in gleicher Weise Vereinbarungen getroffen werden. (Weiteres im Abschnitt Kommunikation).

- **Prozeß-Schritt im Geschäftsprozeß Management**

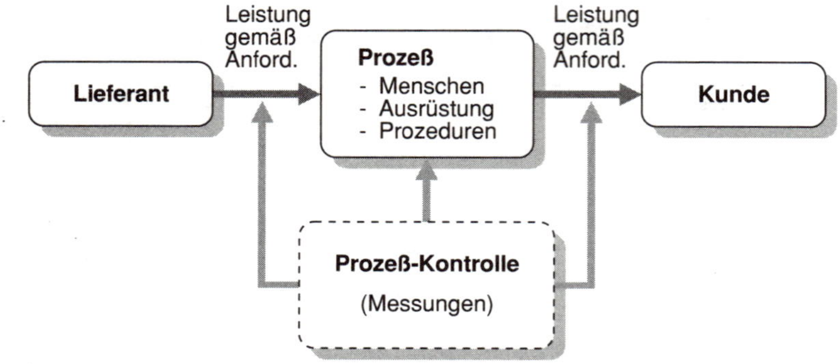

- **Produktindikatoren**
  - Produkt entspricht Kundenanforderung
    - → Verfügbarkeit
    - → Zuverlässigkeit (fehlerfrei)
    - → Kundenzufriedenheit

- **Prozeßindikatoren**
  - → Durchlaufzeit
  - → Kosten
  - → Zuverlässigkeit (fehlerfrei)

Abb. 4.17: Kunden-/Lieferanten-Beziehung in der Prozeßkette

Die Steuerung des Verbesserungsprozesses

Die Arbeit an der Qualitätsverbesserung bedarf der Zeit, soll aber doch zügig vorangetrieben werden. Sowohl für die Planung der erforderlichen Tätigkeiten wie auch für das Feststellen des Status eignet sich die Klassifizierung des Zustandes, ein »Rating« von 1 bis 4 (siehe Abb. 4.18). Die Ausgangssituation ist immer eine neu gelegte Meßlatte, die erst erreicht werden muß. Das bedingt einen Einstieg in Analyse und Planung. Erst wenn das Konzept erarbeitet und verabschiedet ist, wird die Stufe verlassen und es beginnt ein

Realisierungsprozeß, die Entwicklung oder Bereitstellung geeigneter Verfahren, die Implementierung, schließlich die Messung und Stabilisierung des Erfolges, also die Stufen 3 bis 1. Die Messung des Erfolges bedingt eine sichere Vergleichsbasis. Daher muß die Ausgangssituation in Meßgrößen klar beschrieben sein. Auch dies gehört zu den Aufgaben im Zustand »4«. Damit sind einige wichtige Elemente des GPM umschrieben.

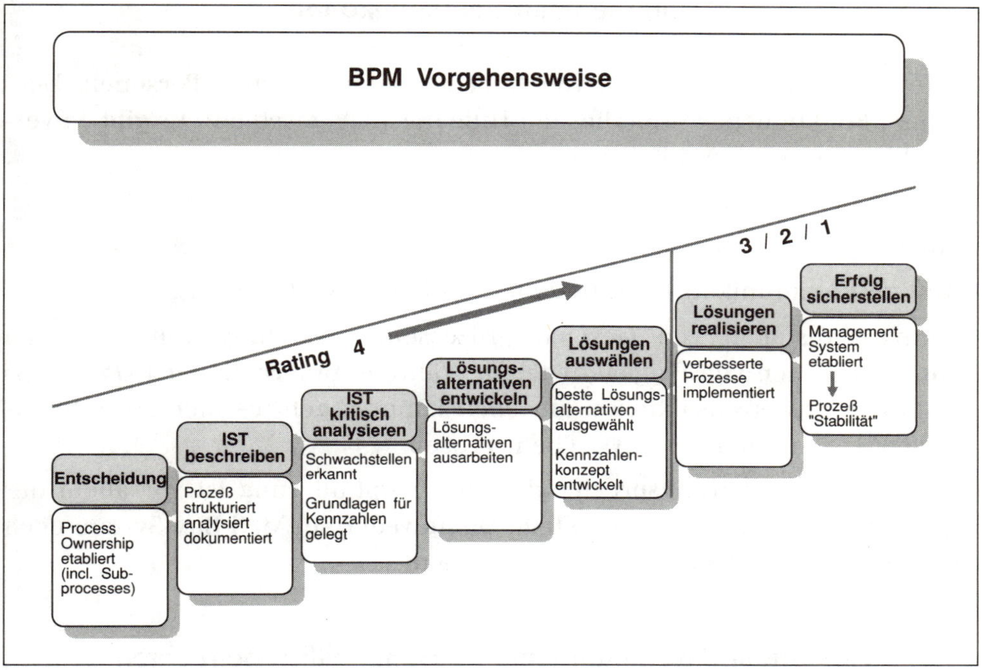

Abb. 4.18: GPM als strukturiertes Projekt

Unternehmenskommunikation und Informationsverarbeitung

In Ergänzung zu den Arbeitsabläufen in den (physischen) Prozessen müssen die zugehörigen Informationsströme und -verarbeitungen zum Objekt der Gestaltung gemacht werden.

Der Abschnitt »Informationsnetze spiegeln das betriebliche Geschehen« beleuchtete Information als diagnostisches Medium; denn wer welche Information wofür benutzt, zeigt den Steuerungszusammenhang im Unternehmen. Und wenn es eine Diagnose sein soll, sollte auch offengelegt werden, wo ein Ausbau im Steuerungszusammenhang nötig wäre.

Informationsmanagement selbst ist ein zentrales Thema der Unternehmensorganisation. Man kann hier zwei Aspekte unterscheiden: die Unternehmens-Kommunikation und die Informationsverarbeitung.

Unternehmenskommunikation

Gemeint ist die Übermittlung von Informationen zwischen Personen, Ebenen und Funktionen, soweit dies mit Hilfe der EDV geschieht. Es gibt da verschiedene Formen, zum Beispiel:

- Management-Berichte
- Abfrage von Geschäftsdaten
- Online-Kommunikation (Anfragen, Entscheide, Nachrichten)
- Aktives Anstoßen von Geschäftsprozessen, Verkettung von Prozessen durch Auslösen von Folgeaktivitäten. Während innerhalb der EDV Transaktionen Folgetransaktionen anstoßen können, geht es hier um Interaktion mit Menschen im »physischen« Prozeß.

Im Sinne der hier zu besprechenden Prozeßoptimierung ist vor allem der letzte Punkt systematisch anzugehen. Denn weder ein Mail Box-System noch komfortable Datenbanken lösen diese Aufgabe.

Abläufe und Kommunikation gesamtheitlich betrachten

Informationsnetze sind nicht nur ein Spiegel des betrieblichen Geschehens, sie sind Teil desselben. Vielfach vollziehen sich die Prozesse in der Informationsverarbeitung. Das ist selbstverständlich, wenn das Prozeßergebnis Information ist, wie der Entscheid über einen Schadensfall. Oder ein Bericht mit allen Statistiken über die vergangene Periode. Aber auch ein NC-Programm, das eine Maschine im Fertigungsprozeß steuert, wurde in einem Subprozeß erzeugt.

Auch, wenn ein Kunde von einer Datenbank des Unternehmens Anleitungen für die Diagnostik oder für die Wartung eines Produktes abrufen kann, wird die Dienstleistung für den Kunden über Informationssysteme erstellt.

Auf jeden Fall haben Informationssysteme nicht nur eine beschreibende oder überwachende Funktion, sondern von ihrer Qualität hängt die Prozeßqualität selbst ab. Daraus wurde in der Praxis – unausgesprochen – häufig der Schluß gezogen: man sorge für ein leistungsfähiges Anwendungs-Programm und man hat einen gut organisierten Prozeß. Da es bei Interaktion von Menschen und (maschineller) Informationsverarbeitung aber darauf ankommt, wie die Denk- und Arbeitsweise des Menschen und die angebotene IS-Unterstützung zusammenpassen, dürfen Anwendungsentwicklung und Organisationsentwicklung nicht länger als getrennte Aufgaben betrachtet werden. Die Gestaltung der Prozesse und der Informationsverarbeitung ist eine gesamtheitliche Aufgabe.

Und: je flexibler ein Mitarbeiter sich auf sich rasch ändernde Bedingungen einstellen muß, um so mehr Freiräume muß das Programm dem Mitarbeiter gewähren, sei es im Überspringen von Teilprozessen, sei es im Ändern von Parametern. Die neueren Ansätze zur IS-Entwicklung (CASE, AD/Cycle) tragen dem durch Objekt-Orientierung und Modularisieren der Verarbeitungsschritte Rechnung. Eine Verkettung ist dann möglich, aber nicht zwangsläufig. Die noch tiefer greifende damit verbundene Neuerung ist die Verlagerung der Verantwortung für EDV-Unterstützung in die Fachbereiche – eine sehr schwer zu realisierende Wandlung, die aber Voraussetzung ist für eine wettbewerbsorientierte, flexible Gestaltung der Prozesse. Somit müssen umfangreiche Projekte zur Neugestaltung der IS-Infrastruktur aufgesetzt werden. Und außerdem Projekte, in denen die Fachbereiche in die neuen Aufgaben und Rollen hineinwachsen können.

IS-Bebauungsplan

Mehr denn je zuvor wird es notwendig, die EDV-Unterstützung im Unternehmen zu strukturieren. Gründe sind unter anderem:

- der Bedarf für intensivere Interaktion zwischen den Funktionsbereichen, z.B. verstärkte Abstimmung zwischen Verkauf, Disposition und Produktion
- Geschäftsdaten, nämlich Daten, die von verschiedenen Bereichen und Ebenen genutzt werden, müssen definiert und bestimmten Funktionen in der Verantwortlichkeit eindeutig zugeordnet werden
- Bedarf für klare Begriffsinhalte

- Um Doppelarbeiten in der Entwicklung und auch im Betrieb zu vermeiden, müssen klare Schnittstellen geschaffen werden

Was erforderlich wird, ist der unternehmensweite IS-Bebauungsplan. Grundlage für diesen ist eine, zunächst nicht auf Jahrespläne bezogene, sondern die IS-Landschaft strukturierende Architektur. Diese macht die gegenseitige Zuordnung erkennbar von

Geschäftsprozessen, Teilprozessen, Tätigkeiten
- unterstützenden IS-Dienstleistungen
- Geschäftsdaten-Entstehung und -Änderung
- Geschäftsdatenverwendung, Informationsbedarf
- organisatorische Einheiten, die
- an Prozessen beteiligt sind
- für Daten zuständig sind
- Bedarf für Informationen und Informationsverarbeitung haben
- Abhängigkeiten im Sinne von Informationen, die andere Prozesse auslösen oder für sie eine Voraussetzung darstellen

Während die Abb. 4.7 das Informationsnetz darstellt, wie es sich aus der Analyse ergibt, können in einer SOLL-Architektur die Strukturen geordnet werden. So kann es zweckmäßig sein, in einem Prozeß diejenigen Tätigkeiten zusammenzufassen, die von einem Anwendungspaket unterstützt werden. Andere Tätigkeiten, die Zugriff auf Daten und sonst keine Unterstützung benötigen, mögen innerhalb eines Prozesses als Gruppe zusammengefaßt werden – wenn sie es, beispielsweise als Planungstätigkeiten, nicht schon sind. Strukturierungsmerkmale oder Kriterien für eine Umstrukturierung können sein:

Art der Unterstützung
- programmierte Funktionen
- Zugriff auf Datenbanken
- Individuelle Datenverarbeitung
- Nachrichtenverkehr (mail box)

Lokalisierung der Unterstützung
Verfügbarkeit der Unterstützung
- implementiert
- im EDV-Markt vorhanden
- neu zu entwickeln

Art der Informationen
- formatiert
- Text, Langtext
- Grafik, Zeichnungen
- informell bzw. außerhalb EDV

Das sind nur Beispiele. Diese verschiedenen Merkmale kennzeichnen und orten die Anwendungen, Daten und Prozesse und ermöglichen eine unternehmensweite Übersicht zum Informationsmanagement. Ein Beispiel für eine solche Architektur-Übersicht zeigt die Abb. 4.19.

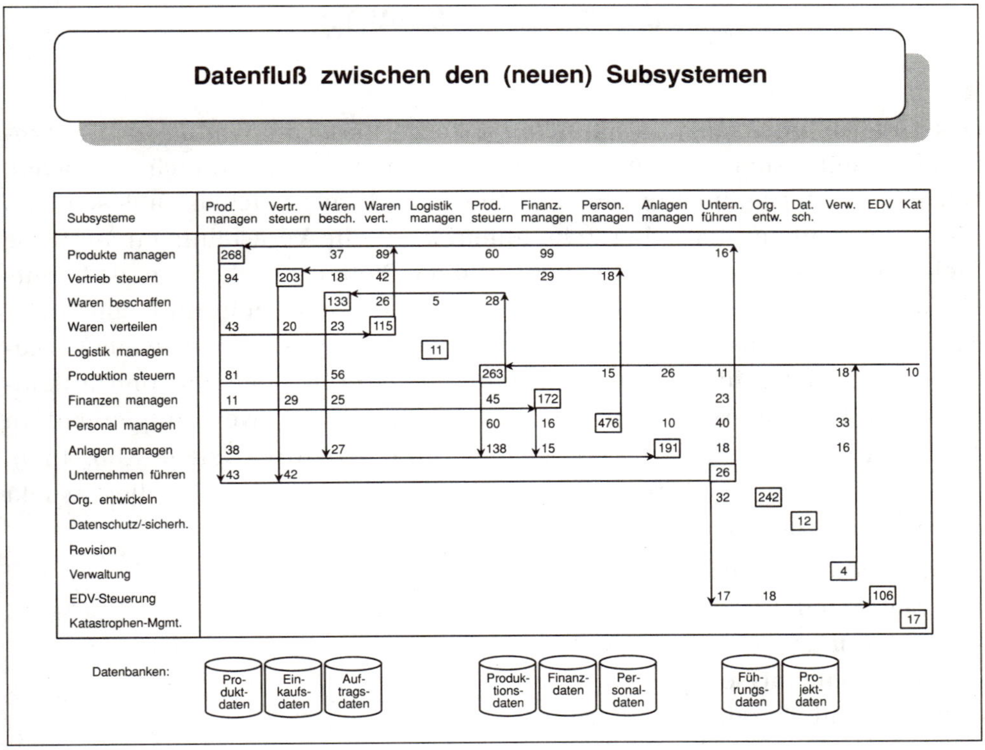

Abb. 4.19: Anwendungen und zugehörige Daten

Dies alles ist eine Strukturierung »auf dem Reißbrett«, eine hoffentlich aktuelle Übersicht für die zukünftige Gesamtstruktur der IS-Dienstleistungen, aber noch kein Zeitplan für die Realisierung. Für die Realisierung bedarf es einer zusätzlichen, auf Zeit und Ressourcen bezogenen Planung von Projekten – mit Aufwand, Nutzenbewertungen und Terminen. In der Projektplanung erfolgt eine Rückkopplung zu den eingangs besprochenen Zielen und Erfolgsfaktoren (siehe Abb. 4.20). Neben den üblichen Aufwand- und Nutzenbetrachtungen aus der Sicht der anfordernden Stellen sollten hier bereichsübergreifende Betrachtungen und Bewertungen der Abhängigkeiten und Auswirkungen im Managementkreis erfolgen, die eine Priorisierung aus Unternehmenssicht ermöglichen. Auf die Verfahrensweisen soll hier nicht eingegangen werden.

Zusammenfassung

Das Unternehmen auf die aktuellen Erfordernisse im Wettbewerb auszurichten, heißt zuerst einmal: klare Zielformulierung, nämlich Aussagen, worin das Unternehmen besser werden will und woran sich das ablesen läßt. Ein Unternehmen in alle Bereiche hinein bis in die Verästelungen auf diese Ziele »einzuschwören«, das Mögliche und das Nötige zu erkennen, ist bereits ein dorniger Weg. Denn es bedarf neben der Zielorientierung und ihrer Konkretisierung in den einzelnen Funktionen eines systematischen Vorgehens, einer Betrachtung von Zuständen, Strukturen, Abläufen und Abhängigkeiten. Für die organisatorische Gestaltung müssen zwei komplementäre Aspekte im Auge behalten werden: Ziele und Strukturen (siehe Abb. 4.20). Analysen, Studien oder Projekte haben häufig eher den strukturellen Aspekt zum Gegenstand, z.B.:

- Informationsbedarfsanalyse
- Arbeitsablaufanalyse
- Darstellung von Zuständigkeiten
- Zeitachsenanalysen
- Daten- und Prozeß-Modellierung
- Anwendungs-Architektur
- Produktions-Planungs-System

Und es gibt Management-Sitzungen, die stärker der Zielorientierung gewidmet sind:

- Herausforderungen im Markt
- Wettbewerbskriterien
- Qualitätsziele

- Erfolgsfaktoren
- Indikatoren, Meß- und Kenn-Größen
- Motivation

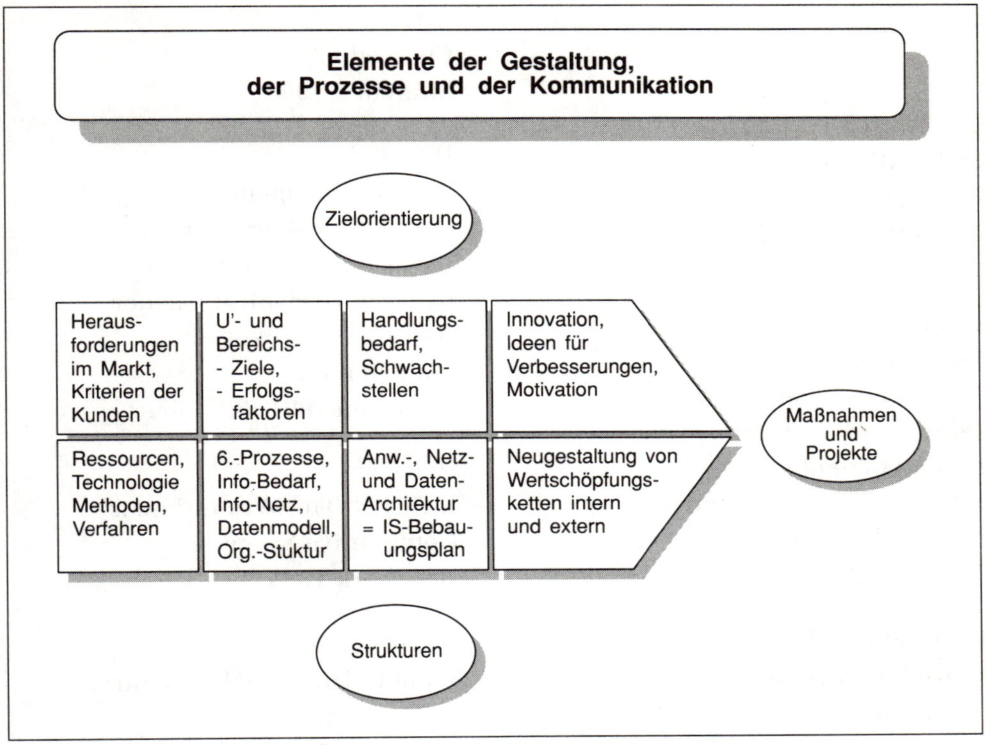

Abb. 4.20: Elemente der Prozeß- und Kommunikations

Die Aufgabe besteht darin, diese verschiedenen Aktivitäten zusammenwirken zu lassen und synergetisch zu nutzen. Das bezieht sich zum einen auf die Zielausrichtung, die aus Managementsicht die fachliche Analyse und Kompetenz steuert und zum anderen auf die Kombination von Informationsmanagement und Prozeßmanagement, auf die durchgängige und komplementäre Gestaltung von Informations-Systemen und Abläufen. Nicht die Vorgehensweise im einzelnen, wohl aber die wichtigsten Komponenten und Ansätze wurden dargelegt.

Literaturverzeichnis

CROSBY, P.B.:
Qualität ist machbar;
Hamburg 1990

DRUCKER, P.F.:
So funktioniert die
Fabrik von morgen,
in: Harvard Manager 13 (1991)
1, S. 9-17

VON EIFF, W.:
Prozesse optimieren –
Nutzen erschließen,
»Simultaneous Engineering«
durch effizientes
Informations-Management;
in: IBM Nachrichten Nr.305,
6/1991, S.23-27

GAITANIDES, M.:
Prozeßorganisation;
Entwicklung, Ansätze und
Programme prozeßorientierter
Organisationsgestaltung;
München 1983 (F.Vahlen)

HANKER, J.:
Die strategische Bedeutung
der Informatik für
Organisationen;
Stuttgart 1990 (B.G.Teubner)

HEIN, K.P.:
Information Systems Model and
Architecture Generator;
in: IBM Systems Journal,
Vol 24, No.3/4, 1985

HORVATH, P.:
Controlling;
München 1990

HOLST, J.
Prozeß-Management im
Verwaltungsbereich der
IBM Deutschland GmbH;
in: IFUA Horvath & Partner
(Hrsg.): Prozeßkosten-
Management;
München 1991 (F.Vahlen)

IMAI, M.:
KAIZEN. The Way to Japan's
Competitive Success;
New York 1985

ISHIKAWA, K.:
What is Total Quality Control?
– The Japanese Way;
Englewood Cliffs,
New Jersey, 1985

MCCLURE, C.:
CASE is Software Automation;
Englewood cliffs, New Jersey,
1989 Pall, G.A. Quality Process
Management;
Englewood Cliffs,
New Jersey, 1987

PORTER, M.E.:
Wettbewerbsstrategie;
Frankfurt/Main 1988
(Campus)

SCHEER, A.-W.:
Wirtschaftsinformatik;
Berlin, Heidelberg etc.1988
(Springer)

STRIENING, H.-D.:
Prozeß-Management. Versuch eines integrierten Konzepts situationsadäquater Gestaltung von Verwaltungsprozessen – dargestellt am Beispiel in einem multinationalen Unternehmen
in: Europäische Hochschulschriften, Reihe V, Bd.922;
Frankfurt/Main 1988 (P.Lang)

VETTER, M.:
Strategische Anwendungs- und Datenplanung;
in: Output 4/5, 1988

VETTER, M.:
Strategie der Anwendungsentwicklung;
Stuttgart 1988

D

K.J. Jakobowicz

Informationssicherung ist eine Führungsaufgabe

Teil D

Einleitung

Der Einsatz von Informationssystemen ist heute nicht mehr ausschließlich auf das eigene Unternehmen beschränkt. Die Entwicklung geht vielmehr hin zur unternehmensübergreifenden Informationsverarbeitung. Netzwerke verbinden Unternehmen mit ihren Kunden und Lieferanten, es entstehen neue Anwendungen, die diese erweiterten Kommunikationsmöglichkeiten aufgreifen. Gleichzeitig nimmt der Einsatz von Workstations, die untereinander vernetzt und mit dem zentralen Rechner verbunden sind, zu. Die so betriebenen Netze und Systeme sind, oft unabhägig von einer zentralen IS-Funktion, nur noch in der Verantwortung der Benutzer. Bisher zentral gesicherte Unternehmensdaten sind zunehmend auf der gesamten Ebene dieser Netze gespeichert, ohne daß vergleichbare Sicherheitsvorkehrungen funktionssicher vorhanden sind. Darüber hinaus erhalten externe Benutzergruppen Zugriff auf bisher nur intern verfügbare Services und damit auch Zugang zu den internen Netzen, Systemen und Daten.

»Open Systems, ease of use and any to any communication« bieten sowohl Arbeitserleichterungen für den Benutzer, machen gleichzeitig aber auch den Mißbrauch und die Manipulation durch Berechtigte und »Interessierte« einfacher. Die entstehenden erweiterten Risiken werden, nicht zuletzt durch entsprechende Berichte in der Presse, von der Unternehmensleitung zwar als latent vorhanden angesehen, eine Gesamtbetrachtung dieser Risiken für das eigene Unternehmen findet jedoch nur selten statt. Informationssicherung wird immer noch als die Domäne der Datenverarbeitung angesehen. Im besten Falle ist der IS-Direktor der Verantwortliche für die Informationssicherung im Unternehmen. Oftmals ist diese Aufgabe jedoch noch weiter unten in der Hierarchie angesiedelt. Dabei haben sich die Schwergewichte längst verlagert und die Gefährdung lebenswichtiger Unternehmenswerte ist dramatisch gestiegen.

Um dieser Entwicklung Rechnung zu tragen, sind heute unternehmensweite, integrierte Informationssicherungskonzepte gefragt. Nur diese können die Aufgabe erfüllen, die wichtige Unternehmensressource »Information« gegen Mißbrauch, unberechtigte Veränderung, Preisgabe und Zerstörung zu sichern. Gute und noch so teure Technik kann dabei die bei der Unternehmensleitung liegende Verantwortung für organisatorische und mitarbeiterbezogene Maßnahmen nicht ersetzen, sondern allenfalls ergänzen.

Der folgende Artikel wird sich schwerpunktmäßig mit Fragen der Konzeption und Organisation eines unternehmensweiten Informationssicherungssystems beschäftigen. Desweiteren wird er Wege aufzeigen, wie die Sicherung der Ressource »Information« in die existierenden Strukturen eines Unternehmens eingebunden werden kann.

Der Autor möchte damit den Entscheidungsträgern im Unternehmen einen Überblick über die Inhalte eines modernen Informationssicherungskonzeptes geben. Darüber hinaus sollen den für die Informationssicherung Verantwortlichen Denkanstöße für die Gestaltung ihres Verantwortungsbereiches und des sie tangierenden Umfeldes gegeben werden.

Informationstechnologie im Unternehmen

In den meisten Unternehmen sind heute auf allen Ebenen unterschiedliche Rechnersysteme und Rechnerarchitekturen installiert. Das Spektrum reicht dabei vom PC oder der Workstation über Abteilungsrechner bis hin zur zentralen Datenverarbeitung mit den unternehmensweit genutzten Informationssystemen. Daten sind redundant und verstreut gespeichert, Kontrollen sind erschwert und häufig nicht mehr durchführbar. Die Gründe für diese Entwicklung sind nachvollziehbar. Einerseits ist es eine Folge der raschen und vielfältigen Entwicklung, die in der Informationstechnologie selbst stattgefunden hat. Zum anderen verlangten unternehmensinterne Vorgänge und Entscheidungen nach schnellen Lösungen, die von der klassischen Datenverarbeitung nicht zu erbringen waren, oder nicht erbracht wurden.

Die erhöhte Anforderung an die Flexibilität wird bestehen bleiben. Immer kürzere Produktzyklen, die Ausweitung von Services, höhere Qualitätsanforderungen und der gesamte Wertschöpfungsprozeß im Unternehmen machen es erforderlich, für jeden Arbeitsplatz ein umfassendes Informationsverarbeitungsangebot zur Verfügung zu stellen. Darüber hinaus ist dieser Service auf Kunden, Lieferanten und Geschäftspartner auszudehnen.

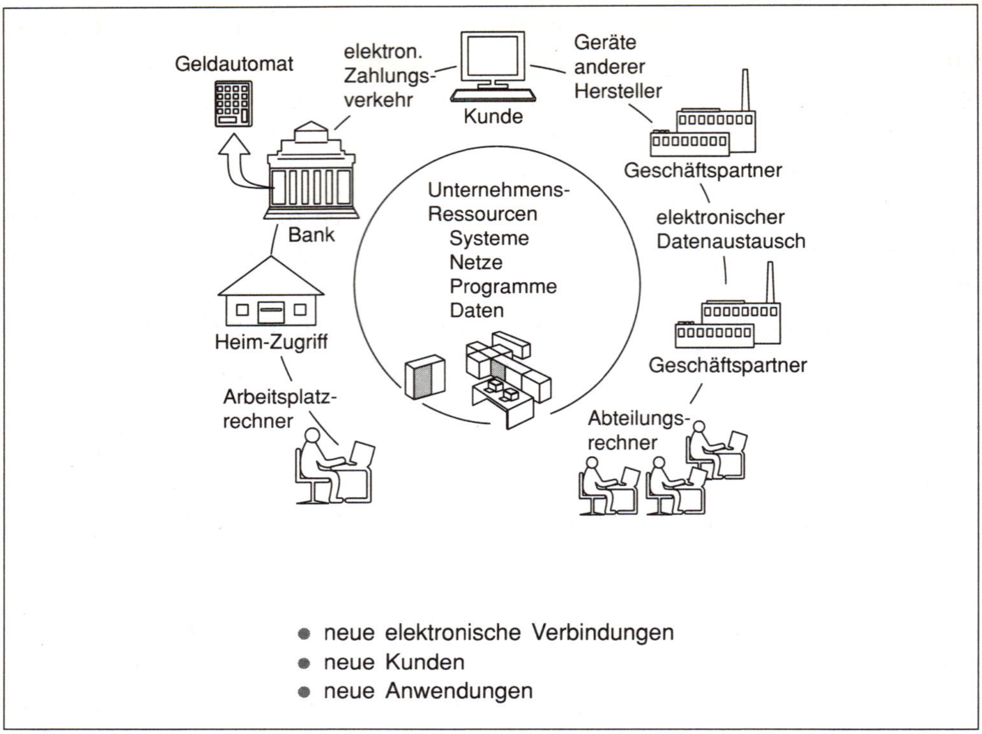

Abb. 5.1: Geändertes Geschäftsumfeld (Quelle IBM Deutschland GmbH)

Ergänzend dazu benötigt die Unternehmensleitung in strategischen Bereichen die Unterstützung der Informationsverarbeitung, um den an sie gestellten Herausforderungen erfolgreich begegnen zu können. Es ist die Aufgabe der Informationsverarbeitung, für die Zusammenführung dieser unterschiedlichen Entwicklungen zu sorgen. Dabei steht die unternehmensweite Integration von Anwendungen, Daten und Netzen an erster Stelle der Prioritätenliste.

Darüber hinaus wird der Ausbau der unternehmensübergreifenden Kommunikation zur unentbehrlichen Plattform für das Zusammenwirken der eigenen Anwendungen mit den Informationssystemen der Geschäftspartner.

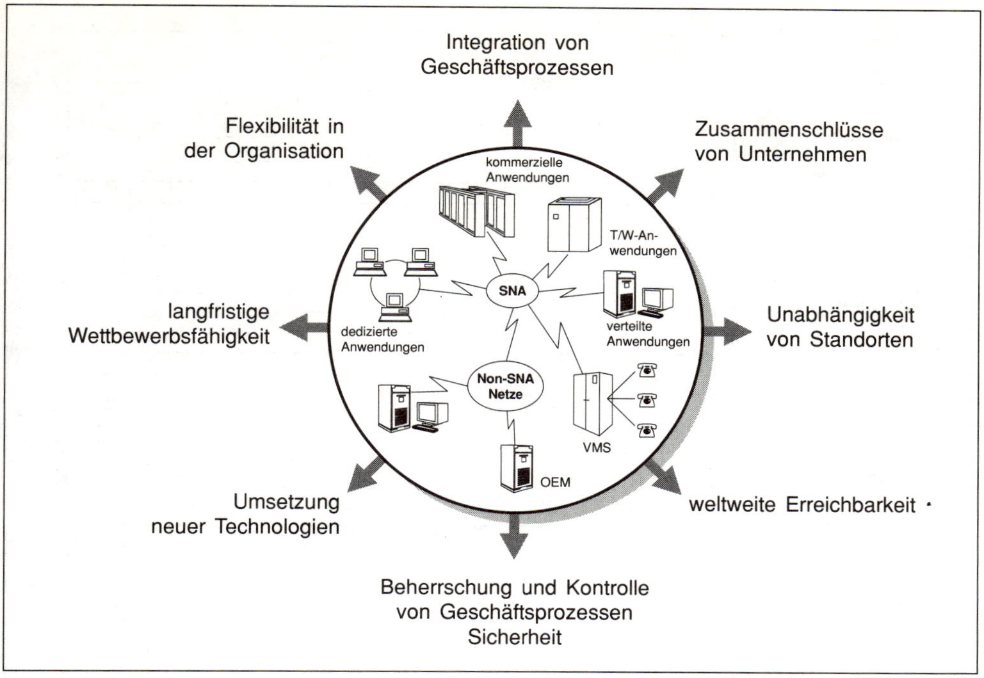

Abb. 5.2: Informationsverarbeitung in Unternehmen
(Quelle IBM Deutschland GmbH)

Informationsverarbeitungsressourcen und Daten können damit ortsunabhängig, entsprechend der organisatorischen Notwendigkeit, plaziert werden. Gleichzeitig gewinnt damit die Frage der Sicherheit und Integrität der zukünftigen Architekturen an Bedeutung für das Unternehmen. Ein Unternehmen muß heute Informationen als Vermögenswerte behandeln. Zugleich sind aber alle verfügbaren Informationen für autorisierte Benutzer und externe Berechtigte zugänglich zu machen, unabhängig davon, wo oder wie diese Informationen gespeichert sind. Die externe Ausdehnung und der Grad der Durchdringung mit Informationsverarbeitung erhält eine neue Qualität.

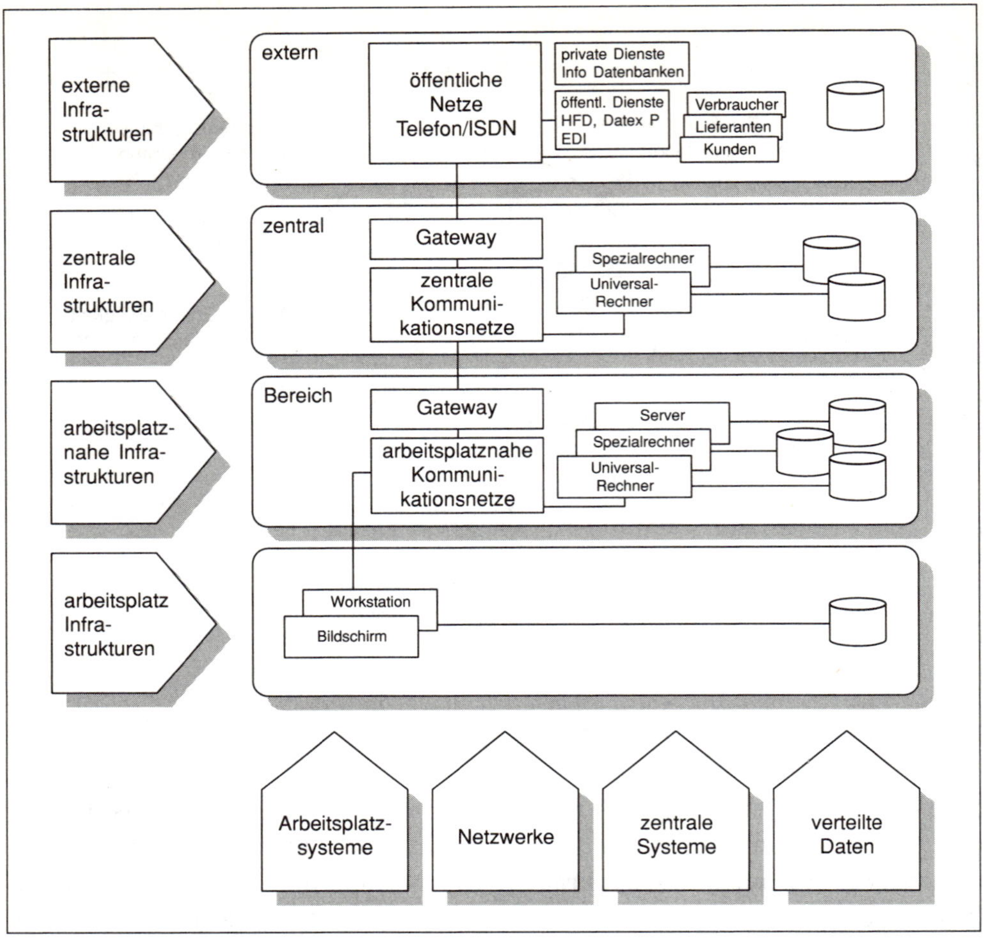

Abb. 5.3: Infrastrukturmodell
(Quelle IBM Deutschland GmbH)

Die Ausweitung der Services um die technologisch gebotenen Möglichkeiten und damit die Nutzung von Wettbewerbsvorteilen, macht es jedoch notwendig, eine Abwägung zwischen den neuen Chancen und dem erhöhten Risiko, das u.U. eingegangen werden muß, vorzunehmen.

Neue Kooperationsprojekte mit anderen Unternehmen können beispielsweise den Zugriff von Mitarbeitern des Kooperationspartners auf sensitive Daten des eigenen Unternehmens erforderlich machen. Solche sensitiven Informationen sind in der Regel jedoch gleichzeitig für die Fähigkeit des eigenen Unternehmens, seinen Betrieb aufrecht zu erhalten, von entscheidender Bedeutung.

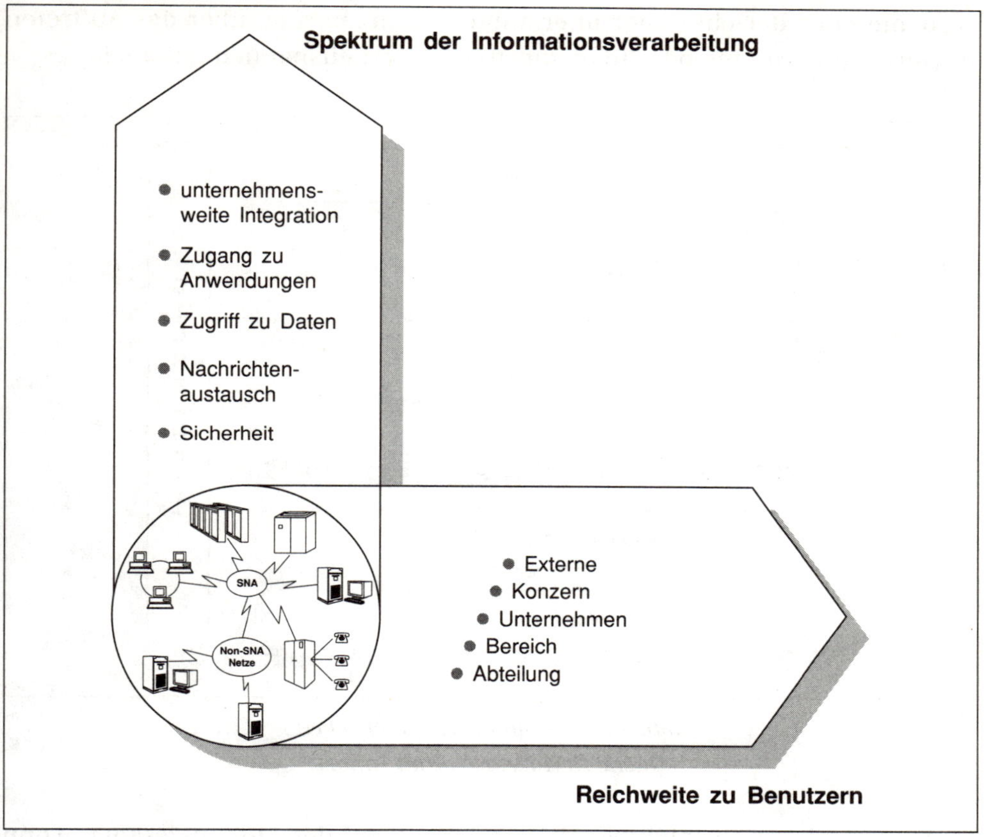

Abb. 5.4: Integration und Durchdringung
(Quelle IBM Deutschland GmbH)

Diese Informationen dürfen keinem erhöhten Risiko ausgesetzt werden, da sie eine elementare Grundlage für den Bestand und die Wettbewerbsfähigkeit jedes Unternehmens sind. Sensitive Informationen eines Unternehmens müssen also besonders sorgfältig behandelt werden. Es muß sichergestellt sein, daß sie nur zu genehmigten Zwecken verwendet werden, und nur für Berechtigte zugänglich sind.

Selbstverständlich ist Informationssicherung Mittel zum Zweck. In dieser Rolle hat sie alles zu unterstützen, was der Zielsetzung und der Strategie des Unternehmens dient, aber auch zu verhindern, daß es zu Stillstand und

Datenverlust kommt. Ein weiterer, nicht zu unterschätzender Faktor ist das Vertrauen, das Geschäftspartner und Öffentlichkeit einem Unternehmen entgegenbringen. Dieses Vertrauen wird erheblich beeinträchtigt, wenn Gerüchte oder Berichte über unerlaubte Systemzugriffe, über das Auftreten infizierter Programme oder über sonstige Sicherheitspannen auftauchen.

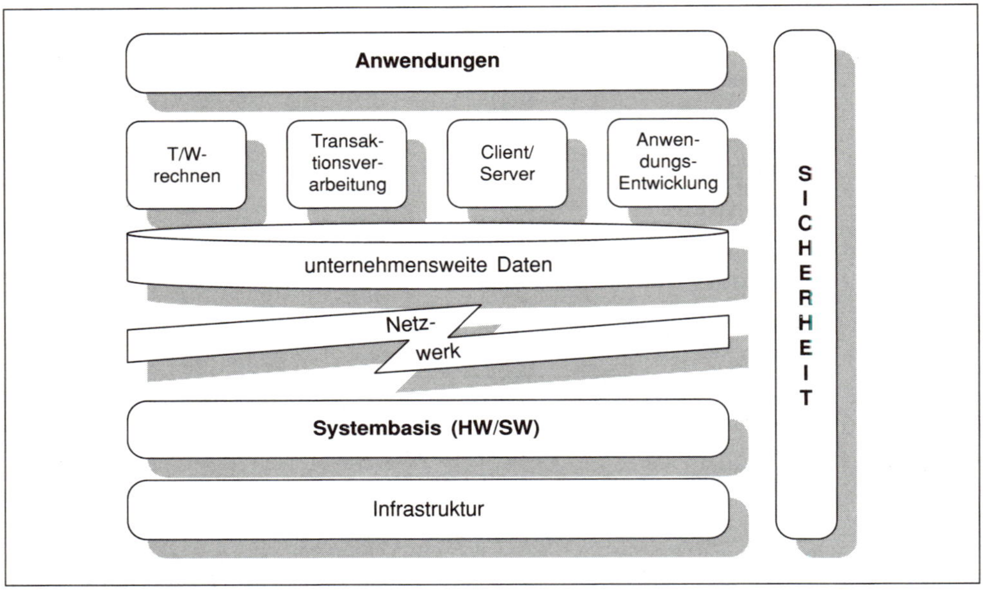

Abb. 5.5: Gesamtkonzept Sicherheit
(Quelle IBM Deutschland GmbH)

Kaum etwas ist so instabil wie ein guter Rang auf der Meinungsskala, wenn es um das Urteil von Gruppen oder der Öffentlichkeit, aber auch der eigenen Mitarbeiter geht. Die Zunahme der Wirtschaftskriminalität unter Zuhilfenahme manipulierter Daten ist dabei ein besonders heikles Kapitel. Schnelle finanzielle Transaktionen mit Hilfe des Computers können große Vorteile bringen, sie bieten aber auch die Möglichkeit für Unterschlagung und Betrug.

Um die genannten negativen Dinge wirkungsvoll einschränken zu können, ist es erforderlich, entsprechende Management- und Kontrollmechanismen zu etablieren, die eine individuelle Identifikation und individuelle Verantwortung sicherstellen. Dies muß in einer umfassenden, unternehmensweiten Sicherheitskonzeption geschehen. Nur wenn diese Forderung erfüllt ist, kann ein Unternehmen mit den neuen Chancen in einer Weise expandieren, die die Sicherheit und die Reputation des Unternehmens nicht beeinträchtigt. Die Sicherheitskonzeption muß den gesamten Bereich der Infrastruktur, der Systembasis, des Netzwerkes und der Anwendungen mit den dazugehörenden Daten umfassen. Für den Risikobereich der elektronischen Informationsverarbeitung wäre damit vorgesorgt.

Es darf allerdings, bei aller Wichtigkeit dieses Komplexes, nicht vergessen werden, daß es darüber hinaus zu schützende Werte gibt, die nicht in der beschriebenen elektronischen oder magnetischen Form vorliegen, sondern sich auf Papier oder anderen beweglichen Datenträgern, wie z.B. auf Filmen, befinden. Eine wirksame Sicherheitskonzeption muß auch die Betrachtung dieser Werte einschließen.

Die Problemstellung

Interessen des Gesetzgebers

Seitdem die Informationsverarbeitung in alle Bereiche des menschlichen Lebens, insbesondere jedoch des Geschäftslebens, vorgedrungen ist, wächst das Bewußtsein für die Gefährdung der Information oder für die Gefährdung durch die Information.

Dies hatte in vielen Ländern zur Folge, daß Gesetze erlassen wurden, die den Umgang mit Daten, insbesondere jedoch deren Verarbeitung und Verbreitung, regelten.

Drei Eigenschaften von Information werden als wesentlich für die Gesetzesaktivitäten angesehen (vergleiche, G.Weck, 1984, S.14):

1 Der potentielle Wert ihres alleinigen Besitzes.
2 Ihre Duplizierbarkeit.
3 Der mögliche Wertzuwachs durch Ackumulation.

Das damit zusammenhängende Problem des Datenschutzes ist nicht neu, das Risikopotential wird durch die elektronische Datenverarbeitung jedoch drastisch erhöht.

Datenschutz ist somit die gesellschaftspolitische Aufgabe, den Menschen vor den Folgen von Zweckentfremdung und totaler Erfassung seiner Individualdaten zu schützen.

Interessen des Unternehmens

Neue Anwendungen und erweiterte Netze machen Daten und Informationen einer wachsenden Anzahl von Benutzern zugänglich. Zugleich sind diese verstärkt bei der Erledigung ihrer Aufgaben auf die Informationsverarbeitung angewiesen.

Seit in den Unternehmen diese Abhängigkeiten erkannt wurden, steigt deren Interesse an der Sicherung dieser Systeme und der darin gespeicherten Daten.

Zur Reduzierung des Gefährdungspotentials wird konsequenterweise die Forderung erhoben, daß Sicherungsmaßnahmen integrierter Bestandteil der Informationsverarbeitung sein müssen. Die Forderung nach Sicherheit ist gleichzeitig eine Forderung nach dem Schutz der Unternehmenswerte.

Sie beinhaltet aber mehr als nur die Prüfung des »vielleicht schon einige Monate alten« Paßwortes eines Benutzers, wenn er sich am System anmeldet.

Informationssicherung ist universaler, sie beinhaltet:

- die Kontrolle, wer was mit den Ressourcen des Unternehmes machen darf
- den Schutz der Information vor Preisgabe, Veränderung und Zerstörung
- die Prüfung, ob die ausgewählten Kontrollen auch wirksam sind.

Informationssicherung ist also eine technisch-organisatorische Aufgabe, die, wie in Abb. 5.6 zu ersehen ist, drei Prinzipien zu erfüllen hat:

1 Wahrung der INTEGRITÄT
2 Wahrung der VERTRAULICHKEIT und
3 Wahrung der FUNKTIONALITÄT.

Der Zustand der absoluten Datensicherheit ist dann erreicht, wenn:

- alle benötigten Daten und Informationen wunschgemäß (im Sinne des Unternehmens) verarbeitet und/oder gespeichert werden,
- keine zufälligen oder beabsichtigten Störungen dieses Pozesses und
- keine unberechtigten Veränderungen oder Einsichtnahmen möglich sind.

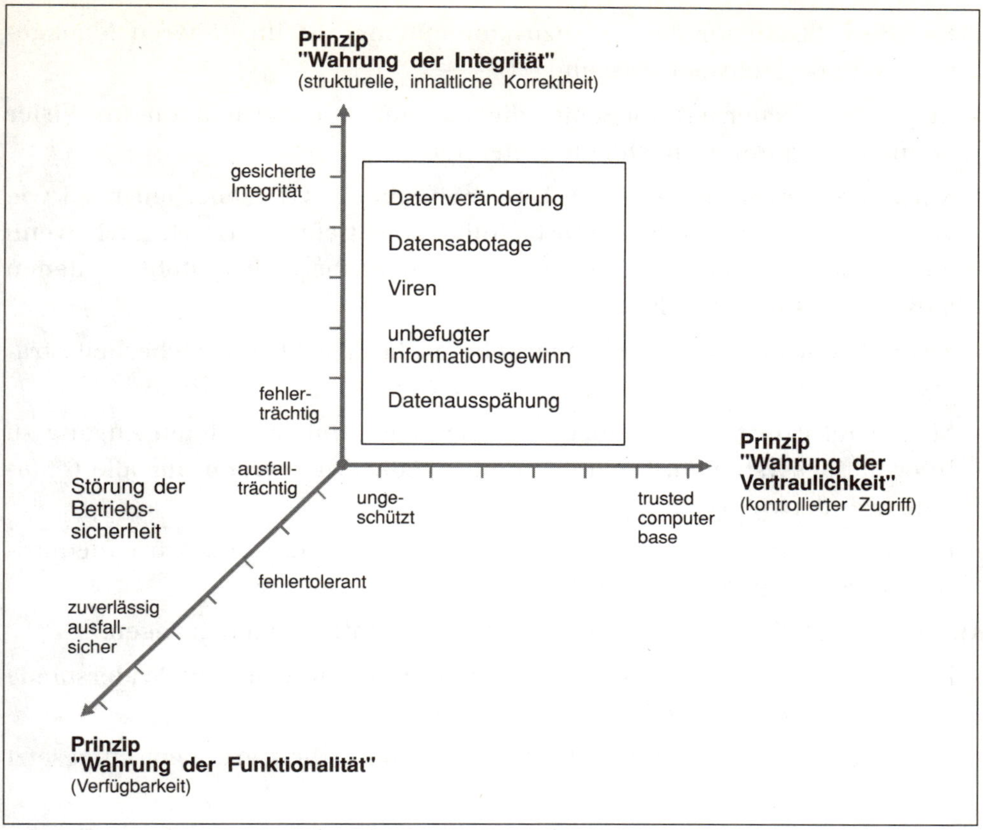

Abb. 5.6: Sicherheit in Informationssystemen (Quelle IBM Deutschland GmbH)

Dieser Zustand absoluter Sicherheit wird in der Praxis jedoch nicht erreicht werden können. Man muß sich demzufolge mit dem Zustand relativer Sicherheit begnügen (vergleiche, E. Zimmerli/K. Liebl, 1984, S.89/99).

Erfahrungen aus der Beratertätigkeit bestätigen diesen Sachverhalt, wobei der Begriff »relative Sicherheit« sehr oft in der Praxis durch »minimale Sicherheit« ersetzt zu sein scheint. Die Wirtschaftswoche hat in ihrer Ausgabe Nr.12/91 unter dem Titel »Mut zur Lücke« ähnliche Zusammenhänge beschrieben. Die nachfolgenden Zitate aus diesem Artikel machen deutlich, wie es in den Unternehmen aussieht:

- Die Zuverlässigkeit der DV-Systeme ist nicht mehr allein durch strenges Abschirmen des Rechenzentrums zu garantieren.

- Das Bewußtsein für die Risikozusammenhänge ist im höheren Management oft noch schwach ausgebildet.
- Integrierte Sicherheitskonzepte, die das ganze Unternehmen ins Visier nehmen, sind immer noch eine Seltenheit.
- Am Ende wird in den meisten Unternehmen die DV Sicherheit nach wie vor an den »Leiter Inormationstechnik« oder tiefer deligiert, auch wenn ein Großteil der Bildschirme in Unternehmensbereichen steht, in denen dieser nichts zu sagen hat.
- Zwei Drittel der befragten Unternehmen besitzen keine Sicherheitsstrategie.
- Meist sind Paßworte der einzige Schutz gegen unberechtigten Zugang zu Informationssystemen. Doch auch diese Paßworte werden nur alle 6 Monate geändert.
- Fast zwei Drittel der Firmen haben keinen oder nur einen fragmentarischen Katastrophen-Abwehrplan.

Aus den Feststellungen werden folgende Schlußfolgerungen gezogen:

- Die in den Unternehmen vorhandenen Hemmungen und Widerstände sind nur von ganz oben her aufzubrechen.
- Es müssen Ressortbeauftragte ernannt und Arbeitsgruppen eingesetzt werden.
- Auf die Motivation der Menschen an den Bildschirmen muß eingegangen werden.
- Die Abschirmung der DV Technik gegen eine Welt voller Gefahren kostet Geld, viel Geld. Dies muß beachtet werden.

Ich möchte diese Schlußfolgerungen ergänzen:

Management und Mitarbeiter müssen eine positive Grundeinstellung zur Informationssicherung entwickeln. Allein ein solches Bewußtsein hat bereits eine vorbeugende Wirkung.

Selbst die umfassendsten Vorkehrungen sind nicht in der Lage, jedes auftretende Risiko abzufangen. Einen hohen Sicherheitsstandard aufrecht zu halten, ist zudem eine teure Angelegenheit. Ein kalkuliertes Risiko muß in Kauf genommen werden, vorkommende Unregelmäßigkeiten sollten überlegt analysiert und bewertet werden. Auch Informationssicherungsmaßnahmen sollten sich harmonisch in die Kultur und Arbeitsatmosphäre des Unternehmens eingliedern.

Die Risiken

Die Frage der Gefährdung der Informationsverarbeitung ist durch die Medien in das Bewußtsein der Entscheidungsträger in Industrie und öffentlicher Verwaltung gerückt worden.

Die Berichte haben aber eher die Unsicherheit bei diesem Thema vergrößert und nur wenig zu einer systematischen Aufarbeitung der Problematik beigetragen. Der Wunsch nach bewerteten und allgemein gültigen Aussagen über die Gefährdung in diesem Bereich ist damit nach wie vor stark erkennbar.

Er wird sich jedoch kaum erfüllen lassen, da Gefahrenquellen (Bedrohungen) und Risikoausprägungen (Art und Wahrscheinlichkeit) von der Struktur der Informationsverarbeitung und den bereits vorhandenen Sicherheitsmaßnahmen im jeweiligen Unternehmen bestimmt werden. Eine gültige Aussage kann also nur durch eine individuelle Analyse der jeweiligen Prozesse erstellt werden.

Die bedrohten Objekte selbst sind aber bekannt. Sie lassen sich in drei Gruppen einteilen:

- Hardware (Rechner, Netze, Datenträger, Dokumentation)
- Daten und Programme
- Leistungen der Informationsverarbeitung (das Zusammenspiel von Hardware, Programmen und Daten).

Dabei können die Risiken ihrer Auswirkung wie folgt gruppiert werden:

1 **Mißbrauch der Informationsverarbeitung**
Im Regelfall benutzt hier ein Mitarbeiter die Ressourcen für eigene Zwecke. Dies reicht von der Nutzung des PCs für Computerspiele bis hin zu Freundschaftsarbeiten für den Kegelklub oder der Abwicklung privater Geschäfte gegen Bezahlung.

2 **Veränderung von Daten und Programmen**
Hier liegt das Risiko bei der irrtümlichen oder unerlaubten Modifikation. Dies kann sich so auswirken, daß Daten oder Programme ihre Aufgaben nicht oder falsch erfüllen, bzw. daß nicht gewünschte oder unzulässige Leistungen erbracht werden. Es kann sich im Falle der vorsätzlichen Handlung um ein Betrugsdelikt oder um Sabotage handeln.

3 **Preisgabe von Informationen**
Dies ist dann gegeben, wenn Daten und Programme Nicht-Berechtigten zugänglich werden. Hierzu zählt auch Diebstahl.

4 **Zerstörung**
In der Auswirkung ist hier die physische Beeinflussung aller Ressourcen der Informationsverarbeitung zu sehen. Dieses kann durch höhere Gewalt oder durch bewußt herbeigeführte Maßnahmen, die zur Zerstörung von Ressourcen führen, geschehen.

5 **Verstoß gegen gesetzliche Regeln**
Dazu zählt die Nichtbeachtung der Anforderungen, die sich aus dem BDSG, bzw. aus dem Wirtschaftsrecht, ergeben.

In allen diesen Fällen können den Unternehmen Schäden zugefügt werden, die unabsehbare Folgen haben können.

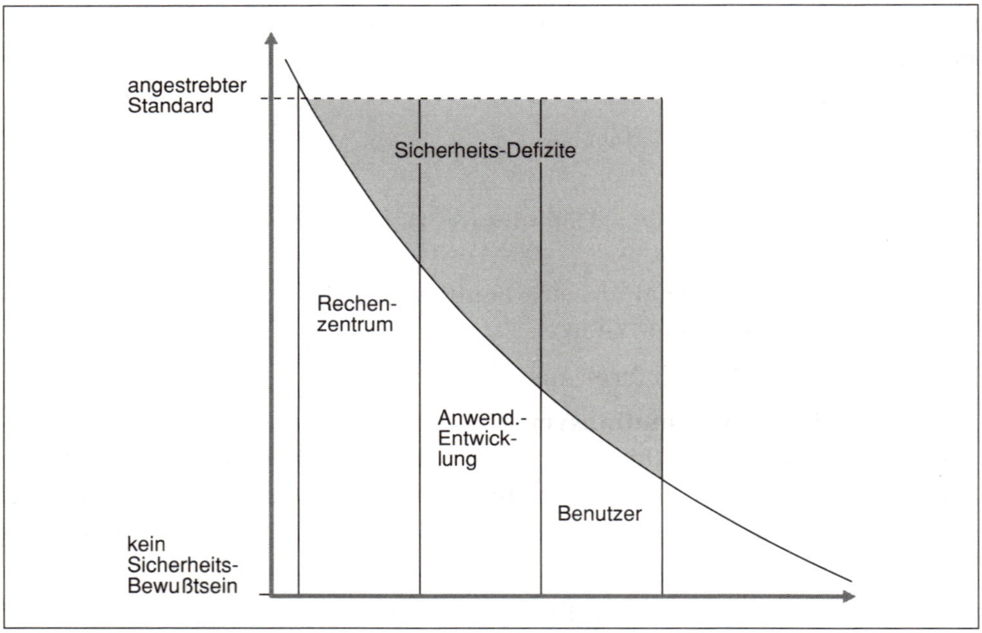

Abb. 5.7: Sicherheitsbewußtsein im Unternehmen

Waren bisher eher sportlich motivierte Hacker oder auch frustrierte oder nachlässige eigene Mitarbeiter für Manipulationen oder Fehler verantwortlich, so ist zu befürchten, daß der wirtschaftliche Schaden in Zukunft dramatisch zunehmen wird. Professionell arbeitende Gruppen und Täter werden die technologische Entwicklung für ihre eigenen Zwecke ganz gezielt und planvoll einsetzen.

Auch Viren, Würmer und trojanische Pferde können in der Bedrohung mithalten. Ist es denn ausgeschlossen, daß Infektionen plötzlich auch im zentralen Rechner auftauchen, nur weil die kritischen Bereiche des Betriebssystems nicht abgeschottet wurden?

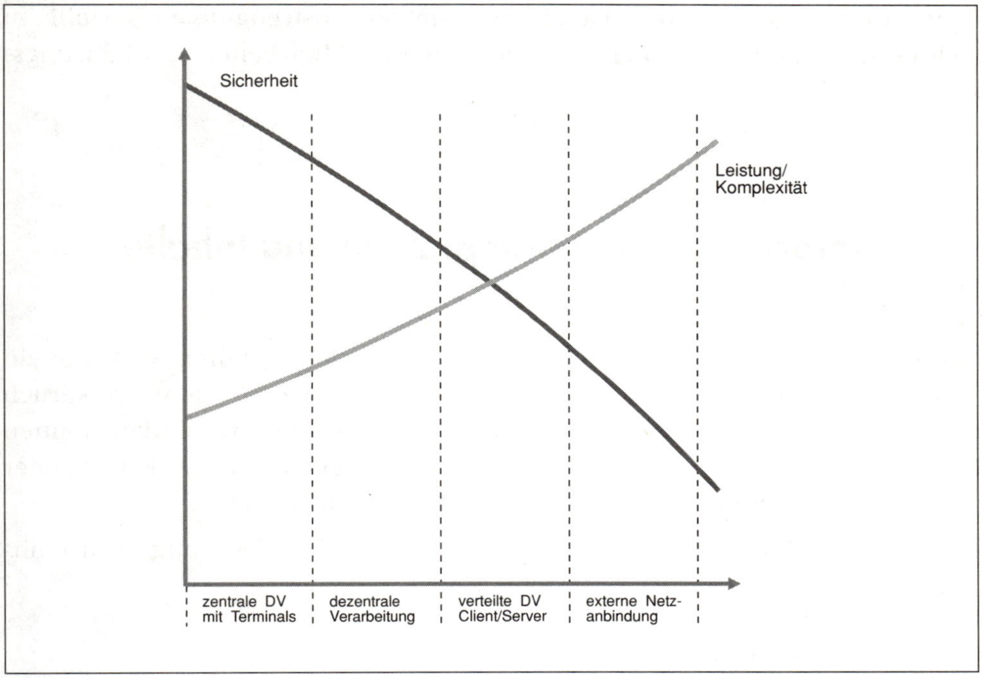

Abb. 5.8: Sicherheit vs Leistung/Komplexität

Aber auch ohne zusätzliche Bedrohungen macht die technologische Entwicklung der Informationsverarbeitung die Angelegenheit schon kompliziert genug. Die Entwicklung der Workstations, von programmierbaren Datenstationen hin zu eigenständigen Rechnern und vorgeschalteten Servern des Zentralrechners, weitet die gesamte Sicherheitsproblematik eines Rechenzentrums plötzlich in den Benutzerbereich hinein aus. War es bisher schon aufwendig, die erforderlichen Maßnahmen in der zentralen Installation zu realisieren, so haben wir es jetzt mit einer neuen Dimension zu tun, auf die niemand so recht vorbereitet ist. Das Fatale ist nicht die Verlagerung der Verantwortung an sich, sondern daß sie auch auf ein Sicherheitsbewußtsein im Benutzerhaus trifft, das in der Regel weit weniger ausgeprägt ist, als dies im Rechenzentrum der Fall ist.

Die erreichte Leistungssteigerung geht also zunächst mit einer Reduzierung des Sicherheitsniveaus einher. Diese Entwicklung wird sich durch die Anbindung externer Netze noch weiter verstärken.

Ein wesentlicher Anteil des erhöhten Risikos fällt dabei infizierten Programmen zu, deren Schäden überproportional ansteigen dürften. Um diese Bedrohung zu minimieren, bedarf es erhöhter Anstrengungen sowohl im technischen Bereich als auch im Verhalten aller Mitarbeiter und Führungskräfte.

Informationssicherung: Ziele und Inhalte

Betrachten wir das bisher Gesagte, so können wir feststellen, daß nur ein unternehmensweites, einheitliches Sicherheitskonzept dem Anspruch gerecht werden kann. Es gibt dafür keine Patentlösung, wohl aber können Bedingungen genannt werden, die erfahrungsgemäß über Erfolg oder Mißerfolg eines Informationssicherungkonzeptes entscheiden.

1 Es muß mit hoher Qualität und Zuverlässigkeit die Forderung nach Wahrung von
INTEGRITÄT
VERTRAULICHKEIT und
FUNKTIONALITÄT erfüllen.

2 Das bedeutet, daß unternehmensweit wirkungsvoll Vorsorge getroffen werden muß gegen bewußte oder unbewußte (fahrlässige) Bedrohung der Informationswerte durch Mitarbeiter oder Externe. Dies schließt den Schutz der Infrastruktur, der Systeme und Netze, der Programme und Daten in jeglicher Form ein.

3 Darüber hinaus müssen Maßnahmen definiert und eingeführt werden, die im Falle einer Bedrohung, und darüber hinaus bei Eintritt einer Katastrophe, die Funktionsfähigkeit des gesamten Unternehmens, oder (wenn so definiert) von Unternehmensteilen, sicherstellen.

4 Es sind Maßnahmen und Regeln festzulegen, durch die neue Projekte und Aktivitäten frühestmöglich auf sicherheitsrelevante Aspekte geprüft und die Einhaltung entsprechender Unternehmensstandards gewährleistet werden.

5 Da 100% Abdeckung gegen alle denkbaren Bedrohungen nicht erreicht werden können und aus wirtschaftlichen Aspekten heraus auch nicht anzustreben sind, muß über eine Kosten/Risiko Betrachtung eine Optimierung des Schutzes angestrebt werden. Das verbleibende Restrisiko sollte durch geeignete Maßnahmen wie z.B. 4-Augen-Prinzip oder Versicherungen gemindert, oder ganz bewußt in Kauf genommen werden.

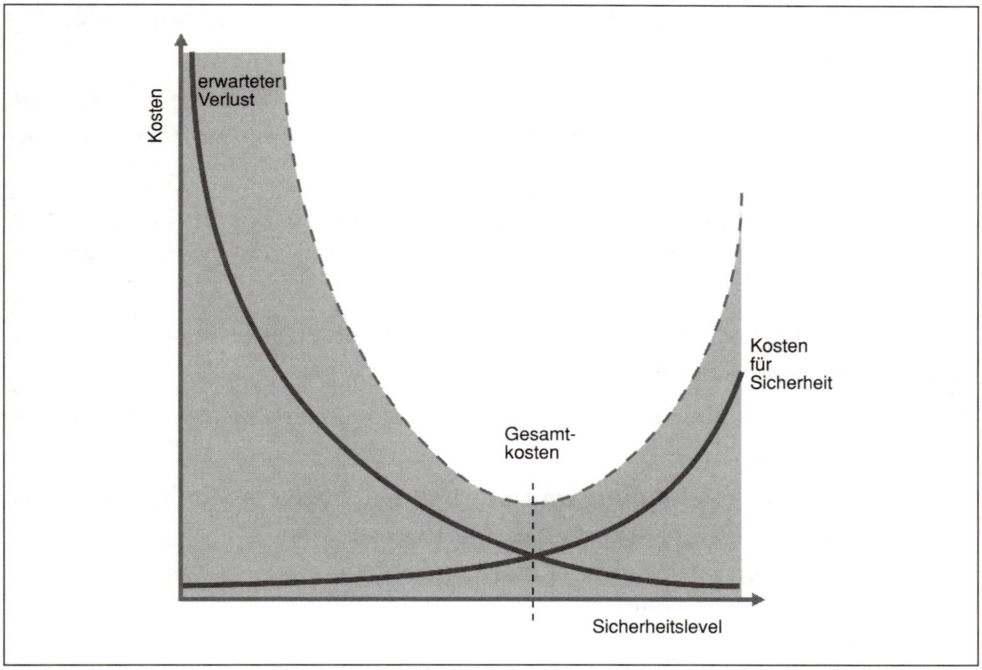

Abb. 5.9: Zusammenhang Kosten/Risiko

6 Die eingeführten Maßnahmen sind regelmäßig auf ihre Wirksamkeit hin zu überprüfen. Die Ergebnisse dieser Prüfungen oder Tests sind zu dokumentieren und – abhängig vom Umfang des entdeckten Risikos oder der Abweichung – vorher festgelegten Management-Hierarchien bekanntzugeben.

Die Ergebnisse dieser Prüfungen sind gleichzeitig Regelmechanismen und werden zur Optimierung des Prozesses herangezogen.

Eine jährlich konsolidierte Gesamtaussage über Qualität und Effektivität des Sicherungskonzeptes sollte der Unternehmensleitung vorgelegt werden. Eine getrennte Ausweisung der durch Gesetze und Verordnungen festgelegten Bereiche wird empfohlen.

7 Die geforderte unternehmensweite Wirksamkeit setzt zwingend voraus, daß neben den klassischen Sicherheitsfunktionen des Unternehmens und denen des IS Bereiches auch die Fachbereiche aktiv in die Konzeption eingebunden werden müssen. Die einzelnen Maßnahmen sind sonst nicht realisierbar. Für die Informationssicherung bedarf es also einer unternehmensweiten Organisationsstruktur mit definierter und ausgewiesener Verantwortung in den Fachbereichen.

Nachdem Zielsetzung und Inhalte beschrieben sind, müssen wir uns als nächstes fragen, auf welche Zielobjekte wir die geschilderten Maßnahmen anzuwenden haben.

Diese Frage steht in engem Zusammenhang mit dem Thema Risk-Management, das aus dem Blickwinkel möglicher Bedrohungen bereits angesprochen wurde.

Welche Ressourcen und Werte sind also zu schützen und in welchem Umfang hat dies zu geschehen?

Welches sind die Unternehmenswerte, die dafür in Frage kommen und wie wertvoll sind diese?

- aus Sicht der Wertschöpfung im Unternehmen bezogen auf Qualität, Mengen, Termine, Kosten , Mitarbeiter und Investitionen
- aus strategischen Überlegungen heraus
- aus Wettbewerbsgründen
- aus Imagegründen

Relativ klar ist, was der Gesetzgeber erwartet. Aber selbst dort bedarf es intern einheitlicher Auslegungen, z.B. wie mit einer personenbezogenen Datei umzugehen ist, die Wohnort, Strasse und die Telefonnummer, vielleicht aber auch noch Geburtstag und Jahr enthält, und auf dem PC geführt wird. Das BDSG in der Hand des Mitarbeiters hilft da nicht weiter.

Wenn wir die Institution oder die Personen ausfindig machen, die definieren können, was in einem Unternehmen oder auch in der Verwaltung schützenswert ist, dann wären wir dem Ziel einen Schritt näher.

Ein einfaches Beispiel kann uns einen Weg aufzeigen, diese Verantwortlichkeiten zu finden: Stellen Sie sich eine Familie vor, die in einem Mehrfamilienhaus eine neue Wohnung gemietet hat und nun dort einzieht. Der Eigentümer, vergleichbar mit der Unternehmensleitung, hat vorgesorgt und Standardsicherheitsmaßnahmen bereits eingeplant. So hat jede Wohnung abschließbare Türen, der Briefkasten hat einen eigenen Schlüssel und die Garage ebenfalls.

Der Mieter der Wohnung muß jedoch für sich die Frage beantworten, ob die Maßnahmen für seine Bedürfnisse ausreichend sind. Er möchte seine Werte ja möglichst umfassend gegen Einbruch, Feuer, Wasser sowie unbefugte Verwendung durch nicht berechtigte Personen, zu denen auch die Mitglieder der eigenen Familie gehören können, geschützt sehen. Wegen der hochwertigen Stereoanlage, dem teuren Meissner Porzellan und auch der Briefmarkensammlung reicht das vorhandene nicht aus. Er läßt folglich die Fenster und die Terrassentür zusätzlich durch Schlösser und Rolläden schützen. Eine zunächst angedachte Alarmanlage kommt dann doch nicht in Frage. Beinahe hätte er den alten Schmuck vergessen, den seine Frau geerbt hat! Nein, das Risiko, diese wertvollen Juwelen in der Schublade aufzubewahren, ist für ihn nicht tragbar. Auslagerung in den Banktresor....? »Soll ich etwa jedesmal zur Bank pilgern, wenn ich den Schmuck tragen möchte« schallt es ihm entgegen....

Was nun? In der Blumenbank vergraben oder einen eigenen Tresor besorgen? Man entscheidet sich für den Tresor.

Thema erledigt? Noch lange nicht... Ist Ihnen bekannt, wieviele verschiedene Arten Tresore es gibt? Er holt sich von der Kriminalpolizei professionellen Rat ein, aber entscheiden muß letztendlich er selber.

»Wenn es ein Wandeinbautresor wäre, dann müßte ich auch noch die Genehmigung des Hausbesitzers (der Unternehmensleitung) für die baulichen Maßnahmen einholen«, denkt er und gibt, völlig am Ende seiner Kräfte, auf. Wie er das Risiko zu reduzieren gedenkt, muß er danach nur noch seiner Frau und dem Versicherungsvertreter, bei dem er eine Versicherung abschließen will, erklären.

Das Beispiel verdeutlicht die Vorgehensweise:

Wir müssen den Eigentümer der zu schützenden Objekte ausfindig machen. Dieser muß dann seinen Anspruch definieren und adäquate Maßnahmen für den Schutz vorsehen.

Da in Unternehmen und Verwaltung eindeutige Verantwortlichkeiten für Geschäftsprozesse definiert und bestimmten Personen zugeordnet sind, liegt logischerweise auch die Verantwortung für die Informationssicherheit bei diesem Personenkreis. Dabei werden sie von der Organisation in der Wahrnehmung ihrer Verantwortung beraten und unterstützt. Teil dieser Unterstützung sind unternehmensweit einheitliche Bewertungsregeln zur Ermittlung der kritischen Informationen und Prozesse.

Informationssicherung ist eine organisatorische Aufgabe

Es gibt vier strategische Ansätze, Risiken zu kontrollieren und in ihren Auswirkungen zu minimieren.

1 Das Risiko vermeiden
.....kein Alkohol beim Autofahren

2 Das Risiko reduzieren
.....Travellerchecks statt Bargeld

3 Das Risiko teilen oder transferieren
.....statt mit eigenem Auto mit einem Taxi fahren
.....Versicherungen abschließen

4 Das Risiko akzeptieren
.....Krieg und Katastrophen

Abb. 5.10 zeigt schematisch die mengenmäßige Beeinflußbarkeit der Risiken durch diese Strategien. In Organisationen ist jede dieser Maßnahmen in unterschiedlicher Gewichtung in den Sicherheitskonzeptionen wiederzufinden, so auch in der Informationssicherung.

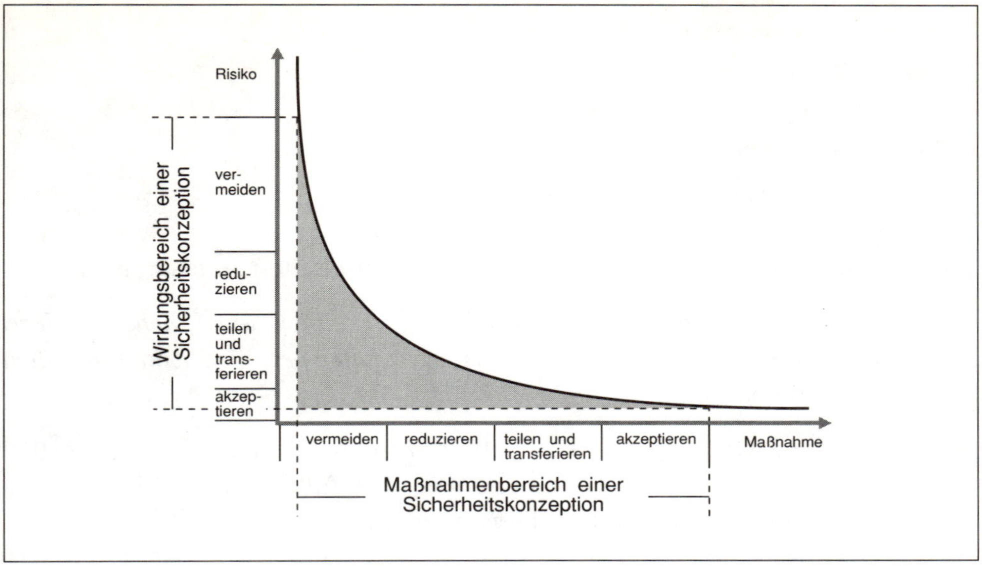

Abb. 5.10: Sicherheitsstrategie

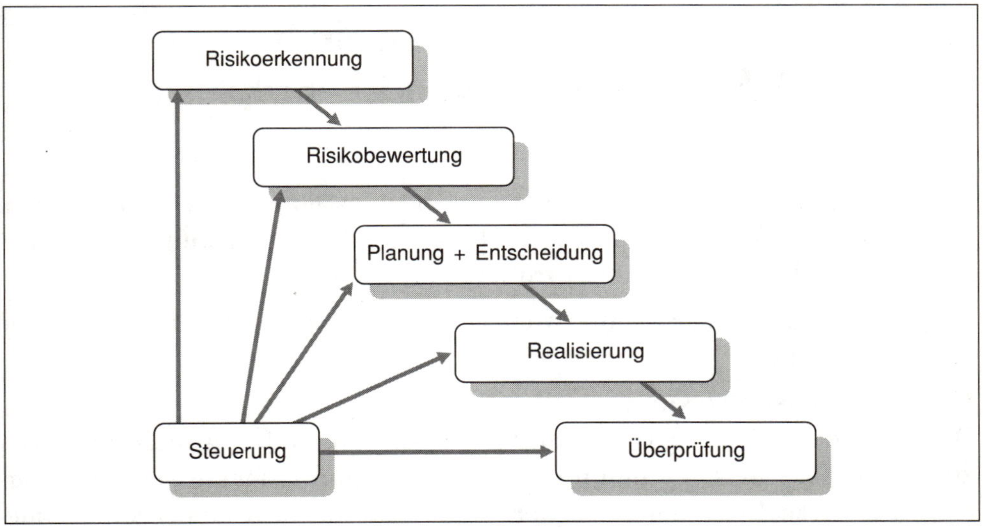

Abb. 5.11: Sicherheitsmanagement Prozeß

Betrachtet man nun den Prozeß Sicherheitsmanagement selbst, so sind fünf wesentliche Subprozesse auszumachen, die im Sinne der »Wertschöpfung Sicherheit« vorhanden sein müssen.

Diese fünf Subprozesse sind:

- Prozeß der Risikoerkennung
- Prozeß der Risikobewertung
- Prozeß der Planung und Entscheidung
- Prozeß der Realisierung
- Prozeß der Überprüfung

Die Aufgabenstellung, die im Rahmen dieser Tätigkeiten zu lösen ist, lautet:

➡ *Versuche, vorhersehbare Gefahren zu erkennen und Dich vor deren Auswirkungen zu schützen. Transferiere oder verteile Risiken, die nicht vorhersehbar sind.*

Dazu muß eine Organisation geschaffen werden, die dafür verantwortlich ist, daß diese Prozesse unternehmensweit eingeführt, und Effektivität und Qualität der Durchführung kontrolliert werden.

Die sechs Ebenen eines Informationssicherungskonzeptes

Es muß erreicht werden, daß im Rahmen eines etablierten Prozesses der Unternehmenswert »Information« quantitativ und qualitativ, unabhängig von Form oder Lokation, geschützt wird.

Ein integriertes, unternehmensweites Konzept baut dabei auf folgenden Grundsätzen auf:

Unternehmenszielsetzung
Das Unternehmen ist verpflichtet, für Mitarbeiter und Führungskräfte klar zu definieren, was von ihnen im Hinblick auf Informationssicherung erwartet wird. Diese Definition wird normalerweise in Form eines Policy-Statements von der Unternehmensleitung herausgegeben.

Managementverantwortung
Informationssicherung ist vorwiegend eine Managementaufgabe und weniger ein technischer Sachverhalt. Ein effektives Programm startet in der Unternehmensleitung. Die Entscheidungsträger müssen aktiv und sichtbar

partizipieren. Sie müssen es ernst meinen, der Rest der Organisation wird dann bereit sein, zu folgen.

Eigentümerkonzept

Informationssicherung ist Bestandteil eines weitergehenden Unternehmenssicherungskonzeptes. In diesem Zusammenhang muß ein Programm vorhanden sein, das Eigentümerschaft und Verantwortung für Identifikation und Schutz der im eigenen Verantwortungsbereich befindlichen Unternehmenswerte den Führungskräften im Unternehmen zuordnet. Die Verlagerung der Informationsverarbeitung in die Lokationen und in die Kontrolle des Benutzers verlangt zwangsläufig, daß die Verantwortung für die Sicherheit ebenfalls verlagert wird.

Einheitliche Regeln

Standards, Anweisungen und Vorschriften erweitern das allgemeine Policy-Statement und definieren im Detail, was erwartet wird. Sie bilden die Grundlage für eine unternehmensweit einheitliche Behandlung des Themas und sind die Basis, an der die Organisation die Wirksamkeit der Maßnahmen messen kann. Informationssicherung muß in den normalen Geschäftsprozeß integriert werden, sie muß Teil der täglichen Aufgabe werden. Das Unternehmen muß darüber hinaus Werkzeuge und Ressourcen zur Verfügung stellen, damit Mitarbeiter sich sicherheitskonform verhalten können. Sie sind eher gewillt, das Richtige zu tun, wenn es für sie einfach ist.

Kontroll- und Prüfmaßnahmen

Das Informationssicherungsprogramm bedarf eines kontinuierlichen Monitorings. Die Führungskräfte sollten regelmäßig eine Einschätzung vornehmen, inwieweit das eigene und das Verhalten der Mitarbeiter sich in Übereinstimmung mit den Anforderungen befinden. Solche »Selbsteinschätzungen« werden unabhängig vom formellen Revisionsprogramm durchgeführt.

Bewußtseinsbildung

Es reicht nicht aus, den Mitarbeitern nur zu sagen, was von ihnen erwartet wird. Sie müssen periodisch daran erinnert werden. Diese Aktivitäten, in Form von Schulungen und bewußtseinsbildenen Maßnahmen, sind sehr aufwendig, und es ist davon auszugehen, daß sie nie abgeschlossen werden können.

Sicherheit ist nicht kostenlos zu haben, sie kostet Geld. Für das expandierende Feld der Informationsverarbeitung beim Benutzer aber, so wird die

Analyse zeigen, sind informierte Mitarbeiter, die verantwortlich handeln, im Sinne der Sicherheit die beste Investition.

Die Realisierung der sechs Ebenen

Die Frage, welche einzelnen Maßnahmen denn nun erforderlich sind, um die Ebenen in der betrieblichen Praxis zu verwirklichen und damit zu einem unternehmensweiten Sicherungskonzept zu gelangen, soll in diesem Kapitel behandelt werden.

Die nachfolgend beschriebenen Maßnahmen sollten dabei, auf Ihre betrieblichen Erfordernisse abgestimmt, einzeln oder in der Summe zu einem für Ihr Unternehmen passenden Konzept zusammengefügt werden.

Unternehmenszielsetzung

Bei einer Untersuchung im Jahr 1983 in den USA wurde festgestellt, daß eine von sechs kritischen Fragen des Senior Mangagements zum Thema Informationsverarbeitung die Frage nach den Sicherheitsrisiken war.

Schon damals war es schwierig, allgemein gültige Aussagen zu machen, da das Risiko von dem bereits erreichten Grad der Durchdringung der Organisation mit Datenverarbeitung abhängig war (vergleiche, F.Warren/ J.McKenney, 1983, S.6ff).

Die Antwort auf diese Frage würde sich heute erheblich komplexer gestalten, ist doch die Unternehmensressource Information zwischenzeitlich zu einem Produktionsfaktor ersten Grades herangereift.

Die Frage nach der Sicherheit dieses Produktionsfaktors wird heute im selben Zusammenhang gesehen wie der Schutz von Mitarbeitern, Investitionen und Kapital und ist damit zu einer Aufgabe für die Entscheidungsträger im Unternehmen geworden.

Nun besteht die eigentliche Aufgabe von Unternehmen nicht darin, Sicherheit zu produzieren, sondern in dem, was immer sie gerade als Produkt in ihren Betrieben herstellen und auf dem Markt anbieten. Allerdings wird dabei in der Regel ein vertretbarer Teil an Ressourcen aufgewendet, um das Risiko zu managen, das mit der Geschäftstätigkeit verbunden ist.

Das Management ist sich bewußt, daß der Verlust oder die Unterbrechung der Informationsverarbeitung oder Teile derselben sich zu einer Katastrophe für das Unternehmen ausweiten könnten.

Nun darf man, bei aller Sorge um die Funktionsfähigkeit der Informationsverarbeitung, aber nicht vergessen, daß Bürobereiche eigentlich viel leichter und viel besser brennen als der Maschinenraum eines Rechenzentrums, und daß die Folgen ähnlich verheerend sein können.

Die Bedeutung der Sicherheit für das Unternehmen wird im allgemeinen zwar eingesehen, ist aber nur sehr schwer durchgängig zu erfassen. Sie wird an Einzelfällen spürbar, und ist nur schwer meßbar. Betriebswirtschaftlich wirksam werden meist nur die Defizite und nicht die Erfolge.

Sicherheitspolicy

Der Schutz von Unternehmenswerten (Mitarbeiter, Gebäude, Einrichtungen und Informationen) ist eine Verantwortung des Managements.

Die Führungskräfte des Unternehmens sind verantwortlich für die Identifizierung und den Schutz der Unternehmenswerte in ihrem Verantwortungs- und Kontrollbereich.

Sie müssen sicherstellen, daß alle Mitarbeiter ihren Verpflichtungen nachkommen, die Unternehmenswerte zu schützen.

Es liegt in ihrer Verantwortung, angemessene Sicherheitsmaßnahmen zum Schutz der Werte zu definieren und einzuführen.

Darüber hinaus ist es die Pflicht einer jeden Führungskraft, Abweichungen zu analysieren und korrektive Maßnahmen einzuleiten.

Abb. 5.12: Unternehmenspolicy zum Schutz der Werte eines Unternehmens

Was ein Unternehmen somit benötigt, ist ein Rahmenwerk, das die Grundsätze und Ziele der Sicherung der Vermögenswerte dieses Unternehmens regelt und das von der Unternehmensleitung, für alle verbindlich, z.B. in Form einer Unternehmenspolicy, vorgegeben wird.

Dabei sollte die Policy nicht definieren, wie etwas zu tun ist, sondern sie sollte die erwarteten Resultate oder die Verantwortlichkeiten klarstellen. Sie wird damit auch universeller, zeitloser und unabhängig von der technologischen Entwicklung.

Abb. 5.12 ist ein Beispiel dafür, wie eine solche Policy lauten könnte. Selbstverständlich kann diese inhaltlich erweitert und spezieller formuliert werden, wenn dafür Gründe vorhanden sind.

Machen Sie also Ihren Mitarbeitern und Führungskräften deutlich, was das Unternehmen in Sachen Sicherheit von ihnen erwartet.

Das Verfolgen der technologischen Veränderungen der Informationsverarbeitung, die Ermittlung zusätzlicher risikorelevanter Dinge und die Umsetzung neuer Erkenntnisse in Sicherheitsstandards und Vorschriften können wir getrost einer dafür vorgesehenen Organisation überlassen.

Schaffen Sie die Organisation und definieren Sie die Verantwortlichkeiten im Interesse Ihres Unternehmens.

Managementveranwortung

Im Kapitel »Informationssicherung: Ziele und Inhalte« wurde darauf hingewiesen, daß Sicherheitsfragen nicht losgelöst und unabhängig von der Verantwortung für die Geschäftsprozesse behandelt werden können. Dies bedeutet aber, daß die Personen, die die Geschäftsentscheidungen fällen, auch die in ihrem Bereich erforderlichen Sicherheitsentscheidungen, und die damit zusammenhängenden Kosten, vertreten müssen.

Abb. 5.13 zeigt eine Organisationsstruktur, die in der Lage ist, das Management bei der Erfüllung dieser Aufgabe zu unterstützen. Die Organisationsform muß von der Unternehmensleitung entschieden werden und bedarf Ihrerseits, auch in der täglichen Arbeit, der Unterstützung und Rückendeckung dieses Gremiums.

In dieser Organisationsform ist die Funktion »Informationssicherung« im Stab der Unternehmensleitung verantwortlich für das unternehmensweite Gesamtkonzept, das mit Beteiligung der Beauftragten in den Bereichen entwickelt, angepaßt und eingeführt wird.

Der Leiter dieser Stabsstelle berät zudem die Unternehmensleitung in allen Fragen der Informationssicherung und sollte darüber hinaus auch die externen Kontakte zu diesem Thema wahrnehmen.

Fachlich eingebunden in diese Struktur sind die zentral eingesetzten Sicherheitsadministratoren für die Bereiche System, Netz, Datenbanken und Anwendungen sowie die Datenschutzbeauftragten.

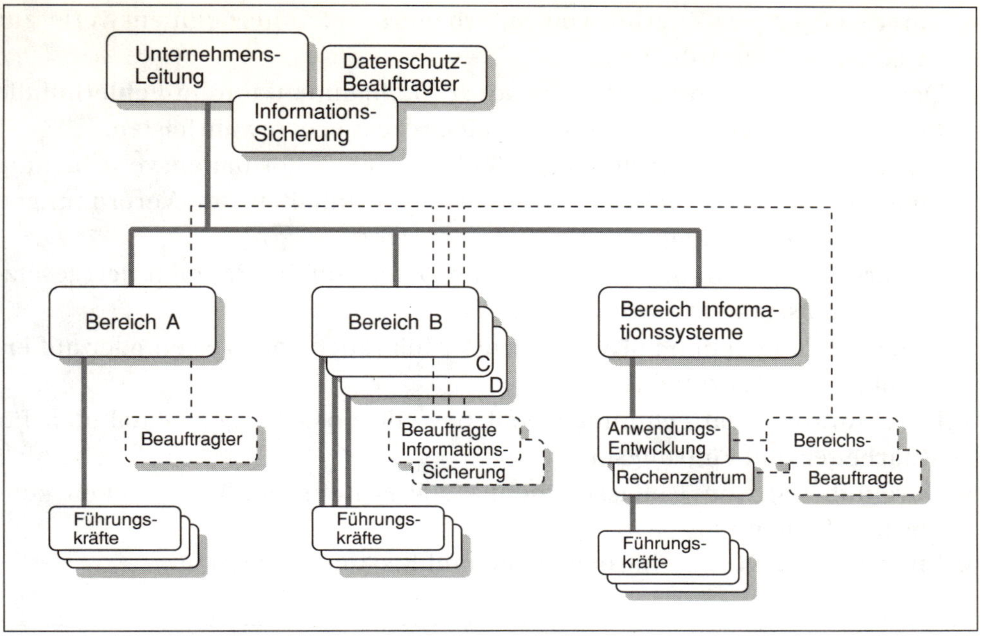

Abb. 5.13: Organisation der unternehmensweiten Informationssicherung

In den Geschäfts- oder Fachbereichen ist der Leiter des jeweiligen Bereiches dafür zuständig, daß die von der Unternehmensleitung herausgegebene Sicherheitspolicy umgesetzt wird. Er wird in dieser Aufgabe von seinem Bereichsbeauftragten für Informationssicherheit fachlich unterstützt.

Beispielsweise fallen die weiter unten genannten Aufgaben an, die Kontinuität in der Bearbeitung erfordern. Es muß das Ziel sein, die Durchführung möglichst vieler dieser Aufgaben in die Geschäftsprozesse zu integrieren, der restliche Teil kann an den Beauftragten oder an Führungskräfte des eigenen Bereiches deligiert werden.

Bereichsspezifische Aufgaben

1 Identifikation der zu schützenden Werte und Festlegung der Schutzmaßnahmen.

2 Benennung von Verantwortlichen im Sinne von Eigentümerschaft für zu schützende Ressourcen.

3 Treuhänderische Übertragung von Verantwortung an servicegebende Funktionen, wie z.B. das Rechenzentrum. Damit verbunden sind Auflagen zum Schutz der Werte.

4 Autorisierung der Zugriffe von Mitarbeitern auf Unternehmenswerte zur Erledigung ihrer Aufgaben.
5 Definition und Einführung präventiver Maßnahmen, um im Fehlerfall die Funktionsfähigkeit wichtiger Geschäftsprozesse zu gewährleisten.
6 Überwachung der Ordnungsmäßigkeit der Informationsverarbeitung innerhalb ihres Verantwortungsbereiches (Einhalten der Verordnungen des Wirtschaftsrechts).
7 Sicherstellung, daß personenbezogene Daten nur im Rahmen der gesetzlichen Zulässigkeit verarbeitet werden.
8 Umgehende Reaktion auf Verlust oder Mißbrauch von Werten oder auf erkannte Sicherheitsmängel.
9 Durchführung von Schulungs- und Bewußtseinsbildungsmaßnahmen für Mitarbeiter und Führungskräfte.
10 Durchführung von »selfassessments« zur Prüfung der Wirksamkeit definierter Maßnahmen.
11 Entscheidung über Sicherheitspläne und Risikoübernahmen.

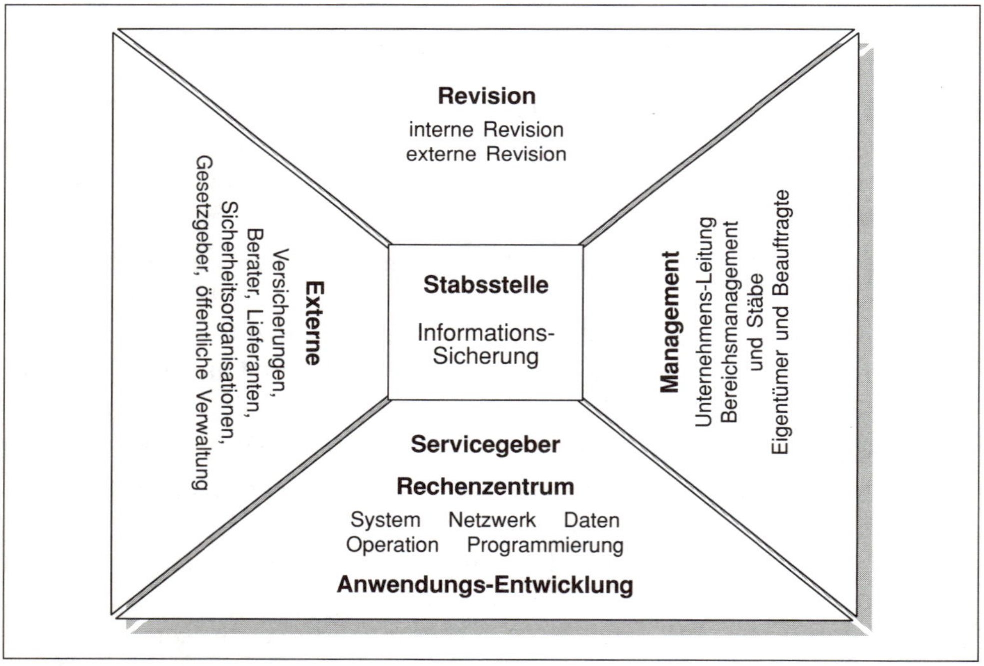

Abb. 5.14: Umfeld Informationssicherung

Der Leiter eines Bereiches ist damit auch der »Eigentümer« oder »Eigner« der zu schützenden Werte. Die damit verbundenen Tätigkeiten werden in der Regel jedoch, wie weiter oben bereits erwähnt, an Führungskräfte des Bereiches deligiert. Das Informationssicherungs-Management-System, auf das ich im Abschnitt »Kontroll-und Prüfmaßnahmen« noch eingehen werde, bewirkt die Einbindung aller Bereiche in den unternehmensweiten Prozeß der Informationssicherung.

Eigentümerkonzept

Die Funktion und die Verantwortung des »Eigners« wurden im Abschnitt »Managementverantwortung« bereits behandelt. Der Begriff bedarf in der betrieblichen Praxis aber der Ergänzung um die Begriffe und Aufgaben des »Servicegebers« und des »Benutzers«, um eine Gesamtkonzeption entwickeln zu können, die alle Verantwortlichkeiten im Umgang mit den Informationswerten abdeckt.

In diesem Zusammenwirken ist der Servicegeber eine Funktion, die für ihren eigenen oder für andere Bereiche Services zur Unterstützung der Geschäftsprozesse liefert. Dabei sind die vom Eigentümer festgelegten Sicherheitsanforderungen einzuhalten, bzw. müssen Maßnahmen im Auftrag des Eigentümers bereitgestellt oder durchgeführt werden, wie z.B. eine Zugriffskontrolle auf Basis vorgegebener Benutzerprofile.

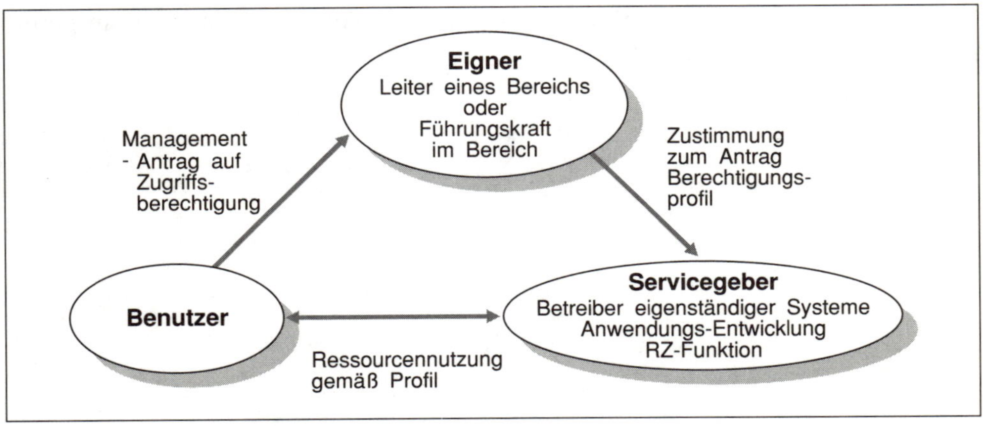

Abb. 5.15: Eigentümerkonzept/Zugriffsdefinition (Quelle IBM Deutschland GmbH)

Darüber hinaus ist der physische Schutz der in dem Verantwortungsbereich befindlichen Hard-und Software und der Daten und Programme zu gewährleisten.

Dieser Servicegeber war bisher üblicherweise die zentrale IS Funktion. Die genannten Forderungen müssen aber für jeden Servicebereich gelten und damit beispielsweise auch für einen Benutzerbereich, der selbst ein System betreibt. Die Forderungen gelten auch für ein externes Servicerechenzentrum.

Die logische Konsequenz ist, daß diese operativen Einheiten nun die gleichen Vorsorge- und Servicemaßnahmen zu erbringen haben, wie die zentrale IS Funktion.

Überraschungen bleiben den Verantwortlichen, die in diesem Bereich nicht konsequent handeln, wahrscheinlich nicht erspart.

Ein Benutzer hat es da einfacher. Er braucht nur das zu tun, wozu man ihn berechtigt hat und er darf dies nur im genehmigten Rahmen tun. Er muß dabei die Regeln beachten, die vom Eigentümer festgelegt wurden.

Selbst in diesem Umfeld bleibt in der täglichen praktischen Umsetzung genügend Raum für Kreativität. Vor allem kann auf eine Beratung und Einschätzung gewisser Sachverhalte durch den Benutzer nicht verzichtet werden.

Neben den o.g. allgemeinen Rechten und Pflichten gibt es weitere Aufgaben, die beispielsweise für die Wiederanlaufplanung, oder aber auch im Rahmen der Ordnungsmäßigkeit der Informationsverarbeitung wichtig werden.

Die Tabellen 5.1 bis 5.5 enthalten eine Reihe solcher Tätigkeiten, aufgeteilt auf die jeweiligen Sachgebiete.

Eigner	**Servicegeber**	**Benutzer**
Schützt Daten vor nicht-autorisierter Vernichtung, Modifikation und Veröffentlichung.	Schützt Daten vor nicht-autorisierter Vernichtung, Modifikation und Veröffentlichung.	Schützt Daten vor nicht-autorisierer Vernichtung, Modifikation und Veröffentlichung.
Definiert durch Delegation, wer wann und wie Zugriff zu welchen Ressourcen erhalten soll.	Stellt Techniken für Autorisierung, Authentifikation und Identifikation zur Verfügung.	Holt Zugriffsberechtigungen vom Eigner ein.
		Garantiert Vertraulichkeit seines Paßwortes.
Spezifiziert Kontrollen für den gesamten Verantwortungsbereich sowohl manuell als auch DV-seitig.	Erlaubt Zugriffe gemäß den vom Eigner festgelegten Regeln.	Schützt Terminals und Workstations vor unerlaubter Benutzung.
Führt die Kontrollen durch.	Stellt Möglichkeiten zur Auswertung von Zugriffen bereit.	Benutzt Daten nur zu geschäftlichen Zwecken
	Speichert Eigner und Benutzerdaten.	Informiert Eigner oder Servicegeber über Veränderungen, die die Autorisierung oder das Paßwort betreffen.

Tabelle 5.1: Verantwortlichkeiten Zugriffsautorisierung

Eigner	Servicegeber	Benutzer
Definiert die max. zulässige Zeit für die Wiederverfügbarkeit einer Anwendung. Konsultiert IS zu möglichen Recovery-Alternativen. Entscheidet sich für eine Alternative. Trägt noch bestehende Risiken. Trägt die Verantwortung für die Weiterfunktion seines Bereiches bis zum Abschluß der Wiederanlaufmaßnahmen. Akzeptiert Testergebnisse oder veranlaßt korrektive Maßnahmen.	Berät den Eigner über Alternativen für Recovery und Wiederanlauf, incl. der dazu benötigten Investitionen und Kosten. Faßt alle Wiederanlaufforderungen des Unternehmens zusammen. Bietet bereichs- oder unternehmensweite Lösungen für den Wiederanlauf an. Stellt den geforderten Service nach der vereinbarten Zeit wieder her. Testet regelmäßig die Aktualität und Funktionsfähigkeit der geplanten Maßnahmen. Berichtet dem Eigner über das Erlebnis des durchgeführten Tests.	Arbeitet mit an der Definition, welche Anwendungen kritisch sind (incl. Definition der max. zulässigen Zeit für den Wiederanlauf). Stellt dem Eigner Informationen zur Verfügung, welche geschäftlichen Auswirkungen der Ausfall von Anwendungen haben wird – einschließlich erwarteter Komplikationen während der Zeit des Wiederanlaufs. Entwickelt mögliche Lösungsalternativen. Ist beteiligt am Wiederanlauftest.

Tabelle 5.2: Verantwortlichkeiten Wiederanlaufplanung

Eigner	Servicegeber	Benutzer
Gibt als Ersteller von Daten und Informationen deren Sicherheitsklassifikation vor. Dies gilt für maschinen- und nichtmaschinenlesbare Daten.	Handhabt und prozessiert Daten und Informationen gemäß der vorgegebenen Klassifikation.	Schützt Daten und Informationen klassifikationskonform und unabhängig von der Erscheinungsform (Papier, elektronisch, Gespräch).

Tabelle 5.3: Verantwortlichkeiten Klassifikation

Eigner	Servicegeber	Benutzer
Identifiziert Datenbestände und Dokumente, die, unabhängig von der Form, lebensnotwendig sind. Stellt sicher, daß diese periodisch kopiert und ausgelagert werden. Kontrolliert periodisch, ob die in seiner Verantwortung befindlichen, ausgelagerten Bestände noch aktuell und verarbeitbar sind.	Ist verantwortlich für Auslagerung der Datenbestände und Dokumente. Kopiert und verwaltet ausgelagerte Datenbestände und Dokumente gemäß den Angaben des Eigners. Verwendet ausschließlich Kopien der ausgelagerten Datenbestände für den Wiederanlauftest.	Gibt Informationen an den Eigner, welche Daten und Dokumente für den Betrieb des Unternehmens lebensnotwendig sind.

Tabelle 5.4: Verantwortlichkeiten vital records

Eigner	Servicegeber	Benutzer
Spezifiziert Anforderungen und Prüfmechanismen, die in den Anwendungen zu verwirklichen sind. Stellt sicher, daß die Forderungen im Betrieb sowohl von IS als auch von nicht IS Funktionen eingehalten werden.	Realisiert die geforderten Kontrollen in der Anwendung. Befolgt die Konrollprozeduren im RZ-Betrieb. Gewährleistet richtige und korrekte Verarbeitung.	Erfüllt spezifizierte Kontrollen.

Tabelle 5.5: Verantwortlichkeiten Ordnungsmäßigkeit

Einheitliche Regeln

Nachdem die Unternehmensleitung den Stellenwert der Informationssicherung festgeschrieben und die Erwartungshaltung des Unternehmens dargelegt hat, werden Richtlinien erforderlich, die das verantwortliche Management und die Mitarbeiter in der Durchführung leiten.

Die Regeln werden von der Informationssicherungsorganisation unter der Verantwortung des Leiters für Informationssicherung erstellt, abgestimmt und vom entscheidungsbefugten Management freigegeben.

Da es sich um ein ziemlich umfangreiches Regelwerk handelt, das zu erstellen ist, bietet es sich an, die Richtlinien nach Sachgebieten aufzuteilen.

Für die Aufteilung könnte folgende Gruppierung gewählt werden:

Allgemeine Richtlinien für Informationssicherung
Diese enthalten im wesentlichen die Zielsetzung und die Beschreibung des Konzeptes. Die Organisation und die Veranwortlichkeiten, sowie die für das jeweilige Unternehmen gültigen Aufgaben und Entscheidungsbefugnisse für die am Prozeß beteiligten Personen und Managementlevel, sind weitere Bestandteile dieser Regelung.
Am Prozeß beteiligte Personen sind der Benutzer, der Eigner, die Führungskraft, der Servicegeber oder der Betreiber von Systemen, der Verantwortliche für einen Fremdanschluß und der für den Geschäftsprozeß Verantwortliche. Die Definitionen beinhalten natürlich nur die Kriterien, die aus Sicht der Informationssicherung relevant sind.
Ein weiterer wichtiger Bestandteil dieser übergeordneten Richtlinie ist die Beschreibung der Aufgaben und Befugnisse der Informationssicherungsorganisation. Dazu zählen die Stabsfunktion bei der Unternehmensleitung und die Beauftragten in den Bereichen. Darüber hinaus könnten auch die Abgrenzungen zu Funkionen, wie Revision oder Eigentumsschutz, behandelt werden.
Die Richtlinie sollte dann zusätzliche Hinweise auf weitere Vorschriften des Unternehmens enthalten, in denen die einzelnen Sachgebiete des Sicherungskonzeptes behandelt werden.

Spezielle Richtlinien für Informationssicherung

Dazu gezählt werden können die Vorschriften zu den Themen:
- Datensicherung
- Datenschutz
- Ordnungsmäßigkeit der Informationsverarbeitung
- Wiederanlauf für wichtige Geschäftsprozesse
- Klassifikation und Kontrolle von Informationen

Ergänzt werden könnte diese Auflistung noch um den Teil der Richtlinien, die bestimmte Management-Kontrollprogramme beschreiben, wie z.B. die regelmäßige Analyse auf Schwachstellen. Denkbar wäre auch eine Richtlinie, die das Thema Viren behandelt oder auch Definitionen für den Anschluß und den Zugriff Externer auf die Ressourcen des eigenen Unternehmens.

Die Maßnahmen sind ganz eindeutig darauf abgestimmt, unternehmensweit vergleichbares Handeln in vergleichbaren Fällen zu ermöglichen, und damit auch vergleichbare Wirkungen zu erzielen. Verbesserungen oder Erkenntnisse in einem Bereich können so leicht auf andere übertragen werden und resultieren in einer inhaltlichen und aufwandsmäßigen Optimierung des Gesamtkonzeptes.

In den Tabellen 5.1 bis 5.5 wurden die Veranwortlichkeiten zu den obigen Sachgebieten bereits aufgeführt. Diese sollten Bestandteil der jeweiligen Richtlinien werden. Zusätzlich nimmt die Detaillierung der geforderten Maßnahmen (Regeln) zu.

Es würde zu weit führen, alle Einzelheiten im Rahmen dieses Artikels zu behandeln, ich möchte jedoch nicht versäumen, schwerpunktmäßig die Sachgebiete anzusprechen, die einer Regulierung bedürfen.

Datensicherheit

Neben den Themen »Identifikation und Klassifikation zu schützender Werte«, den »Berechtigungs- und Zugriffsauthorisierungen und Kontrollen« und den Mitteln und Methoden, die erforderlich sind, diese Maßnahmen abzuwickeln, können zu diesem Themenkomplex noch folgende Bereiche gezählt werden:

- Physische Sicherheit der gesamten Infrastruktur wie Gebäude, Maschinen, Netze, Datenträger und Dokumentationen, incl. der dazu gehörenden Fragen von Schutzzonen und Zutrittsregelungen.

- Regeln und Richtlinien für den Einsatz von Workstations und des Schutzes der darauf befindlichen Programme und Daten.
- Regeln für die Sicherheit von Local Area Networks.
- Regeln für Paßworte wie Vertraulichkeit, Kombination, nicht-Trivialität, zeitliche Gültigkeit, nicht-Erkennbarkeit bei Eingabe u.s.w. Des weiteren können Paßwortregeln vom Wert der zu schützenden Information (Klassifikation) abhängig gemacht werden. Es könnte beispielsweise auch die Anwendung von Schlüsselkarten geregelt werden.
- Verbot oder Kontrolle der Verwendung kopierter Originaldaten zu Testzwecken (Anonymisierung/Verantwortung).
- System und Datenintegrität, Beschreibung der Zugriffshierarchie und der Zugriffsregeln zu Produktionsdateien, Systemdateien oder sonstigen sensitiven Programmen. Begrenzung nach Anzahl und Art (read, alter, update), Regelung der Vergabe spezieller Privilegien, Regeln für die Verwendung von SVCs oder die Nutzung von »bypass protection« Funktionen, Sicherstellung von audittrails und Durchführung von Audit-Maßnahmen.
- Regeln für die Verwendung von Programmen oder von anderem ausführbaren Code. Vorschriften im Hinblick auf Einsatz, Herkunftsquellen und Nachweispflicht. Testbestimmungen oder Prüfung auf infizierte Bestandteile, bevor Programme eingesetzt werden.
- Definition von Vorschriften, die zu befolgen sind, wenn Externe über das Netz, oder direkt als Fremdprogrammierer Zugang zur Informationsverarbeitung des eigenen Unternehmens erhalten. Zu diesem Themenkomplex gehört auch der Einsatz von Home-Terminals für eigene Mitarbeiter.
- Kontrollen auswechselbarer Datenträger, einschließlich Bestandsführung und Anweisung für Löschung oder Vernichtung.
- Einsatz von Datenverschlüsselung bei Speicherung und Übertragung. Zusammensetzung und Handhabung der Schlüssel, Änderungsrhythmus, Zugang und Zugriff auf Verschlüsselungsgeräte und Verantwortung des Schlüsselinhabers.

Die Aufzählung könnte noch einige Zeit fortgesetzt werden, und wäre dann immer noch ergänzungsfähig. Viele der Punkte sind zudem sehr unternehmensspezifisch und sollten dort direkt erfaßt und entschieden werden.

Datenschutz

Hier handelt es sich um ein äußerst sensitives Gebiet, besteht doch die große Gefahr, daß Verantwortliche sehr schnell, und in den meisten Fällen unbewußt, mit dem Gesetz in Konflikt geraten können. Wenn es um Daten der eigenen Mitarbeiter geht, hat auch die Personalvertretung ein Mitspracherecht. Sie wird natürlich ihrerseits darauf achten, daß die Bestimmungen des BDSG eingehalten werden.

Im Sinne der strategischen Ansätze zur Risikokontrolle sollte ich den »nicht-direkt-Betroffenen« raten, daß sie nach dem beschriebenen Paragraphen 1 vorgehen, der zur Risikovermeidung auffordert.

In vielen Fällen kann dies auch getrost geschehen, sorgen doch die Personalabteilung und Personalvertretung mit der Unterstützung des Datenschutzbeauftragten dafür, daß alles, was im Unternehmen auf diesem Sektor gebraucht wird, geregelt ist.

Anders verhält es sich natürlich, wenn Sie fest darauf bestehen sollten, ein kleines, eigenes Personaldatensystem für die an Sie berichtenden Mitarbeiter zu schaffen, das die notwendigsten Daten enthält und das, natürlich ausfallsicher und im schnellen Zugriff auf Ihrer Workstation laufen soll...

Jetzt braucht Ihr Unternehmen die Richtlinie zum Datenschutz doch noch, und Sie müssen sich mit den Vorschriften befassen und sie umsetzen.

Ähnlich »schlecht« ergeht es den Verantwortlichen, die mit Kunden zu tun haben. Dort können natürlich auch personenbezogene Daten anfallen, die verarbeitet werden müssen.

Spaß beiseite: Das Thema ist wichtig, gilt es doch sicherzustellen, daß der Einzelne durch Verarbeitung seiner persönlichen Daten in seinem Persönlichkeitsrecht nicht beeinträchtigt wird.

Was sollte eine Richlinie zum Datenschutz enthalten?

Erlauben Sie mir, daß ich mich auch hier auf wesentliche Inhalte beschränke, die da wären:

1 Sicherstellen, daß die Zulässigkeitsregeln bei der Verarbeitung der vom Gesetz geschützten, personenbezogenen Daten eingehalten werden. Die Verarbeitung umfaßt dabei:
  - das Speichern von Daten
  - das Verändern gespeicherter Daten
  - das Nutzen dieser Daten

– das Übermitteln solcher Daten an Dritte und
– das Löschen gespeicherter Daten.

2 Regeln, daß Mitarbeiter auf das Datengeheimnis verpflichtet werden, sofern sie beauftragt sind, personenbezogene Dateien zu verarbeiten oder die dazu verwendeten Programme und Anlagen zu bedienen, auszuführen oder zu warten.

3 Gewährleisten, daß die Benachrichtigungen von Personen, deren Daten gespeichert sind, ordnungsgemäß erfolgen.

4 Definieren der organisatorischen Zuständigkeiten und Festlegen, wie die Erteilung von Auskünften an Betroffene im Unternehmen gehandhabt wird. Dies schließt die Auskünfte ein, die erteilt werden müssen, falls Daten an Dritte übermittelt werden.

5 Regeln, Methoden und Verantwortlichkeiten definieren, die sicherstellen, daß die Meldung von Dateien mit personenbezogenen Daten an den Datenschutzbeauftragten des Unternehmens erfolgt.

Natürlich ist zunächst zweifelsfrei zu klären, ob auf Grund von Verträgen oder Gesetzen oder der Zustimmung des Betroffenen ein betriebliches Interesse überhaupt vorhanden ist, personenbezogene Daten zu verarbeiten. Auch für die Prüfung solcher Voraussetzungen könnten in einer Datenschutz-Richtlinie Maßnahmen vorgeschrieben werden.

Ordnungsmäßigkeit der Informationsverarbeitung

Es handelt sich dabei um Vorkehrungen, die sicherstellen, daß Anwendungsprogramme, die in einem Unternehmen

- finanzielle Ergebnisse beeinflussen,
- finanzielle Verpflichtungen auslösen können oder
- personenbezogene Informationen verarbeiten

ordnungsgemäß entwickelt und betrieben werden.

Ordnungsmäßigkeit im Sinne des Wirtschaftsrechts ist dann gegeben, wenn die Anwendung die Aufgabenstellung erfüllt und die vollständige, richtige, zeitgerechte und geordnete Verarbeitung gewährleistet ist. Außerdem müssen Sicherheitsmaßnahmen gegen Verfälschung, Mißbrauch und Verlust wirksam und auch jederzeit nachprüfbar sein.

Um dies sicherzustellen, sind Maßnahmen notwendig, die im wesentlichen den Anwendungsentwicklungsprozeß betreffen. Dabei sind außerdem zielgerichtete Designreviews, Prüfungen durch die Revision oder durch unabhängige Sachverständige vor der Einführung solcher Verfahren unumgänglich. Die in die Anwendung eingebauten Kontrollen sollten folgende Anforderungen abdecken:

- Prüfungen der inhaltlichen Übereinstimmung von Eingabe- und Ausgabedaten.
- Vergleiche innerhalb der Programme und Daten, um Genauigkeit und Integrität der Verarbeitung zu garantieren.
- Einbau von Prüfroutinen, die es erlauben, auf vollständige Verarbeitung gemäß den existierenden Erwartungen zu schließen.
- Bereitstellung einer vollständigen und gültigen Dokumentation, einschließlich der Beschreibung der in der Anwendung enthaltenen Kontrollmaßnahmen.
- Sicherstellen eines Prozesses, der Modifikationen solcher Programme nur nach Vorlage einer Genehmigung des Programmeigners erlaubt.
- Sicherstellung, daß wirksame Kontrollen vorhanden sind, die eine ordnungsgemäße Verarbeitung dieser Anwendungen im Rechenzentrum gewährleisten.

Die Überprüfung der Anwendungen durch die Revision oder durch ein unabhängiges Gremium und die erfolgte Freigabe für die Produktion im Rechenzentrum sollte nachvollziehbar dokumentiert werden.

Wiederanlaufplanung wichtiger Geschäftsprozesse

> and here we must noate, that every abbott kept a monastery registry (which they called a leger bòoke), of all material things belonging to the estates of their abbey,and did likewise make another leger book of the same and deposit it in the hands of some neighbour-abbott thereby to prevent fraudulent dealing in erasing or altering, and to prevent the losse of theire bookes by fire or other accidents. Richard Gough The History of Myddle, c.1700
>
> Quelle: Managing information systems for profit, J.Wiley & sons ltd.

Vorbereitungen zu treffen für zufällig eintretende Ereignisse, ist nicht neu. Bereits aus dem Mittelalter sind Beispiele überliefert, wo durch Auslagerung wichtiger Daten Risiken minimiert wurden.

Mittels eines Wiederanlaufplanes (auch »disaster recovery plan« oder »Katastrophenplan«) sollen die Folgen einer Katastrophe für ein Unternehmen berechenbar werden. Es werden Maßnahmen und Abläufe definiert, mit deren Hilfe die Funktionsfähigkeit eines Unternehmens weitgehend erhalten oder kurzfristig wiederhergestellt werden kann.

Die folgende Betrachtungsweise bezieht sich dabei nur auf die informationsverarbeitungsrelevanten Fragen einer Wiederanlaufplanung, die aus Sicht des Verantwortlichen eines Geschäftsprozesses wichtig sind. Nicht betrachtet werden sollen die Vorsorgemaßnahmen in den Bereichen selbst, die ihrerseits dafür sorgen müssen, daß lebensnotwendige Ressourcen, wie Fläche, Equipment, Telefon, Dokumente usw. im Falle einer Katastrophe, den zeitlichen Forderungen ensprechend, wieder bereitgestellt werden können. Auch die Frage, welche Mitarbeiter in einem solchen Szenario welche Aufgaben wahrnehmen sollen, muß beantwortet werden.

Zurück zur Informationsverarbeitung:

Zunächst muß auch für den Wiederanlauf die Frage nach der Bedrohung gestellt werden, die nicht für jedes Rechenzentrum gleich ist.

Ein Rechenzentrum in der Nähe eines Flughafens hat mit anderen Gefährdungen zu rechnen als ein Rechenzentrum in einem überschwemmungsgefährdeten Gebiet.

Andere wichtige Kriterien sind der mögliche Schadensumfang und daraus abgeleitet die Unterbrechungsdauer des Services oder des Geschäftsprozesses.

Eine neue Komponente in diesem Umfeld ist die mögliche Gefährdung durch Viren. In diesen Fällen sind Mitarbeiter, Gebäude, Hardware und Infrastruktur noch intakt, aber Daten und Programme sind zerstört, nicht mehr im Zufgriff oder risikobehaftet (infiziert).

Mit anderen Worten: Die sofortige Verfügbarkeit notwendiger vitaler Ressourcen ist nicht mehr gewährleistet.

Darüber hinaus drängt sich die Frage auf, was diese neue Gefahr für ein möglicherweise vorhandenes »back-up« Rechenzentrum bedeuten kann und wie man ihr begegnen soll.

In einem Unternehmen mag es Tätigkeiten geben, die sich zwar der Unterstützung der Datenverarbeitung bedienen, die aber, bei entsprechender Vorplanung, nach einem Ausfall noch tagelang funktionsfähig sind. Andere Bereiche sind sofort betroffen, sind nicht mehr funktionsfähig, und die Auswirkung auf einen Geschäftsprozeß ist sofort gegeben. Es ist von äußerster Wichtigkeit, diese, aus Sicht der Informationsverarbeitung kritischen Geschäftsprozesse, und damit die kritischen Anwendungen, die diese Prozesse unterstützen, zu kennen und zu erfassen.

Diese kritischen Anwendungen sind es, die es in einem Wiederanlaufplan zu betrachten gilt, und für die die notwendigen Vorsorgemaßnahmen in ihrer Abhängigkeit voneinander geplant werden müssen.

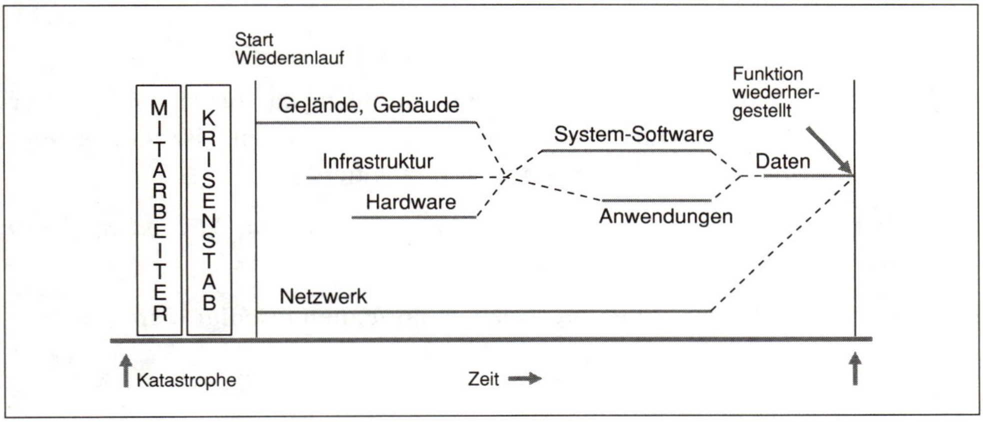

Abb. 5.16: Abhängigkeiten beim Wiederanlauf

Nun ist die Planung eine Sache und die Durchführung eine andere. Eines ist gewiß: Ohne periodische Tests der vorgesehenen Maßnahmen unter »Katastrophen-Bedingungen« ist der ausgefeilteste Plan kaum das Papier wert, auf dem er steht.

In diesem Zusammenhang fällt mir eine kleine Geschichte ein, die man sich in Wiederanlaufkreisen erzählt:

Das Ganze spielte sich bei einem Wiederanlauftest ab, der so begann, wie das üblicherweise der Fall ist. Das Management forderte einen Test, und eines bestimmten Tages stürzte der Verantwortliche für den Test ganz aufgeregt in das Kontrollzentrum des Rechenzentrums und rief: »Alle herhören, wir haben eine Katastrophe! Der Rechner ist zerstört und auch die Plattenstränge x, y und z. Außerdem ist die Stromversorgung weg und Ihre Dokumentationen sind unleserlich.«

Nichts geschah, alles blieb ruhig. Die Operator saßen vor ihren Bildschirmen und taten so, als hätten sie nichts mitbekommen.

Nach einigen langen Sekunden des Wartens kam ihm das nicht ganz geheuer vor, er sah seinen Test in der Anfangsphase schon als Fehlschlag und wurde immer nervöser. Als nach einer Minute noch immer keine Bewegung erkennbar war, fragte er einen Operator an der Konsole, warum sich hier nichts rühre. Es sei doch schließlich eine Katastrophe eingetreten und es müßten doch die vorgeplanten Aktionen anlaufen und jeder hätte doch jetzt seine Spezialaufgabe zu erfüllen. Der Operator sah ihn ganz erstaunt an und meinte: Mich können sie da nicht mehr fragen, ich bin bereits tot.

Was hier scherzhaft beschrieben wurde, kann schon passieren.

Stellen Sie sich vor, Sie kommen morgens um 8 Uhr da vorbei, wo üblicherweise Ihr Rechenzentrum war. Alles, was Sie sehen, ist ein großes, schwarzes Nichts. Die jetzt notwendige Aufgabe heißt:

➡ *Wiederherstellung des Services mit den Mitteln und Methoden, die im Wiederanlaufplan vorgesehen sind.*

Dies heißt in der Realität, daß folgende Sachaufgaben erledigt wurden:

1 Identifizierung wichtiger Geschäftsprozesse

2 Definition kritischer Anwendungen:
   - Zeitrahmen
   - Abhängigkeiten
   - Voraussetzungen

3 Erstellung des Wiederanlaufplanes
   - Servicevereinbarungen für den Wiederanlauffall oder -test abschließen.
   - Erstellung von Plänen mit Angaben, welche Services in welcher Reihenfolge und wann wieder zur Verfügung stehen müssen.
   - Identifikation aller für den Wiederanlauf benötigter Informationen und wie diese Informationen zu beschaffen sind. Dazu gehören Methoden, Abläufe, Anwendungs- und Systemsoftware, systemnahe Software, Datenbestände, Dokumentationen etc.
   - Identifikation von Abhängigkeiten, wie z.B. Einrichtungen, Material, Hardware und Infrastruktur. Dazu gehören auch Mitarbeitereinsatzpläne oder die Einplanung externer Unterstützung.
   - Erstellung von Aktions- und Terminplänen mit der Aussage, welche Aktionen wann und in welcher Reihenfolge (von welchen Mitarbeitern) durchzuführen sind.

- Planung eines Krisenstabes, der im Ernstfall die notwendigen Aktionen koordiniert und leitet (Mitarbeiter, Investitionen, Kosten, Prioritäten ...).
- Definition von Umfang, Art und Häufigkeit von Tests, die den Nachweis erbringen sollen, daß ein Wiederanlauf mit den geplanten Mitteln möglich und erfolgreich ist.

4 Abschluß von Verträgen und Vereinbarungen
- Sicherstellung, daß die vorgesehenen Ressourcen wie geplant zur Verfügung stehen, oder im vereinbarten Zeitraum zur Verfügung gestellt werden können.

5 Erstellung und Auslagerung von »vital records«
- Sicherstellung, daß die benötigten Daten und Dokumente jederzeit in geforderter Aktualität zur Verfügung stehen. Neu zu bedenken ist, daß aufgrund der Gefahr durch infizierte Programme u.U. mehrere Generationen von Backup-Kopien von Programmen und Daten auszulagern, oder vor Auslagerung auf Infektionen hin zu überprüfen sind.

6 Wiederanlauftest für Anwendungen der Informationsverarbeitung
- Durchführung geplanter Tests.
- Dokumentation des Testablaufes und der Resultate.

Die gesamten Aktivitäten bedürfen, aufgrund ihrer Abhängigkeit voneinander, einer engen Zusammenarbeit zwischen den Eignern der Prozesse und Anwendungen und den jeweiligen Sevicegebern. Die Ergebnisse dieser Abstimmungen sollten als Sevicevereinbarung zwischen dem Verantwortlichen für den Geschäftsprozeß und dem Servicegeber dokumentiert werden.

Klassifikation und Kontrolle von Informationen

Ich habe in meinem Beitrag oft von dem Wert der Informationen gesprochen und darauf hingewiesen, daß Informationen wichtige Unternehmensressourcen darstellen, die geschützt werden müssen. Diese Aussage muß differenzierter betrachtet werden. Sie stimmt zwar in ihrer Gesamtheit, aber es leuchtet sicher auch ein, daß es Informationen in einem Unternehmen gibt, die jeder, ohne daß die Sicherheit des Unternehmens gefährdet wäre, erfahren und wissen darf. Selbst Unternehmen publizieren heute verstärkt interne Daten in der Presse, bieten Informationsbroschüren an oder werben ganz gezielt mit Unternehmensdaten.

Ein gegenteiliges Verhalten existiert, wenn es um Daten oder Informationen geht, die mit neuen Produkten im Zusammenhang stehen. Denken Sie nur an neue Autos und den Aufwand, der getrieben wird, neue Modelle, die sich im Test befinden, zu verkleiden und damit unkenntlich zu machen.

Aus Sicht des Unternehmens muß es also Unterschiede in der Wertigkeit der Informationen geben, die dazu führen, daß Informationen einmal ganz offen gehandelt, zum anderen aber mit allen zur Verfügung stehenden Mitteln geschützt werden.

Informationen müssen also bestimmten Wertegruppen zugeordnet werden können.

Wenn diese Wertegruppierung über das Unternehmen einheitlich geregelt werden kann, dann ist es auch möglich, der Wertigkeit entsprechend Schutzmaßnahmen zu definieren, die dann wiederum einheitlich im Unternehmen wären.

Ein verbindliches, unternehmensweites Klassifikationskonzept hilft also einem Unternehmen, den Wert seiner Informationen zu erkennen und angemessene, einheitliche Schutzmaßnahmen vorzusehen.

Werden also Daten, Programme und Dokumente mit der jeweiligen Klassifikation versehen, so erkennen alle damit arbeitenden Mitarbeiter den Wert, den diese Informationen für das Unternehmen jeweils haben, und können sie den Vorschriften entsprechend behandeln. Die Regeln und Richtlinien für ein Klassifikationssystem müssen andererseits aber auch zu richtigen Ergebnissen führen, um sicherzustellen, daß nicht über aber auch nicht unterklassifiziert wird.

In der Praxis erlauben wenige Klassen bereits, daß dem Wert der Information angemessene Sicherheitsmaßnahmen verwirklicht werden können.

Abb. 5.17 geht von vier Klassen aus,

- nicht klassifiziert
- intern
- vertraulich und
- geheim.

Die Wertigkeit der Informationen in den einzelnen Klassen und die damit verbundenen Sicherungsmaßnahmen können folgendermaßen beschrieben werden:

Intern

Informationen, die wegen ihres persönlichen, geschäftlichen oder technischen Inhalts nur im Interesse des Unternehmens und nur innerhalb des Unternehmens verwendet werden dürfen. Mögliche Sicherungsmaßnahmen:

- außerhalb des Unternehmens unter Verschluß halten
- Weitergabe an Externe nur mit Genehmigung des Managements

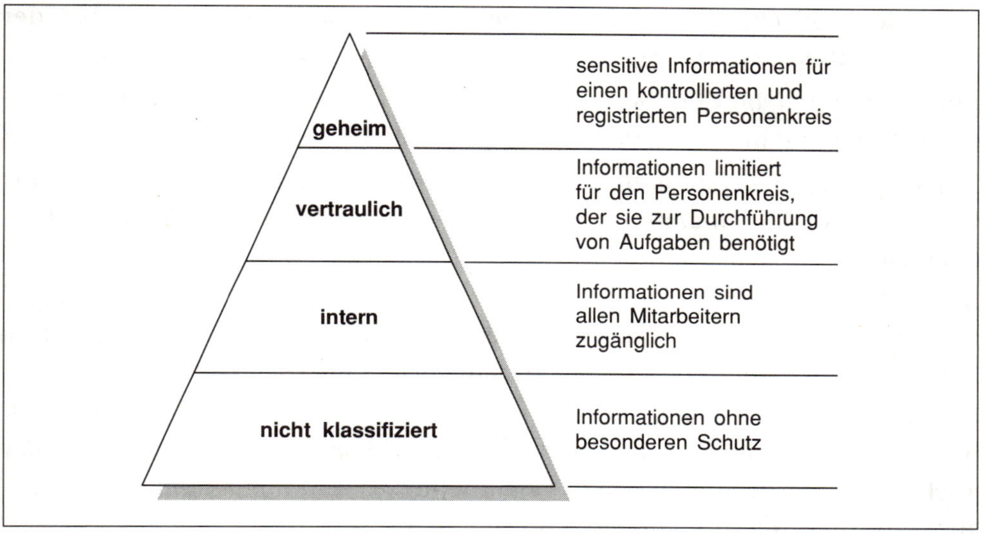

Abb. 5.17: Klassifikation von Informationen

Vertraulich

Personenbezogene Informationen, die mehr als reine Identifikationsmerkmale sind, oder die wertende Aussagen enthalten. Desweiteren Unternehmensinformationen mit hohem technischen oder geschäftlichen Wert (z.B. wichtig für den Erfolg eines Produktes, oder wichtig für die Wettbewerbsfähigkeit des Unternehmens). Mögliche Sicherungsmaßnahmen:

- Nach Gebrauch auch innerhalb des Unternehmens einzuschließen.
- Keine Weitergabe nach Extern.
- Verschlüsselung bei der Datenübertragung.

Geheim
Sensitive Informationen, die für den Bestand des Unternehmens von höchster Bedeutung sind.
Mögliche Schutzmaßnahmen:
- Nur einem kontrollierten und registrierten Personenkreis zugänglich machen.
- Aufbewahrung im Tresor.
- In elektronischer Form sowohl bei der Speicherung als auch bei der Übertragung verschlüsseln.

Alle oben nicht beschriebenen Informationen sind als »nicht klassifiziert« einzustufen und brauchen darum nicht besonders geschützt zu werden.

Ein Klassifikationssystem gibt uns auch eine Möglichkeit, differenzierte Verhaltensweisen im Umgang mit Informationen oder Informationsträgern festzulegen.

Beispiele dafür sind: Maßnahmen auf Reisen, Datenträgerkontrolle, Bestandsführung, Löschung von Daten, aber auch Themen wie Kopieren, Kennzeichnung oder Postversand klassifizierter Unterlagen etc.

Die Definition, welcher Klassifikation die einzelnen Informationen zuzuordnen sind, erfolgt durch den Eigner des Prozesses oder der Anwendung, oder auch durch den Ersteller eines Dokumentes in Übereinstimmung mit den vorgegebenen Definitionen des Unternehmens.

Vorsorge gegen infizierte Programme

Die zusätzliche, andersartige Gefährdung durch Viren wurde bereits erwähnt.

Computerviren haben u.a. folgende Eigenarten:

- Sie sind Teile von Programmen, die bei der Ausführung des Wirtsprogrammes aktiv werden und andere Programme infizieren, indem sie Kopien von sich selbst in diese Programme einbauen.
- Viren können sich sehr schnell in Rechnernetzen ausbreiten und großflächig Schaden anrichten.
- Anders als bei allen anderen Bedrohungen können Viren in irgendein vorhandenes System eindringen, ohne daß dieses System explizit von jemandem dafür vorgesehen wurde.

- Es gibt keine bekannten Maßnahmen, wie ein Rechnersystem gegen solche Attacken *sicher* geschützt werden kann, wobei besonders Workstations gefährdet sind.

Aber es gibt Vorkehrungen, die helfen, das Risiko zu reduzieren.

Dazu zählen viele der normalen Sicherungsmaßnahmen, die in diesem Artikel bereits behandelt wurden.

Darüber hinaus sollten jedoch Netzverbindungen nach außen besondere Beachtung finden, und nur nach Überprüfung der beiderseitigen Sicherheitsvorkehrungen freigegeben werden. Wenn möglich, sollte die Kommunikation mit Externen auf nicht ausführbare Programme limitiert werden, wie z.B. auf Mailbox-Anwendungen.

Natürlich muß die Schulung und Information der Mitarbeiter, gerade in diesem Bereich, eine große Bedeutung erhalten; unverzichtbar ist die Erstellung von Backup-Kopien wichtiger Daten.

Zusätzliche Sicherheit kann erreicht werden durch folgende Maßnahmen:

Reduzierung der Wahrscheinlichkeit, infiziert zu werden.
- Verwendung von Software nur aus zuverlässigen Quellen, keine Benutzung illegaler Programmkopien.
- Disketten mit Schreibschutz versehen und nicht benötigte Disketten unter Verschluß halten.
- Isolation kritischer Systeme von möglichen Infektionsquellen wie Netzwerkverbindungen und externen Programmen.
- Erstinstallation von Programmen auf unkritischen Systemen.
- Absolute Sicherstellung, daß Produktionssysteme und Produktionsdatenbanken unter Kontolle sind. Dazu gehört ein effektives Änderungsmanagement und der Einsatz von Viren-Such- und Prüfprogrammen.

Sicherstellung, daß Infektionen schnell erkannt werden.
- Schulung der Benutzer über Erkennungsmerkmale einer Infektion.
- Einsatz von Viren-Kontrollprogrammen, mit denen der Benutzer ungewollte Modifikationen von Daten erkennen kann.
- Information der Benutzer über Verhaltensweisen bei einem Verdacht auf Infektion.
- Bekanntgabe bestehender Unterstützungsmaßnahmen, die angefordert werden können.

Schadensbegrenzung bei Infektionen

- Ruhe bewahren und überlegt vorgehen.
- Es sollten Pläne vorhanden sein, welche Schritte beim Verdacht einer Infektion einzuleiten sind.
- Der Aufbau einer Spezialistengruppe zur Virusbekämpfung, die schnell bei einem potentiellen Problem eingesetzt werden kann, sollte überlegt werden.
- Infizierte Sysetme sollten isoliert werden, um weitere Infektionen zu verhindern.
- Schnelle Informationsweitergabe, um vor der Gefahr zu warnen.

Recovery bei Infektionen.

- Sicherstellung, daß kritische Programme und Daten von virusfreien Backup-Kopien wiederhergestellt werden können.
- Aufbau von Wissen, wie die Betriebsbereitschaft wiederhergestellt werden könnte, wenn keine virusfreien Backup-Kopien verfügbar sind.
- Kontrollen, ob entdeckte Viren wieder auftauchen.

Kontroll- und Prüfmaßnahmen

Eine der Voraussetzungen für eine funktionierende Informationssicherung ist die ständige Überwachung der Regeln und Richtlinien. Abb. 5.18 zeigt ein Konzept, das von der täglichen Kontrolle von Zugiffen auf kritische Ressourcen ausgeht. Periodisch sich wiederholende Analysen auf Schwachstellen und gezielt geplante Überprüfungen durch Unabhängige sowie Kontrollen durch die Unternehmensrevision sind weitere Bestandteile.

Das Ziel dieser Maßnahmen ist es, den aktuellen Stand der Sicherheit zu ermitteln, daraus Erkenntnisse abzuleiten, und Aktionen für qualitative Verbesserungen zu definieren. Eine Sensibilisierung des Bewußtseins in Dingen der Informationssicherung ist ein zusätzlicher, positiver Effekt, der sich aus diesen Kontrollmaßnahmen ergibt.

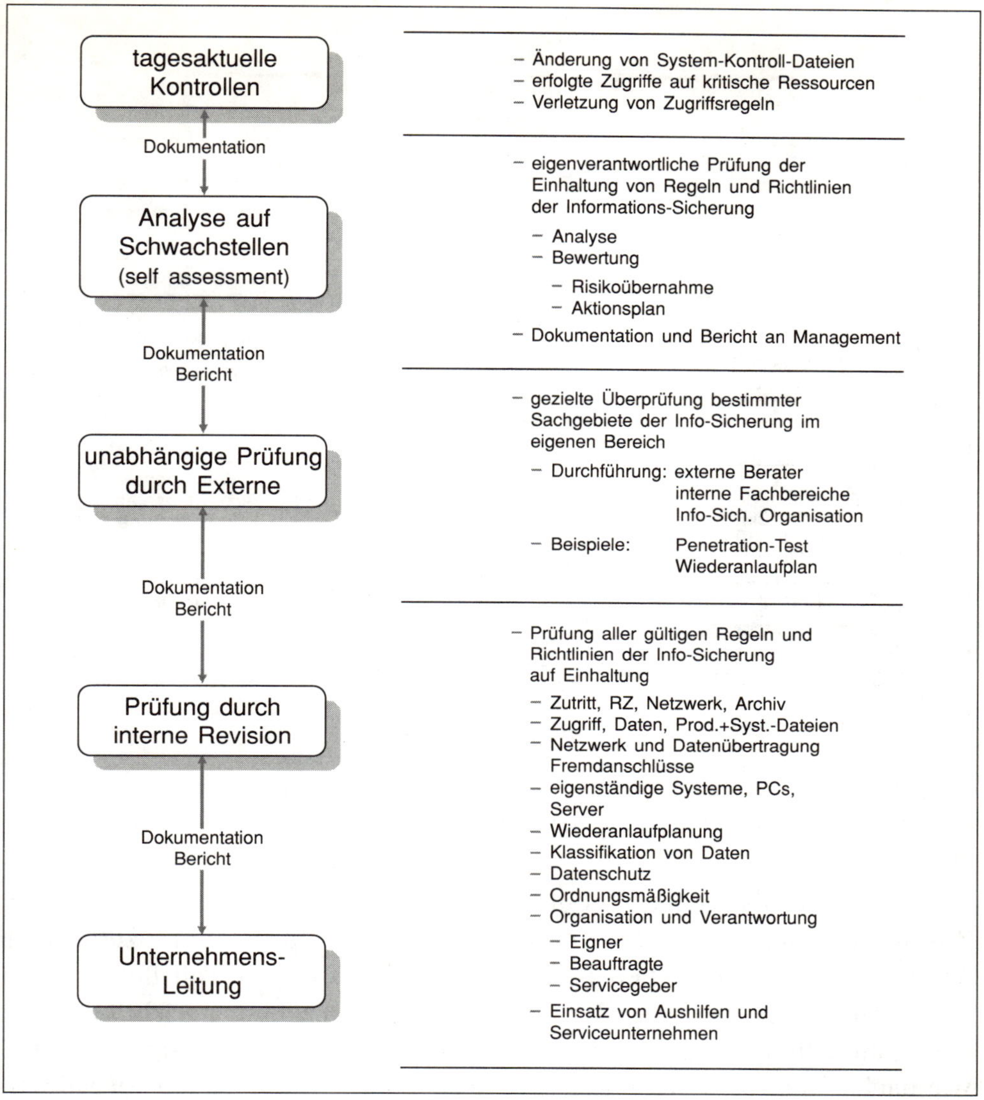

Abb. 5.18: Kontroll- und Prüfebenen

In Abb. 5.19 ist das Vorgehen als Regelkreis wiedergegeben, wobei die darin gezeigten Kontroll- und Prüfaktivitäten, eingeleitet und gesteuert durch die Funktionen der Informationssicherung, zu einer kontinuierlichen Ergebnisverbesserung führen.

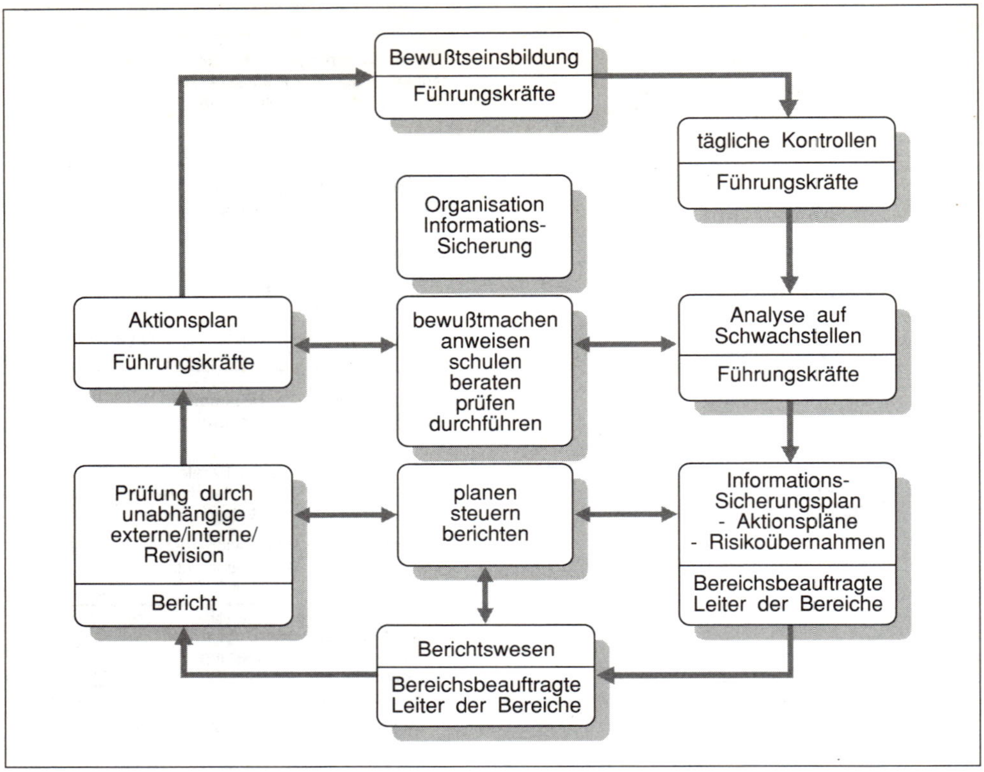

Abb. 5.19: Regelkreis Informationssicherung
(Quelle IBM Deutschland GmbH)

Ich bin davon überzeugt, daß eine der wichtigsten Maßnahmen in diesem Zusammenhang die in Eigenverantwortung periodisch durchzuführende Analyse auf Schwachstellen ist. Eine solche Analyse ist Teil des Managementsystems und baut auf den bestehenden Unternehmensrichtlinien auf. Sie ergänzt die Konzeption um den Bereich der Risikoübernahme und kann, wie nachfolgend beschrieben, in der bestehenden Organisation verwirklicht werden.

Die Analyse auf Schwachstellen ist von jeder Führungskraft für ihren Verantwortungsbereich im Minimum einmal jährlich durchzuführen. Dabei wird ein (von der Informationssicherungsorganisation) vorgegebener Fragebogen durch die Führungskräfte bearbeitet. Die Steuerung der Durchführung liegt in der Verantwortung des Leiters der Informationssicherung.

Diese Fragebögen können sehr detailliert sein, oder aber auch nur übergeordnete Gebiete ansprechen und auf Details oder die jeweiligen Unternehmensvorschriften verweisen.

Zur Beantwortung der Fragen sollte nur eine von drei Aussagen erlaubt sein:

- ja (in voller Übereinstimmung)
- nein (nicht in voller Übereinstimmung)
- trifft nicht zu

Es besteht die Möglichkeit, ja es ist sogar erwünscht, daß Antworten kommentiert werden.

Eine Führungskraft in einem Fertigungsbereich wird also Fragen zur Sicherheit seiner Systeme, Anwendungen und Daten aus seiner Sicht, für seinen Verantwortungsbereich in der Fertigung, kommentieren.

Fragen dieser Art können wie folgt lauten:

- Wurde der IS-Bereich über die Klassifikation der Daten, die in Ihrem Verantwortungsbereich sind, informiert?
- Hat der IS-Bereich eine gültige Liste aller »lebenswichtigen Datenbestände« (vital records)?
- Ist spezifiziert, welche Daten auszulagern sind und in welcher Frequenz?

Aber auch nachfolgende Themen sind relevant:

- Überzeugen Sie sich persönlich mehrmals im Jahr davon, ob in Ihrem Verantwortungsbereich Informationsträger wie z.B. Disketten, Bänder, Folien, Papier oder Microfiches entsprechend der Klassifikation ständig gesichert und eingeschlossen werden (clean-desk-Prüfungen)?
- Haben Sie in den vergangenen 12 Monaten für alle Datenbestände innerhalb Ihrer Anwendungen überprüft, ob die erteilten Zugriffsberechtigungen noch gültig sind?
- Wurden »kritische Anwendungen« entsprechend der mit dem Rechenzentrum abgeschlossenen Vereinbarungen getestet?

Die Themen decken das gesamte Gebiet der Informationsverarbeitung ab, und werden sinnvollerweise zentral durch die Informationssicherung, getrennt für die einzelnen Verantwortungsbereiche, erstellt und vorgegeben; es gibt Fragen für den Benutzer, die Eigner, die Servicegeber und auch für den Betreiber »eigenständiger Systeme«.

Die Durchführung der Analyse auf Schwachstellen wird dokumentiert und die verantwortliche Führungskraft zeichnet das Dokument ab. Es wird danach zur Information, Prüfung, Zustimmung und Unterschrift an die nächste Managementhierarchie weitergeleitet.

Bei der Bearbeitung mag es Fragen gegeben haben, die aufgrund der derzeitigen Situation in der Abteilung mit einem »nein« beantwortet werden müßten. Normalerweise erfordert dies einen Aktionsplan, um die Abweichung zu korrigieren.

Es besteht aber durchaus die Möglichkeit, daß bewußt keine Übereinstimmung angestrebt wird: z.B. wäre es eine schlechte Entscheidung, ein 10.000 DM Risiko mit einem Aufwand von über 100.000 DM beseitigen zu wollen. Die Führungskraft, in deren Verantwortungsbereich dieses Risiko besteht, kann sich also auch dafür entscheiden, es nicht zu beseitigen.

Üblicherweise muß eine solche Entscheidung akzeptiert werden, wenn sie bewußt gefällt und dokumentiert wurde. Eine periodische Überprüfung, ob die Entscheidung noch gültig ist, muß jedoch sichergestellt werden, z.B. im Rahmen der nächsten Analyse auf Schwachstellen.

Die Erkenntnisse der einzelnen Abteilungen werden für den Bereich durch einen Bereichsbeauftragten zusammengefaßt. Nach erfolgtem Managementreview werden sie als »Bereichsinformationssicherungsplan« formell verabschiedet und die darin enthaltenen Maßnahmen den festgelegten Prioritäten entsprechend verwirklicht.

Ich habe in wenigen Worten versucht zu beschreiben, wie das Programm »Analyse auf Schwachstellen« aussehen und wirken kann. Alleine die Existenz eines solchen Programmes fordert bereits die Erstellung von Unternehmensrichtlinien, die Identifizierung der Verantwortlichen und Eigner, und fördert darüber hinaus die Identifikation und das Sicherheitsbewußtsein der Mitarbeiter und Führungskräfte.

Ein über alle Bereiche konsolidierter, unternehmensweiter Sicherheitsplan ist darüber hinaus eine fundierte Aussage für die Unternehmensleitung, was den Status der Informationssicherheit betrifft.

Die unabhängigen Prüfungen und die Kontrollen durch die interne Revision ergänzen diesen Bericht durch weitere Details und erlauben eine effektive Steuerung im Rahmen der vorhandenen Organisation.

Ein weiteres wichtiges Prüfinstrument für die Sicherheit der zentralen Rechner sind die sogenannten »System Penetration Tests«. Ziel dabei ist es, mit einer normalen Benutzer ID auf die kritischen Bereiche der Systemprogramme zuzugreifen und dort Änderungen durchzuführen. Diese Tests werden von unabhängigen Systemprogrammierern durchgeführt und dienen dazu, Schwachstellen in den kritischen Bereichen der Systeme aufzudecken.

Bewußtseinsbildung

Der vom Unternehmen erwartete Schutz der wichtigen Ressourcen ist Bestandteil der Aufgabe eines jeden Einzelnen. Dabei leisten fähige, informierte und motivierte Mitarbeiter einen entscheidenden Beitrag zur Informationssicherung im Unternehmen.

Durch ein bewußteres Umgehen mit den Informationen erhöht sich die Sicherheit. Die Klassifikation von Informationen ist dazu geeignet, dem Mitarbeiter die Werte zu verdeutlichen, und die richige Verhaltensweise auszulösen. Demgegenüber können Informationen, die nicht bewertet sind, nicht immer ihrer Bedeutung entsprechend richtig zugeordnet werden, das Risiko steigt.

Information und Wissen sind also wesentliche Voraussetzungen dafür, das Ziel zu erreichen. Diese Bedingungen muß das Unternehmen erfüllen.

Die Funktion »Informationssicherung« ist zuständig, die notwendigen Programme zu schaffen und Schulungsmaßnahmen oder Unterweisungen für die Mitarbeiter anzubieten. Diese Maßnahmen unterstützen die Führungskräfte in der Wahrnehmung ihrer Aufgabe, das Bewußtsein für Sicherheitsfragen lebendig zu erhalten. Aber wie so oft soll man im Leben das eine tun und das andere möglichst nicht lassen. In der täglichen Aufgabe sind Kosten und Termine und Qualität und Kundenzufriedenheit und Innovation und Zielstrebigkeit gefragt, da kommt der Gedanke an Informationssicherung schon mal zu kurz.

Da dies über Wochen und Monate auch keine sichtbaren Konsequenzen hat, läßt die Konzentration insgesamt nach. Die Einhaltung eines Termins ist wichtiger, als der Vorfall mit der Kopie, die vertrauliche Daten enthielt und die man in der Eile am Kopierer hat liegenlassen. Dabei hätte man weder eine Kopie machen noch sie anschließend liegenlassen sollen. Oder die Stunde neulich im Flugzeug. Das war wirklich ein glücklicher Zufall, daß man die Zeit noch hatte, sich über die wesentlichen Details des neuen Projektes nochmals abzustimmen, bevor es in der Hauptverwaltung zur Entscheidung vorgelegt wurde. Haben Sie etwa darauf geachtet, wer die Gespräche im Flugzeug verfolgt hat?

Wie einfach ist es, nach Feierabend in den Büros wichtige Informationen einzusammeln; hier in Papierform, da an einem nicht abgemeldeten Terminal, oder die Box mit den Disketten in der nicht abgeschlossenen Schublade, fein säuberlich als Planung des Bereiches YX gekennzeichnet. Wie war das mit der Festplatte, auf die neulich kein Zugrff mehr möglich war und wo glücklicherweise nach langem Suchen das Band mit der Sicherungskopie dann doch noch auftauchte? Sprechen Sie Ihre Mitarbeiter ruhig auf solche Vorgänge an. Natürlich wissen alle, was sie zu tun und zu lassen haben, aber alle hatten gerade nicht daran gedacht und es war ja so hektisch an dem Abend, und der Chef war doch auch dabei, und der hat es schließlich auch nicht bemerkt.

Was benötigt wird, sind Maßnahmen, die das Thema Informationssicherung bei den Mitarbeitern wachhalten. Aktionen, die dazu beitragen, daß auch in der täglichen Hektik die eine Minute aufgewendet wird, die benötigt wird, Informationssicherung zu praktizieren.

Steter Tropfen höhlt den Stein ...

Informationssicherung muß zum festen Bestandteil von Abteilungsbesprechungen werden. Der Informationssicherungsplan ist ein Plan der gesamten Abteilung und nicht nur der Führungskraft. Die Führungskraft ist aufgefordert, regelmäßige Kontrollen einzuplanen, und nötigenfalls über deren Durchführung zu berichten. Erfolgreich können aber auch Programme sein, die gezielt vom Unternehmen eingeführt werden und die eine regelmäßige Unterweisung aller Mitarbeiter zum Thema Informationssicherung vorsehen. Dazu erforderliche Unterlagen werden von der Funktion Informationssicherung erstellt und den Führungskräften zugänglich gemacht. Planung und Durchführung liegen in deren Verantwortung. Es ist vorgesehen, daß 100% der Mitarbeiter teilzunehmen haben und Durchführung, Inhalt und Teilnehmerkreis dokumentiert werden. Ergänzt werden können diese Maßnahmen durch Poster und Plakataktionen und auch gezielt durch Beiträge und Informationen in unternehmensinternen Publikationen.

➡ *Informationssicherung darf nicht als einmalige Aufgabe verstanden werden. Sicherheitsbewußtsein muß ständig vorhanden sein, muß unterstützt und weiterentwickelt werden.*

Fragen zur Positionsbestimmung

Ein strategisch-orientiertes System der Informationssicherung, das von der Unternehmensleitung, den Führungskräften und den Mitarbeitern gleichermaßen getragen wird, kann nicht erst konzipiert, verabschiedet und eingeführt werden, wenn es bereits in einigen Ecken zu brennen begonnen hat.

Ein später Start hat zudem mit den Schwierigkeiten zu kämpfen, Insellösungen, die automatisch gewachsen sind, in die Gesamtkonzeption zu integrieren. Dabei wird es dann auch immer Verlierer geben. Diese können wir uns, im Sinne einer positiven Einstellung zum Thema Informationssicherung, aber eigentlich nicht erlauben.

Ich möchte Ihnen zum Abschluß als Navigationshilfe zur Bestimmung Ihrer eigenen Position und zur Festlegung Ihres weiteren Kurses in Sachen Informationssicherung eine leichte Übung anbieten.

Das Ziel ist, mit Hilfe einer Analyse auf Schwachstellen wesentliche Teile des Konzeptes zu hinterfragen und Ihnen dabei die Gebiete aufzuzeigen, für die ein Handlungsbedarf besteht.

Die Fragen sind in folgende Kategorien aufgeteilt:

- Policy und Organisation
- Datensicherheit
- Kontrollen und
- Wiederanlaufplanung

Als Antworten sind, wie im Abschnitt Kontroll- und Prüfmaßnahmen beschrieben, erlaubt:

1 voll erfüllt
2 nicht voll erfüllt
3 trifft nicht zu

1 Policy und Organisation

Unternehmenspolicy
Gibt es eine bekanntgegebene, unternehmensweite Policy für die Informationssicherung? ( )

Leiter Informationssicherung
Ist ein Leiter für die Funktion Informationssicherung ernannt, dessen Aufgabe es ist, für die Einführung der vom Unternehmen publizierten Policy zu sorgen? ( )

Managementverantwortung
Wurden die Aufgaben des Eigners von Informationen/Daten und die Veranwortung für den Schutz dieser Informationen/-Daten auf die Führungskräfte übertragen? ( )

Schulung und Bewußtseinsbildung
Werden alle Mitarbeiter periodisch darauf hingewiesen, welches ihre Aufgaben im Rahmen der Informationssicherung sind? ( )

2 Datensicherheit

Zutrittskontrollen
Ist der physische Zutritt zu Räumen der Informationsverarbeitung und damit verbundenen Zonen auf dafür authorisierte

Personen begrenzt? ( )

Klassifikation von Daten
Sind die vorhandenen Daten aufgrund ihrer Wertigkeit und Wichtigkeit für das Unternehmen klassifiziert? ( )

Identifikation und Authentität
Werden Personen eindeutig identifiziert, und wird deren Authentität durch Paßwort oder andere Methoden nachgeprüft, bevor sie Zugriff auf geschützte Ressourcen erhalten? ( )

Datenzugriff
Wird eine spezielle Software eingesetzt, um die Zugriffe zu geschützten Daten und Programmen zu kontrollieren? ( )

Wählanschlüsse
Falls Wählanschlüsse existieren, sind zusätzliche Sicherheitsmaßnahmen wie z.B. Rückruf vorgesehen? ( )

Verschlüsselung
Wurde untersucht, ob die Übertragung und Speicherung sensitiver Informationen nur verschlüsselt stattfinden soll? ( )

3 Kontrollen

Managementkontrollen
Werden Abteilungen und Bereiche der Informationsverarbeitung ähnlich konsequent überprüft wie andere Bereiche des Unternehmens? ( )

Kontrolle der Anwendungsentwicklung
Sind Kontrollmaßnahmen vorhanden, die sicherstellen, daß Anwendungsprogramme ausschließlich das tun, wofür sie erstellt wurden? ( )

Interne und externe Prüfungen
Decken formale Überprüfungen durch die Revision auch die Sicherheitsbelange ab, und sind System-Penetration-Tests Bestandteil der Überprüfungen? ( )

Managementreviews
Gibt es, außerhalb der formalen Prüfungen durch die Revision, einen periodischen Prozeß, wie z.B. die Analyse auf Schwachstellen oder Prüfungen durch unabhängige Fachbereiche, in dem die vorhandenen Kontrollen auf Wirksamkeit überprüft werden? ( )

4 Wiederanlaufplanung

Wiederanlaufplan
Existiert ein dokumentierter Wiederanlaufplan, der im Falle einer Katastrophe einen Weiterbetrieb der kritischen Anwendungen gewährleistet? ( )

Auslagerung kritischer Daten
Sind Daten, Programme und Prozeduren, die für den Weiterbetrieb kritisch sind, ausgelagert, und werden periodisch Kontrollen dieser Objekte durchgeführt? ( )

Verantwortung des Benutzers
Hat das verantwortliche Benutzermanagement einen Plan, wie im Falle der Nichtverfügbarkeit der Informationsverarbeitung der Betrieb weitergeführt werden kann? ( )

Wiederanlauftest
Wurde der Wiederanlaufplan regelmäßig und erfolgreich getestet? ( )

Erlauben Sie mir zum Abschluß des Artikels noch einige Anmerkungen zu persönlichen Erfahrungen, die aus der Zeit stammen, als Informationssicherung (aus gegebenem Anlaß?) für uns zu einem Schwerpunktthema wurde.

Informationen zu sichern, war bereits Anfang der 80er Jahre Bestandteil unserer Aufgabe. Wir hatten Teilaspekte einer Sicherheitskonzeption realisiert. Z.B waren physische Sicherungsmaßnahmen für den Maschinenraum und das Kontrollzentrum sowie Zugriffskontrollsysteme bereits vorhanden (über die Qualität der Implementierung möchte ich mich hier nicht weiter äußern). Wir bemühten uns redlich, einen Standard aufrecht zu halten, den wir damals als adäquat für unsere Belange ansahen.

Mit dem Erreichten waren wir auch ganz zufrieden.

Dann kam das Jahr, als Informationssicherung plötzlich das Wichtigste zu sein schien, was es für eine IS Funktion gab.

Das Unternehmen übte enormen Druck aus. Wir sollten die allgemein vorgegebenen Ziele effektiv umsetzen.... Dabei wußten wir im Detail nur sehr wenig darüber, was außer den vorhandenen Aktivitäten in einem Gesamtsystem noch zusätzlich erforderlich war. Vor allem machte uns die jetzt vorgegebene Verantwortungsteilung zwischen IS und den Fachbereichen große Sorge, zumal diese ihre neue Verantwortung nur eben mal zur Kenntnis nahmen und dann zur normalen Tagesordnung übergingen.

Auch das Thema der privilegierten Zugriffe zu den kritischen Systemressourcen bekam plötzlich einen völlig anderen Stellenwert. Angefangen von der Frage, welche dieser Dateien und Programme denn nun kritisch sind, bis hin zu Themen, welche Authorisierung wir zu vergeben haben und wie dies zu kontrollieren ist, sollte alles innerhalb kürzester Frist realisiert werden.

Es blieb kaum Zeit, Überzeugungsarbeit zu leisten und die Notwendigkeit der Maßnahmen den Mitarbeitern zu erklären.

Selbst wir als Verantwortliche blieben skeptisch und wußten eigentlich auch nicht so recht, wie wir diese Aktion einordnen sollten und welchem Umstand dies alles zuzuschreiben war.

Die Zielsetzung war ja verständlich, aber wir verstanden den Umfang der Vorsorgemaßnahmen nicht, die verwirklicht werden sollten.

Wir ordneten an, wir limitierten Zutritte und Zugriffe und merkten dabei nicht, daß uns unsere Mitarbeiter bei diesem Thema längst nicht mehr folgten und unsere Maßnahmen von den Mitarbeitern eher als Schikanen empfunden wurden. Die Systemprogrammierer hatten keinen Zutritt mehr zur Konsole, ihre Zugriffe wurden plötzlich »kontrolliert verwaltet« und aufgabenbezogen limitiert und spezialisiert. Der Anwendungsentwicklung wurden die Zugriffe zu den Original-Produktionsprogrammen und -daten entzogen und vieles mehr.

Jeder behauptete fest, daß er so nicht mehr arbeiten könne. Es war zwar nicht ganz so schlimm, aber etwas formalistischer und zugegebenermaßen umständlicher wurde es schon.

Das Benutzermanagement als Eigner der Anwendungen und Daten sollte Zugriffskontrollisten erhalten, und nachdem wir diese endlich bereitstellen konnten, waren Form und Inhalt nicht verständlich.

Wir kümmerten uns um die Zugriffsbestätigungen des Benutzermanagements, weil auch dort die Verantwortung für die neuen Aufgaben noch nicht so recht in das Bewußtsein eingedrungen war.

Unsere vielen schnellen Lösungen waren alles andere als optimal.

Auch Überraschungen blieben nicht aus, gelang es doch während eines Penetrationstests, über einen S(uper)V(isor)C(all) (den niemand kannte), in das System einzudringen.

Dies im Rahmen des neu definierten Kontrollsystems der Unternehmensleitung gemeldet werden mußte, und man sich aufgrund dieses Vorfalls die nächste Überprüfung in spätestens 12 Monaten »einhandelte«, werden Sie sicher verstehen können, wie motiviert wir der Sache gegenüber standen.

Es hat etwas gedauert, bis uns klar wurde, daß hier nicht wieder eines der »üblichen« Programme über uns hereingebrochen war, sondern daß hier etwas Systematisches geschehen war, dem auch die Unternehmensleitung einen sehr großen Wert beimaß.

Wir lernten auch, daß eine Gesamtkonzeption ein projektmäßiges Vorgehen erforderte, und daß der Überzeugungsprozeß bei den Mitarbeitern mindestens die gleiche Wertigkeit hatte wie die technischen Maßnahmen.

Analog der gewonnenen Erkenntnisse wurden die erforderlichen Maßnahmen geplant und gemeinsam mit dem Projektteam und den Mitarbeitern umgesetzt. Die notwendigen Aufwände dazu wurden von den Entscheidungsbefugten genehmigt.

Wir hatten Informationssicherung als Bestandteil unserer Aufgabe verstanden und akzeptiert.

Literaturverzeichnis

IBM DEUTSCHL. GMBH,
Sicherung d. erweiterten
Unternehmens;
Stuttgart 1990

IBM DEUTSCHL. GMBH,
Unternehmensweites
Informationssicherungskonzept;
Stuttgart 1990

IBM DEUTSCHL. GMBH,
Symposium Informations-
sicherung;
Stuttgart 1990

IBM SVENSKA GMBH, An Executives
Guide to Data Security;
Stockholm 1974

IBM MANAGEMENT, INSTITUTE,
Data Security, Planning,
Strategies for Effektive
Information Security;
Chicago 1991

INTERN. CHAMBER OF COMMERS (ICC)
Network Security, an international
business view

Wirtschaftswoche,
Computersicherheit;
Düsseldorf 1991

G. MUßTOPF,
Trojanische Pferde,
Viren und Würmer;
Hamburg 1991

M. NILGENS
Kleines 1x1 der Datensicherung;
Köln 1989

DR.RER.NAT.G. WECK
Datensicherheit;
Stuttgart 1984

T.J. LINCOLN ED. Managing
Information Systems For Profit;
Chichester 1990

H.W. ADAMS
Sicherheitsmanagement;
Frankfurt 1990

E.ZIMMERLI/K.LIEB
Computermißbrauch/
Computersicherheit;
Ingelheim, 1984

C.K. BSCHORR
Computerkriminalität;
Düsseldorf,1987

F.W.MCFARLAN/J. McKenney
Corporate Information
Systems Management;
Homewood 1983

E

M. PELTZER

*CASE – über den Erfolg entscheidet das Management**

---

* *Eine überarbeitete Fassung dieses Beitrages erschien in der Versicherungswirtschaft Heft 8, 1992*

Vorbemerkung

Computer Aided Software Engineering ist zur Zeit en vogue (vgl. als Überblick Balzert 1991, der allerdings MVS als Basis nicht ausreichend betrachtet). Da alle Welt vom »Anwendungsstau«, den man natürlich auch als »Auftragspotential« auffassen kann, redet und über die geringe Produktivität der Programmierer klagt, ist das anscheinend berechtigt. Zweierlei allerdings bleibt merkwürdig:

- Manche interessieren sich für Software Engineering erst, seit es Tools gibt, aus SE also CASE geworden ist. Aber muß man nicht den Prozeß selbst erst einmal verstanden und organisiert haben, ehe man ihn durch Computer unterstützt?
- In manchen Unternehmen ist CASE bereits gescheitert, obwohl diese Art der Software-Produktion noch gar nicht ihr Reifestadium erreicht hat. Ist das wirklich lediglich auf einen Mangel der angebotenen Produkte zurückzuführen, oder werden diese vielleicht nicht richtig eingesetzt?

Viele, die über CASE diskutieren, sind schnell bei den Leistungsmerkmalen einzelner Tools, befassen sich mit dem – meist mangelhaften – Stand der Integration und beurteilen Dinge wie »Multi-User-Fähigkeit« gewisser Komponenten. Dies sind alles wichtige und interessante Fragestellungen. Aber es ist meine Überzeugung, daß sie den Kernpunkt einer erfolgreichen CASE-Einführung nicht treffen. Dieser besteht vielmehr im richtigen Software-Prozeß-Management!

Ist der Produktionsprozeß der Software korrekt geplant und kann er anhand kritischer Erfolgsfaktoren gemessen und beurteilt werden, dann können die Einsatzmöglichkeiten von CASE zur Prozeßverbesserung konkret evaluiert werden. Unter diesen Voraussetzungen wird der Einsatz von Tools erfolgreich sein. Der umgekehrte Fall ist bereits empirisch belegbar: Ohne sorgfältiges Management gerät auch die Einführung einer – technisch betrachtet – hervorragenden Software-Entwicklungsumgebung (SEU) mit hochintegrierten Tools zum Desaster. Anders kann man es wohl nicht bezeichnen, wenn ein Unternehmen den Einsatz einer SEU stoppt, da die Programmierer sie als – enorm teuren – Editor verwenden, wie bei einer Bank geschehen.

Ich werde in folgenden Schritten die Bedeutung des Prozeß-Managements bei einer CASE-Einführung beleuchten:

- Gründe für CASE
- Reifestadien der Softwareproduktion
- Was zu tun ist.

Warum CASE?

Hier wird gewöhnlich der »Anwendungsstau« angeführt, und in der Tat gibt es in keinem Unternehmen, das ich kenne, eine Anwendungsentwicklungsabteilung, die behauptet, sie sei allen Forderungen gerecht geworden.

Dies ist auch nicht zu erwarten:

- Erstens wachsen und wechseln die Anforderungen mit den Geschäftsprozessen des Unternehmens und seinen Märkten.
- Zweitens muß aus diesem Grund ein Großteil der Ressourcen in die Wartung gesteckt werden; man spricht allgemein von 80%.
- Drittens ist das Budget zu knapp.
- Viertens gibt es Kommunikationsprobleme mit den Benutzern, und zwar überall; man sollte das klar erkennen.
- Fünftens wachsen die Benutzeranforderungen an den Komfort. Stichworte sind hier: Maus und grafische Oberfläche.
- Sechstens wechseln die Systeme und Technologien; mancher, der sehr gut DL/I spricht, soll nun SQL beherrschen.
- Siebtens herrschen in der Softwareentwicklung prämanufakturielle Produktionsverfahren vor; ich kenne niemanden, der behauptet, bei der Herstellung von Anwendungen arbeiteten friktionslos Hunderte von spezialisierten Detailarbeitern fließend an verschiedensten Komponenten, die nach fixem Plan lediglich abschließend montiert werden.

Inwiefern kann CASE hier helfen? Gehen wir die Punkte durch.

Wachsende Anforderungen an die Anwendungsentwicklung

Bei wachsenden und wechselnden Anforderungen helfen nur mehr Produktivität und mehr Flexibilität. Es gibt nun eine Menge Zahlen über die Produktivitätssteigerung durch CASE. Ich zitiere sie nicht, denn das ist ganz sinnlos, solange die Untersuchungsbasis nicht benannt wird. Was nützt es einer kleinen Bank, daß sie erfährt, CASE habe 15% Produktivitätssteigerung p. a. zur Folge, wenn die zugrundeliegende empirische Analyse an drei großen amerikanischen Rüstungsproduzenten durchgeführt wurde? – Nichts! Für die Herstellung von Real-Time-Software in Größtprojekten gilt nicht dasselbe wie für die von Online-Transaktionsprogrammen mit besonderem Zugriffsschutz in kleinem Stil.

Eines allerdings ist sicher, nämlich, daß die Einführung von Tools zunächst eine Verringerung der Produktivität bewirkt. Ob nach dieser notwendigen Lernphase eine Steigerung der Produktivität eintritt oder nicht, das hängt im wesentlichen vom jetzigen Zustand des Softwareproduktionsprozesses und der Art des Managements ab – und natürlich auch von der Qualität der Tools.

In ernsthaften Analysen, die z.B. von der NASA durchgeführt wurden, wird hervorgehoben, daß vor allem die Qualität der produzierten Software steigt. Das hat nicht nur eine höhere Benutzerzufriedenheit zur Folge, sondern stellt auch einen Produktivitätsfortschritt sui generis dar: für Software mit derselben – vorher gar nicht erzielten – Fehlerrate wäre ohne Computer-Unterstützung ein größerer Aufwand notwendig.

Die Einführung von CASE erfordert umfangreiche Vorbereitungen. So sollten z.B. ein Daten- und ein Prozeßmodell erstellt sein, die dann im Laufe der Produktion quasi projektweise verfeinert werden (vgl. Klein 1990, Wiborny 1991 und Denert 1991). Derartige Startinvestitionen müssen langfristig betrachtet werden. Es handelt sich um Analysen auf abstrakter Ebene, die in allen Folgeprojekten wiederverwendet werden. Eigentlich sind sie vom Tooleinsatz unabhängig zu betrachten, denn sie verbessern den Prozeß selbst und müßten auch ohne CA bei reinem SE durchgeführt werden. Es ist dieselbe geistige Haltung, der Software Engineering erst bei den Werkzeugen einfällt, welche Grundlagen integrierter Informationsverarbeitung wie ein Datenmodell sozusagen als unsicheren Vorschuß für den effektiven Einsatz solcher Werkzeuge auffaßt. Realistische Untersuchungen der Produktivität müßten einen Zeitraum von 4 bis 5 Jahren veranschlagen und auf betriebseigenem Material über die »Vorzeit« basieren. Aber leider gibt es viel zu wenig gemessene Größen in den meisten Unternehmen. Das hängt mit dem mangelhaften Zustand des Softwareproduktionsprozesses zusammen. Ich komme darauf unten zurück.

Unterstellen wir allerdings einen reifen Prozeß, der auf Basis beständiger Messungen optimiert werden kann und in dem die respektiven Schnittstllen zwischen den spezifischen Arbeitsschritten definiert sind, dann ist es plausibel, daß eine Automatisierung die Produktivität steigert. Auf dieser Basis, die im allgemeinen allerdings nicht gegeben ist, braucht man nur noch den »Automaten« zu prüfen, also zu untersuchen, ob die Bedienung simpel und die Resultate korrekt sind und sich deshalb die Investition lohnt. Bei der Vorbereitung der Entscheidung ist Sorgfalt geboten, denn die Tools sind teuer. Man rechnet heute mit 20.000 bis 100.000 DM pro Arbeitsplatz, abhängig von der Ausstattung. Ein vollständiger Test verschiedener Werkzeuge ist kaum möglich, da der Aufwand eines umfassenden Vergleichs wegen der Mächtigkeit der Tools enorm ist.

Was nun die Flexibilität betrifft, so sind wir auch hier wieder zunächst auf den Prozeß verwiesen. Der Wechsel der Anforderungen ist beständig, ihnen vollständig zu genügen also unmöglich. Denn die Realisierung einer Änderung erfordert, daß mehrere Phasen durchlaufen werden, grob: Design, Implementierung, Test. Es gibt nun verschiedene Techniken, mit diesem Problem umzugehen. Sie beruhen alle auf der Bündelung von Spezifikationen.

Wichtig ist zunächst ein klarer Ausgangspunkt der Anwendungsentwicklung. Hierbei verhält es sich nun keineswegs so, daß z.B. eine Fachabteilung einen Auftrag erteilt, der dann erledigt wird und das Produkt installiert.

Um zu einem realistischen und korrekten Pflichtenheft zu kommen, ist ein Austauschprozeß zwischen Benutzer und den Produzenten der Software sinnvoll. Ich behandle das unter dem Stichwort »Kommunikationsprobleme« weiter unten.

Ist das Produkt einmal fixiert, reagiert man meist mit der Releasetechnik auf die wechselnden Anforderungen, d.h. schon während die erste Ausgabe der Software getestet wird, beginnt man damit, ein Bündel von Änderungen und Funktionserweiterungen in das Design einzuarbeiten. Die Frage, wie CASE hier nützen kann, ist also dieselbe wie die der Toolunterstützung der Wartung. Bevor ich diesen Punkt behandle, möchte ich noch etwas Grundsätzliches bemerken. Bislang wurde immer von Anforderungen aus anderen

Bereichen gesprochen, die die Anwendungsentwicklung erfüllen soll. Das ist als Rollenkennzeichnung sicher insofern richtig, als der Dienst festgelegt wird, den die AE-Abteilung zu erbringen hat. Verkehrt allerdings wäre es, diese Servicefunktion passiv zu verstehen in dem Sinne, daß sie lediglich fremdgesetzten Zielen genügen soll. Die völlige Trennung von Ziel, Lösung und Ressourcen, wie sie etwa im »Management by Objectives« von Tom Gilb (1988) vorgespiegelt wird, existiert gar nicht. Anwendungen haben den Zweck, die Geschäftsprozesse zu unterstützen. Das Ausmaß und die Art und Weise, wie sie diesem Zweck gerecht werden können, ist durchaus von technischen und organisatorischen Möglichkeiten abhängig. Deshalb bedarf es einer aktiven Rolle der Entwicklungsabteilung und des ganzen IS-Bereiches, in der die Leistungsfähigkeit deutlich gemacht wird. Erst in einer Interaktion von IS mit den Bereichen, die als Anwender fungieren, liegt die Möglichkeit, das Potential auszunutzen und erfolgreich strategisch zu planen. Auch die Einführung von CASE muß unter dem Gesichtspunkt entschieden werden, ob die an den Unternehmenszielen entlang definierten Services von IS erweitert werden können. »Information Hiding« ist ein sinnvolles Designprinzip bei der Softwareproduktion, da es die Wartung erleichtert, wenn man sich um die Implementierung der anderen Module nicht zu kümmern braucht. Als Prinzip der Unternehmensführung ist es katastrophal. Ich kenne ein Haus, dessen Anwendungsentwicklung zu Recht hoch im Kurs steht, da sie schnell und sicher auf Anforderungen reagiert. Aber ihre chaotische Produktionsweise macht diese Abteilung zu einer Zeitbombe, die nur durch Interaktion und langfristige Investitionen entschärft werden kann.

Höhe des Wartungsaufwands

Unter »Wartung« werden meist verschiedene Aktivitäten zusammengefaßt:

- Reparatur
- Änderung
- Erweiterung.

Insofern ist die angeführte Zahl von 80% Aufwand irreführend. In ihr verstecken sich durchaus neue Entwicklungen, aber solche, die innerhalb eines existierenden Systems stattfinden und deshalb hochintegriert sein müssen. Tools können hier in verschiedener Weise nützlich sein. Zunächst einmal enthalten mit ihrer Hilfe hergestellte Programme weniger Fehler, ein Teil der Reparaturarbeiten entfällt also. Dies kann allerdings nur dann stattfinden, wenn im Prozeß Qualitätskontrolle verankert ist! Gute Tools produzieren zwar keine formalen Fehler, aber die sachliche Richtigkeit des Designs können sie nicht garantieren, allenfalls unterstützen. Auch Änderungen und Erweiterungen lassen sich mit Tools effektiver durchführen, wenn Standardprotokolle und Standardschnittstellen vorhanden sind und beim Design auf starke Modularisierung geachtet wurde. Aber diese Voraussetzungen müssen im Prozeß geschaffen werden, ohne sie ist der Erwerb von Werkzeugen eine Fehlinvestition. Sicher ermöglichen Tools auch eine bessere Dokumentation und verkürzen dadurch die Wartungszeit, aber der entscheidende Punkt bei aller Wartung besteht darin, den zu korrigierenden Sachverhalt schnell aufzufassen und in die bestehende Logik einzubauen. Der Text einer Dokumentation ist hier hilfreich, das Entscheidende jedoch liegt in der Gleichartigkeit der Verfahrensweise der Programmierer. Die Definition und Durchsetzung einer von den Mitarbeitern als nützlich akzeptierten Methodik ist eine herausragende Managementaufgabe, die von keinem Tool erledigt wird. Im Gegenteil gibt es hier eine große Gefahr: Der Versuch, eine Methode durch und mit einem Softwarewerkzeug quasi hinter dem Rücken der Softwareingenieure als bloße Voraussetzung des Einsatzes einzuführen, ist zum Scheitern verurteilt, genau wie der, ein Tool zu installieren, dessen immanente Methodik der praktizierten widerspricht.

Die angeführten Vorteile bei der Wartung gelten selbstverständlich nur für mit CASE entwickelte Produkte. In bezug auf die Wartung des alten Programmbestands könnten nur sogenannte Reverse-Engineering-Tools helfen. Hinsichtlich der Datenbasis gibt es hier echte Unterstützung. Von einer Automatisierung der Konversion z.B. von hierarchischen in relationale Datenbanken kann man allerdings nur mit Vorbehalt sprechen, denn sie ist überhaupt nicht wünschenswert! Es wäre ein verhängnisvoller Fehler, einfach alle vorhandenen Dateien in einem relationalen System abzubilden. Der komplexe Übergang vom Chaos vorhandener Daten- und Dateistrukturen zu einer einheitlichen, unternehmensweiten relationalen Datenbasis muß vielmehr mit einer vollständigen Revision einhergehen. Wie wichtig das ist, erhellt eine Zahl: Wir konnten bei einer großen Datenmodellierung die Anzahl der Datenelemente auf unter 50% senken. Schlecht kontrollierbare Redundanz solchen Ausmaßes vollautomatisch zu transformieren, wäre unklug.

Hinsichtlich der Programmlogik ist die Toolunterstützung schwächer. Es scheint mir auch nicht sinnvoll, hier auf die »silver bullet« zu warten. Brooks hat völlig zu Recht festgestellt, daß es so etwas bei der Softwareproduktion gar nicht gibt. Wie sollte auch ein Werkzeug mehr tun, als die unter Umständen verworrene Logik darzustellen und sie nach gewissen formalisierbaren Prinzipien zu verbessern – es kann ja nicht mitdenken. Meines Erachtens ist es hingegen wirklich wichtig, heute die zukünftige Anwendungslandschaft zu planen. So kann man, statt auf Wunderwerkzeuge zu setzen, den Übergang zu leichter wartbarer Software in Gang setzen und den Lebenszyklus der Altanwendungen produktiv zu Ende gehen lassen. Entscheidend scheint mir hinsichtlich der Wartungsfrage, Reparatur und notwendige Änderung einerseits und Realerweiterung der Systeme andererseits sorgfältig zu trennen. Erstere ist unumgänglich, letztere könnte auf langsam wachsende Neuanwendungen verlagert werden, die nach modernen Gesichtspunkten hergestellt werden. Hierbei und bei den äußerst komplexen Fragen der Koexistenz von Datenbankmanagementsystemen können Tools dann wieder eine Rolle spielen, z.B. beim Projektmanagement.

Knappe Budgets

Das Budget scheint immer zu knapp, daran ändert auch CASE nichts. Man könnte allerdings argumentieren, daß die zu erwartende Produktivitäts- und Qualitätssteigerung langfristig Ressourcen freisetzt, insbesondere im Wartungsbereich. Dem steht jedoch gegenüber, daß der Kauf und die Einführung von CASE kurzfristig hohe Kosten verursachen. Rein finanziell läßt sich hier nicht überzeugend argumentieren. Es gibt zwar genug Zahlen, aber diese halten keiner gründlichen Prüfung stand. Nur so ist es zu erklären, daß ein überaus sorgfältiger Mann wie Watts Humphrey den Vorschlag macht, gegenüber »senior executives« mit dem Verweis auf die Konkurrenz, die schon eine SEU habe, entsprechenden Druck zu machen: »This is almost foolproof«. (1989, Seite 307)

Da sich der Einsatz von CASE nicht seriös als rentierlich innerhalb des IS-Bereiches darstellen läßt, ist es notwendig, die strategische Bedeutung qualitativ zu bewerten. »Qualitativ« muß in diesem Zusammenhang nicht »verwaschen« und »strategisch« nicht »unbeweisbar« bedeuten. Ich werde unten bei Betrachtung des Softwareproduktionsprozesses zeigen, daß die Computerunterstützung beim Software-Engineering einen ganz gewöhnlichen Fall von Automatisierung eines Produktionsprozesses darstellt und insofern ihre Notwendigkeit außer Diskussion steht, nicht jedoch der Zeitpunkt, das Ausmaß und die Art und Weise ihres Einsatzes. Der prämanufakturielle, also extrem arbeitsintensive Zustand der Softwareproduktion zwingt zum Maschineneinsatz. Dieser Übergang zu »capital-intensive software technology« (Peter Wegner) erscheint als Kostenerhöhung, gleichwohl ist er unvermeidbar und in größerem Zeitrahmen rentierlich. Mehr noch: Alle unsere Klienten wollen die Services der Informationsverarbeitung ausweiten. Stichworte sind hier Preorderprocessing, also Akquisitionsunterstützung, Verbesserung der Servicequalität z.B. durch Erhöhung der Reaktionsgeschwindigkeit und unternehmensweite bzw. -übergreifende Integration. Hierzu sollen moderne Technologien, wie Graphical User Interface (GUI), relationale DBMS und offene, heterogene Netze dienen. Wie sollen denn, wenn wir jetzt schon mit einem Anwendungsstau konfrontiert sind, diese Herausforderungen der Zukunft bewältigt werden? Mit der aus dem Tertiär der Softwaregeschichte stammenden chaotischen Produktionsweise, wie sie heute zu finden ist, sicher nicht.

Es kursierten die Zahlen, daß die Produktivitätssteigerung in der Anwendungsentwicklung in den achtziger Jahren bei 2% läge (Yourdon). Dramatische Verbesserungen können nur durch qualitative Änderungen des Produktionsprozesses und seine Automatisierung erzielt werden. So etwas kostet zunächst einmal Geld, denn die Prozeßverbesserung selbst stellt hochqualifizierte Arbeit dar, und die unterstützenden Tools sind teuer.

Kommunikationsprobleme mit den Benutzern

Wer hier an ein Electronic-Mail-System denkt, liegt ganz verkehrt. Denn dabei handelt es sich bloß um ein Kommunikationsmittel, und man kann sich mit fantastisch schnell ausgetauschten »notes« ziemlich grundsätzlich mißverstehen. Ich denke an folgende Situation, wie ich sie von Klienten kenne:

- Diese Programmierabteilung erhält unzureichende Requirements und liefert ein unzureichendes Produkt. Außerdem ist sie überlastet.
- Die Benutzer sind unzufrieden und finden sich murrend ab, Kritik bringe nichts.
- Die Ablauforganisation sammelt Anforderungen der Benutzerabteilungen, formalisiert und reduziert sie. Daraufhin gehen sie an die Programmierabteilung.

Ein derartiger Prozeß kann durch Werkzeuge nicht verbessert werden. Er gehört grundsätzlich umstrukturiert. So sollte z.B. auf Basis eines Anwendungsentwicklungsplans ein von Benutzern und IS gemeinsam verabschiedetes Priorisierungsschema existieren. Damit kann der Ärger über »ungerechte Bedienung« vermieden werden. Außerdem muß der beständige Austausch zwischen Anwendungsentwicklung und ihren internen Kunden organisiert werden. Je klarer die Prozesse und damit Bedürfnisse und Zwänge der Kontrahenten für alle Beteiligten sind, um so geringer ist die Psychologisierung der Diskussionen. Das ist wichtig, denn leider neigen Menschen dazu, einen bösen Willen auch da zu vermuten, wo lediglich verkehrte Strukturen oder Fremdzwänge zur Folge haben, daß ihre Bedürfnisse nicht befriedigt werden. Solche – meist gegenseitige – Beschuldigung löst aber die Probleme nicht, sondern erschwert ihre Lösung, da die Fronten verhärtet werden. Erst auf der Basis, daß sachliche Auseinandersetzungen strukturell möglich und institutionalisiert sind, macht es Sinn, darüber nachzudenken, wie Requirements präzisiert werden können. An dieser Stelle erst treten Prototyping-Tools in den Blick, die erlauben, an einem relativ frühen Punkt genaue Abstimmungen mit den Benutzern vorzunehmen.

Hohe Anforderungen an den Komfort

Je komfortabler eine Anwendung für den Benutzer ist, um so produktiver kann er damit arbeiten. IS ist also schlecht beraten, wenn Benutzeranforderungen an Bequemlichkeit unter dem Titel »Luxus können wir uns nicht leisten« zurückgewiesen werden. Im Zeitalter des PCs, der sich vom persönlichen Computer in großen Unternehmen zum vernetzten programmierbaren Arbeitsplatzrechner entwickelt hat, können die Vorteile von Maus und grafischer Oberfläche zum Einsatz kommen. Diese sind unter Umständen sehr hoch, auch wenn bunte »Icons« auf dem Schirm noch keine Software-Ergonomie verbürgen (vgl. Thimbleby 1990, Sommerville 1991, Seite 257ff). Aber manche Versicherung denkt über den PC-Einsatz auch deshalb intensiver nach, da mit den Möglichkeiten der Imageverarbeitung das papierarme Büro in greifbare Nähe rückt.

Der Aufwand für die Programmierung benutzerfreundlicher Schnittstellen, z.B. auf Basis des Presentation Manager von OS/2 ist enorm. Wird in einer Programmiersprache, meist C, gearbeitet, kann sich der Umfang des Codes für den Benutzerdialog gegenüber herkömmlichen Masken vervielfachen. Einbindung von Tools zur Unterstützung solcher WINDOW-Programmierung in ein CASE-Konzept ist unabdingbar.

Wechsel der Techniken

Abstrakt betrachtet, kann man bei der Anwendungsentwicklung immer zwischen der Sachlogik und den Bedingungen ihrer Implementierung, die das System bietet, unterscheiden. Es wäre nun schön, wenn die Ergebnisse der Analyse des Problemfelds, die Sachlogik also, getrennt und unabhängig vom systemspezifischen Design dokumentiert wären, und zwar verbindlich. In diesem Fall könnten technologische Veränderungen so abgefangen werden, daß man zur Analyseebene zurückgeht und dann die untauglich gewordenen Designschritte unter Berücksichtigung der neuen Technologie wiederholt. Falls Tools so etwas unterstützen, dann kann ein derartiger Prozeß beschleunigt werden. Freilich muß er zunächst verstanden sein. Wer bei einer Datenänderung sofort ans Filesystem und die Zugriffsmethode bzw. die Syntax der Abfragesprache denkt, muß noch unterscheiden lernen.

Die weitverbreitete Auffassung, daß die differenzierten Phasen der Programmentwicklung im Grunde genommen akademischer »Schnick-Schnack« seien und es letztlich auf's Codieren ankomme, das der eine eben beherrscht und der andere nicht, ist eine Nebenwirkung der chaotischen Produktionsweise von Software. Es handelt sich um das adäquate Selbstbewußtsein von Programmierern, die nicht in einem methodisch kontrollierten Prozeß arbeiten, sondern halbkünstlerisch Lösungen aus Wissen, Erfahrung und Eingebung schöpfen.

Wenn der technologische Wandel die akkumulierte Wissensbasis beständig entwertet, auf deren Grundlage die Produktion einzig funktioniert, dann muß der Prozeß entwickelt werden. Werkzeuge können da helfen, aber sie ersetzen ein kluges Management nicht. Ich möchte das noch an einem Beispiel verdeutlichen:

Bei einem Klienten untersuchten wir die Möglichkeit, seine operativen Applikationen, die auf eine selbst geschriebene Quasi-Datenbank zugreifen, auf ein relationales System umzustellen. Wir stießen auf folgende Situation:

- Die Anwendungen waren technisch nicht vom Dateizugriff zu trennen. Es gab keine saubere Schnittstelle, so daß sie sämtlich individuell hätten geändert werden müssen – mehrere Hundert Assemblerprogramme!
- Wartung geschah bei diesen undokumentierten Programmen praktischerweise durch eine Art Anbaumethode, d.h. man modifizierte nicht den bestehenden Code, sondern ergänzte ihn, so daß sich insgesamt das gewünschte Ergebnis einstellte.

Dieses Verfahren führt todsicher an einen Punkt, an dem sich Fehler im System einstellen, die nicht mehr entdeckt werden können. Man produziert undurchsichtige Komplexität.

Von einer bloßen Umstellung dieser Applikationssysteme kann also keine Rede sein, ein völliges Redesign steht an. Sind Tools in dieser Situation eine Lösung? Nein! Kann CASE helfen? Ja, unter Umständen! Grundlage ist aber auch in diesem Fall eine Managementleistung. Einerseits muß die Migration von den alten Systemen zu wartbaren, auf einer relationalen Datenbank aufsetzenden neuen sorgfältig geplant sein. Andererseits muß der Softwareproduktionsprozeß im Hause erst einmal in das Reifestadium gebracht werden, daß er durch Werkzeuge unterstützt werden kann.

Man kann an diesem Fall übrigens noch eine wichtige Lektion lernen. Wer über eine CASE-Einführung nachdenkt, will im allgemeinen seine Anwendungen selbst produzieren. Genau diese Entscheidung sollte zur Disposition stehen. Unter gewissen Umständen sind Alternativen, wie Outsourcing und Kauf von Standardsoftware rentabler. Je komplexer die Systeme werden, um so unwirtschaftlicher wird es, sie als Unikate herzustellen. Zur Zeit denken die letzten Selbstversorger auf dem Gebiet des Datenbankmanagements über den Übergang zu kommerziellen Produkten nach, und Betriebssysteme werden traditionell eingekauft.

Warum sollte es keine brauchbaren Branchenapplikationen geben? Jedenfalls nicht wegen der Verschiedenheit der Unternehmen. Das ist lediglich ein Problem der Anpaßbarkeit! Aber die Frage ist ohnehin rhetorisch, denn es gibt ja Angebote in dieser Richtung. Die Frage »make or buy« wird ganz sicher in den nächsten Jahren immer virulenter. Die enorme Komplexität moderner Anwendungssysteme, die die heutigen Möglichkeiten von Graphical User Interface (GUI) bis Cooperative Processing wirklich ausnutzen, wird die Entwicklung derartig teuer machen, daß nur noch sehr große Unternehmen in der Lage sein werden, sie vorzunehmen. Aber selbst diese können ökonomisch gezwungen sein, ihre Resultate weiterzuvermarkten. Viele müssen sich jedenfalls entscheiden, entweder mit technisch suboptimalen Informationssystemen zu arbeiten oder die Eigenproduktion durch Zukauf bzw. partielles Outsourcing zu ergänzen, wenn man sie nicht völlig aufgibt. In den USA ist dieser Prozeß schon weit fortgeschritten. Ich kann nichts Länderspezifisches darin entdecken, das es rechtfertigte, in Deutschland eine prinzipiell andere Entwicklung zu erwarten.

Reifestadien der Softwareproduktion

Der Ausdruck »Engineering«, der seit einiger Zeit die Programmentwicklung bezeichnet, ist aus dem Bereich der industriellen Güterproduktion geborgt. Vergleichen wir einen Augenblick die Herstellung gewöhnlicher Waren, z.B. von Nägeln, mit der von Programmen, so stellt man fest, daß die Softwareproduktion sich in einem relativ frühen Stadium befindet. Unterscheiden wir die handwerkliche, manufakturielle und industrielle Produktionsweise, so befindet sich die Programmentwicklung in vielen Unternehmen noch in der handwerklichen Phase. Das bedeutet:

- schwach entfaltete Arbeitsteilung
- wenig wissenschaftliche Analyse des Prozesses
- stattdessen Erfahrung und halbkünstlerische Virtuosität
- deshalb hohe Abhängigkeit von einzelnen Produzenten
- eine geringe Anzahl undifferenzierter Werkzeuge.

Das alles beschreibt eine Schmiede so gut wie eine Gruppe von Anwendungsentwicklern. Trotzdem, die Art der Hilfsmittel und der Charakter des Produkts differieren grundsätzlich. Wir haben es bei der Programmentwicklung immer mit zwei spezifisch intellektuellen Leistungen zu tun, und zwar der Analyse eines Problemfelds und der zugehörigen Modellierung eines Ablaufs einerseits sowie der Implementierung in einem konkreten Systemumfeld andererseits. Außerdem darf man bei der Warenherstellung nicht lediglich an die Massen(re)produktion denken. Auch die Nagelfabrikation setzt Entwurf, Feindesign, Prototypen, Testen usf. voraus. Umgekehrt ist die bloße Vervielfältigung eines Exemplars bei Software überhaupt kein Problem. Es handelt sich um einen simplen Kopiervorgang.

Es handelt sich also keineswegs lediglich um eine Art Versäumnis, daß Software noch immer quasi handwerklich produziert wird, denn der Entwicklungsprozeß ist im wesentlichen Kopfarbeit und deshalb schwieriger in eine quasi-manufakturielle Produktionsweise umzusetzen. Allerdings kann man sagen, was benötigt wird:

- eine stark differenzierte Arbeitsteilung auf wissenschaftlicher Grundlage (Methoden)
- differenzierte Werkzeuge
- ein klar definiertes Verfahren, das den Gesamtprozeß präzise beschreibt.

Es gibt nun zwei Varianten beim Übergang zur Großproduktion, die dieser Grundlagen entbehren. Zum einen kenne ich Anwendungsentwicklungsabteilungen, die, strukturell betrachtet, lediglich ein Nebeneinander quasi handwerklicher Gruppen darstellen. Diese haben untereinander wenig Kohäsion, da keine echte Arbeitsteilung, sondern eine bloße Verteilung verschiedener Aufgaben vorliegt. Innerhalb der Gruppen, die z.B. ein Projekt gemeinsam bearbeiten, reproduzieren sich die rudimentären Arbeitsformen. So etwas wurde z.B. in den USA unter dem Namen »Chef-Programmierer-Konzept« verfolgt. Zum anderen gibt es Organisationen, die zwar ein gemeinsames Verfahren besitzen, das aber als Hauptgrundlage der Kooperation fiktiv ist, da es lediglich »Schrankware« darstellt, wie man so sagt. Das heißt, es handelt sich um eine Vorschrift, an die sich keiner hält, weil sie niemand für sinnvoll erachtet – vielleicht kennen sie nach einiger Zeit auch nur noch die wenigsten.

Vom Zustand des Produktionsprozesses ist es abhängig, wann welche Tools sinnvoll eingesetzt werden können. Man muß also diesen Zustand analysieren, um CASE überhaupt planen zu können. Abstrakte Konzepte, die die hohe Integration einer SEU beschwören, reichen nicht aus. Sicher, man braucht eine klare Sicht der Ziele, sonst trifft das Sprichwort »If you don't know where you are going, any road will do.« Aber man muß auch den Ist-Zustand illusionslos betrachten. Wie treffend ergänzt Watts Humphrey das Zitierte doch: »If you don't know where you are, a map won't help.« (1989, Seite VII).

Er hat eine Folge von fünf Reifestadien definiert, mit deren Hilfe ein Softwareproduzent klarer erkennen kann, wo er steht (Humphrey 1989).

Diese Einteilung ist nun keineswegs bloß akademisch interessant, denn das amerikanische Verteidigungsministerium hat entschieden, in Zukunft lediglich noch Produkte aus Häusern zu erwerben, die mindestens Stufe 3 erreicht haben. Yourdon behauptet, daß Untersuchungen in den USA ergeben hätten, daß 86% der Organisationen auf Stufe 1 und 13% auf Stufe 2 seien. Vielleicht ist das ja übertrieben und in Deutschland ohnehin ganz anders. Das könnten nur sorgfältige Software-Prozeß-Einschätzungen zeigen. Die meisten Organisationen sehen ihre Probleme nämlich gar nicht – das ist jedenfalls Humphreys und auch meine Erfahrung. Ich werde im folgenden die verschiedenen Stadien, wie sie Humphrey in seinem bedeutenden Buch entwickelt hat, kurz vorstellen und die Einsatzmöglichkeiten von Tools in ihnen markieren.

Der Initialprozeß

Dieses erste Reifestadium ist durch die schon skizzierte chaotische Arbeitsweise charakterisiert. Es gibt keine formalen Prozeduren, oder sie werden nicht beachtet. Kostenschätzungen werden überhaupt nicht oder durch die Methode des Ratens vorgenommen. Projektpläne stehen bestenfalls auf dem Papier, und eine systematische Qualitätskontrolle existiert nicht. In Krisensituationen reduziert sich der ganze Prozeß auf Codieren und Testen, die unverzichtbaren Basiselemente. Schon daran erkennt man, daß eventuell definierte Methoden für unbrauchbar gehalten werden. Erachtete man sie als nützlich, so würden sie in der Krise eine besondere Bedeutung erhalten und nicht wie ein Luxus beiseitegelegt.

Typische Probleme solcher Organisationen bestehen darin, Termine einzuhalten, den Budgetrahmen nicht zu überschreiten, gleichmäßige Qualität zu erreichen und Produkte zu liefern, die sicher den Benutzerwünschen entsprechen. Die resultierenden Programme sind oft schlecht dokumentiert, unstrukturiert und häufig undokumentiert repariert, also sehr schlecht wartbar. Gute Qualität ist Zufall, da sie von der Form und der Virtuosität einzelner Mitarbeiter abhängt. In diesem Stadium kann die Programmentwicklung durch Tools nur insofern unterstützt werden, als sie erlauben, es zu verlassen und die zweite Stufe der Reife zu erreichen.

Der wiederholbare Prozeß

Um das Chaos des Initialprozesses in den Griff zu bekommen, sind drei Aktivitäten fundamental:

- Projektmanagement
- Qualitätssicherung
- Changemanagement.

Erst eine Planung der Verteilung der einzelnen Arbeitsschritte auf die Mitarbeiter und die sorgfältige Verfolgung der Zielerreichung führt zu einer gewissen statistischen Kontrolle über den Prozeß, die ihn wiederholbar macht. Für solches Projektmanagement gibt es durchaus Tools, die nützlich sein können. Wichtig ist allerdings, daß sie nicht von vornherein ein bestimmtes Vorgehensmodell unterstellen. Dieses zu implementieren, ist eine ganz andere Anstrengung, als nur ein Projekt und seinen Verlauf zu planen und die Realisierung zu kontrollieren. Darum aber geht es zunächst. So kann sich Erfahrung entwickeln, die zuläßt, zuverlässiger die Aufwandsschätzungen vorzunehmen und besser den Zeit- und Ressourcenrahmen einzuhalten.

Für die Qualitätssicherung sollte eine verantwortliche Gruppe gebildet werden (Quality Assurance Group). Sie kann für die ganze Abteilung gültige Maßstäbe entwickeln und Verfahren definieren, nach denen diese durchgesetzt werden. Auf die Unabhängigkeit und Kompetenz dieser Gruppe kommt es vor allem an. Werkzeuge, die hier eine Rolle spielen könnten, wären Editoren, die syntaktische Fehler vor dem Compiler entdecken etc. Aber ihre Bedeutung sollte nicht überschätzt werden. Viel wichtiger ist, daß alle Mitarbeiter die Funktion dieser Gruppe und ihre Arbeitsweise akzeptieren. Es geht darum, die Arbeit produktiver zu machen und damit für alle zufriedenstellender. Entsteht der Eindruck, die Qualitätssicherungsgruppe – ich drücke es überspitzt aus – sei eine Art Polizei, deren Reglement man grundlos beachten müsse, so verfehlt sie gänzlich ihren Zweck und wirkt kontraproduktiv.

Changemanagement ist aus zwei Gründen wichtig. Erstens ändern sich die Anforderungen im Lauf der Entwicklungszeit immer. Das hat unterschiedliche Gründe, wie z.B. Geschäftsprozeßanpassungen, technische Änderungen usw. Es liegt keineswegs ausschließlich daran, daß die Requirements nicht sorgfältig genug festgelegt wurden. Zweitens haben Änderungen einen großen und mit dem Umfang der Systeme wachsenden Einfluß auf den Entwicklungprozeß. Hieraus ergeben sich verschiedene Konsequenzen. Zum einen dürfen Änderungswünsche nicht spontan realisiert werden. Sie würden die Kontinuität der Produktion zerstören. Vielmehr müssen sie sorgfältig priorisiert und gruppiert werden, so daß sie kontrolliert in den Prozeß eingehen können. Aus unabdingbaren sofortigen Änderungen und der Arbeitsteilung folgt, daß zum anderen ein Software Configuration Management (SCM) eingeführt werden muß. SCM umfaßt auf der untersten Ebene

- Versionskontrolle
- Änderungsdokumentation
- Status der respektiven Module.

Für diese zentrale Aufgabe gibt es durchaus Tool-Unterstützung. So kann es vielleicht vermieden werden, daß die geplante Verbesserung bereits getesteter Codes zu einer de facto-Regression des Gesamtsystems führt.

Insgesamt betrachtet ist der wiederholbare Prozeß äußerst sensibel gegenüber Veränderungen, denn seine Basis ist die intuitive Einschätzung auf historischer Basis. Die statistische Kontrolle existiert gar nicht formal, sondern als hohe Treffsicherheit der subjektiven Annahmen erfahrener Mitarbeiter. Man sollte also bei der Einführung von CASE-Tools extrem vorsichtig sein, da sie die gewohnte Umgebung zerstören und damit die Basis der korrekten Schätzung.

Diese Zerbrechlichkeit des Prozesses ist sein Hauptnachteil. Alle Formen des Wandels stellen ein Risiko dar, handle es sich um die Anforderung, andere Produkte herzustellen, um hohe Fluktuation der Mitarbeiter oder um organisatorische Veränderungen.

Der Prozeß kann nicht flexibel angepaßt werden, sondern er paßt sich in einer Reihe von Brüchen unter mehr oder weniger hohen Kosten mehr oder weniger gut an. Dabei hat der Software-Prozeß auf dieser Stufe durchaus eine Struktur, aber diese ist gleichsam unterirdisch. Sie kann nicht wirkungsvoll kontrolliert werden, da sie explizit gar nicht bekannt ist.

Es ist deshalb eine vordringliche Aufgabe, dem Prozeß eine kontrollier- und revidierbare Gestalt zu geben, eine Software-Entwicklungsprozeß-Architektur. So wird die nächste Stufe erreicht.

Der definierte Prozeß

Eine Software-Entwicklungs-Architektur besteht aus verschiedenen Komponenten:

- **Vorgehensmodell**

  Hier wird die Art und Weise der Kommunikation mit den Benutzern bei der Spezifikation festgelegt, die iterativen Schritte beim Gang durch die Phasen, überhaupt eben alle Einzelaufgaben und ihre Reihenfolge, die zu einem akzeptierten Produkt führen.

  Ein entscheidender Punkt ist die Definition der Rolle eines unternehmensweiten Daten- und Geschäftsprozeßmodells. Es ist ein Erfordernis, integrierte Anwendungsentwicklung auf einem einheitlichen Datenmodell aufzusetzen. Das von Vetter als »Jahrhundertproblem der Informatik« apostrophierte Datenchaos ist ja schlicht das natürliche Resultat einer zersplitterten, quasi-atomistischen Anwendungsproduktion, wo jede Applikation ihre Daten selbst verwaltet. Ohne ein Modell der Geschäftsprozesse auf der anderen Seite kann man nur sehr schwer die strategische Bedeutung einer Applikation einschätzen. Erst wenn man sie auf Geschäftsprozesse und damit auf Unternehmensziele bezieht, ergibt sich ihr Platz in der Prioritätenliste der Anwendungsentwicklungsabteilung.

- **Methoden**

  Es wird definiert, für welche Aufgaben (Analyse, Design etc.) welche Methoden (Datenflußdiagramme, Structured Charts etc.) angewendet werden sollen und warum. Außerdem muß ein Set von Ausnahmen umrissen werden, da Dogmatismus zu Motivationsverlust führt, welcher Rigidität oder Disziplinlosigkeit zur Folge hat.

- **Standards**

  Dabei geht es nicht nur um Schnittstellen, Namensregeln, Betriebssoftware, Programmstruktur und Dokumentation, sondern auch um Benutzerdialog, Qualität und ähnliche nicht direkt auf den Code bezogene Größen. Standards sind auch unter dem Gesichtspunkt der Wiederverwendung (Reusability) von Design und Code von enormer Bedeutung.

- **Organisation**

  Es muß entschieden werden, in welchen organisatorischen Einheiten die Programmerstellung vollzogen werden soll. Die Möglichkeiten sind vielfältig. Sie reichen vom Chefprogrammiersystem bis hin zu Großgruppen mit einer mehrstufigen Managementhierarchie. Nicht immer ist die bestehende Organisationsstruktur die den herzustellenden Produkten angemessenste.

- **Werkzeuge**
  Erst an dieser Stelle treten Tools in den Blick. Mit der Definition von Vorgehensmodell, Methoden, Standards und Organisation ist gleichzeitig ein Satz von Maßstäben entwickelt, dem in Frage kommende Tools genügen sollten. In einer großen Organisation mit hochgradiger Arbeitsteilung beispielsweise werden Werkzeuge – auch wenn sie auf PCs installiert sind – mehrplatzfähig sein müssen, um die notwendige Interaktion zu ermöglichen. Daß Tools integrationsfähig sein müssen, ist geradezu ein Allgemeinplatz. Weniger im Bewußtsein ist die Tatsache, daß die Werkzeuge meist nicht wirklich methoden-neutral sind, sondern sich an älteren Methoden wie »Structured Design« orientieren. Wer z.B. Objektorientierung als Methode verfolgt, dem stehen nur sehr wenige Tools zur Verfügung.

Solch eine Software-Entwicklungs-Architektur, mit der der Prozeß in sein definiertes Stadium eintritt, kann nur das Resultat der Arbeit einer speziellen Prozeß-Arbeitsgruppe sein, die auf einer Analyse des Status Quo basierend solch eine Architektur speziell maßschneidert, und zwar im stetigen Austausch mit den wirklich Produzierenden. Ansätze hierzu sind die vielfach etablierten Methoden & Verfahren-Gruppen.

Jede Software-Entwicklungs-Architektur, die nicht von den Mitarbeitern akzeptiert wird und von deren Zweckmäßigkeit sie nicht einigermaßen überzeugt sind, ist zum Scheitern verurteilt.

Die besten Werkzeuge können nicht helfen, wenn die Prozeßgruppe von den Mitarbeitern nicht als eine Möglichkeit, ihren Arbeitszusammenhang zu verbessern, begriffen und behandelt wird. Grassiert einmal das Urteil, die Leute aus der Prozeßgruppe seien »bloß Theoretiker« oder sie wollten die Arbeit lediglich reglementieren, dann ist diese Stimmung nur äußerst schwer wieder zu beseitigen – und das ist Voraussetzung des Erfolgs. Ein dekretiertes Vorgehensmodell wird als lästiger Überbau empfunden, der wie jede andere »starre« Methode lediglich die Arbeit behindert. Werkzeuge erscheinen in dieser Optik, die das Resultat eines Managementfehlers ist, nicht als Hilfsmittel, sondern als Mittel, bewährte Mitarbeiter zu dequalifizieren. Standards werden als Reglement aufgefaßt, dem man sich auf Anordnung zu fügen hat. So leidet die Produktivität der Abteilung, statt gefördert zu werden.

Um diese Probleme zu vermeiden, die in manchen Fällen weiter verbreitet sind als das höhere Management glaubt, ist ein kooperativer Führungsstil eine fundamentale Voraussetzung. Probleme müssen offen ausgesprochen werden, nicht zugedeckt, nur dann sind sie durch das Team lösbar. Wenn z.B. der im Vergleich mit dem Ausgangschaos viel formalere definierte Prozeß einen Überbau erzeugt, dann müssen seine Vorteile herausgestellt werden und dazu gehört z.B. die Unabhängigkeit der Abteilung von besonderen »Meisterprogrammierern«, die alleine immer schon »viel schneller« waren. Allerdings muß auch sorgfältig geprüft werden, wo die Beschwerden sachlich berechtigt sind, um notwendige Architekturanpassungen vornehmen zu können. Denn es versteht sich von selbst, daß eine Software-Entwicklungs-Architektur gleichsam lebt. Sie ist das herausragende Instrument der Prozeßgestaltung in diesem Bereich.

Dequalifizierungsängste – um ein anderes verbreitetes Problem anzusprechen – dürfen nicht unthematisiert bleiben oder lediglich heruntergespielt werden. Dies ist ein Zeichen von Schwäche des Managements. Es muß darum gehen, mit den Mitarbeitern gemeinsam zu neuen, akzeptablen und akzeptierten Rollendefinitionen zu gelangen.

Nur auf dem Weg des offenen Austausches zwischen Management, Prozeßgruppe und Mitarbeitern kann erreicht werden, daß genügend Motivation vorhanden ist, den definierten Prozeß erfolgreich zu machen. Das Ideal einer Harmonie der Evolution nützt hier wenig. Es gibt Probleme und Bruchstellen. Die Aufgabe der Führungskräfte ist es, notwendige Brüche zu »managen« und für die Integration Sorge zu tragen. Man muß den Prozeß reparieren, wie Humphreys sagt, nicht die Personen, die ihn ausführen. Hierbei ist sein Grundsatz eine gute Leitlinie: »Im Software-Prozeß sind Menschen der allerwichtigste Bestandteil, es ist essentiell, ihr Bedürfnis, gute Arbeit zu tun, zu erkennen.« (Humphrey, Seite 20)

Ist im Zusammenhang von Management, Prozeßgruppe und Mitarbeitern die Software-Entwicklungs-Architektur einmal fixiert und dauerhaft als definierter Prozeß implementiert, so sind die Mitarbeiter aus der Prozeßgruppe keineswegs arbeitslos. Zum einen muß der definierte Prozeß beständig gewartet werden. Neue Erkenntnisse, neue Aufgaben und neue Werkzeuge machen es immer wieder notwendig, ihn anzupassen, um eine Regression zu vermeiden. Zum anderen weist der Prozeß auf Stufe 3 immer noch einen gravierenden Mangel auf: Er ist rein qualitativ bestimmt und enthält weder quantitativ präzise Meßverfahren noch die Festlegung der Punkte, an denen diese angesetzt werden können.

Der geleitete Prozeß

Um vom definierten Stadium in das der Leitung des Prozesses aufzusteigen, ist es notwendig, eine Gruppe von Meßgrößen zu definieren, deren Beobachtung es erlaubt, die Effektivität des Prozesses genau einzuschätzen. Hierdurch erst werden einigermaßen sichere Voraussagen über den Projektverlauf ermöglicht, die mehr sind als »gut geraten«, d.h. kraft subjektiver Erfahrung geschätzt. Auf dieser Basis könnte dann auch gemessen und somit bewiesen werden, ob bestimmte Tools in einem gewissen Zeitraum einer Produktivitätsfortschritt erbracht haben oder nicht.

Außerdem müssen diese Größen in einer eigenen Prozeßdatenbank festgehalten werden. Erst die kontinuierliche Sammlung der Prozeßdaten erlaubt Vergleiche und die Anwendung mathematischer Schätzmethoden für den bei bestimmten Projekten zu erwartenden Aufwand (vgl. Londeix 1987). Die japanischen Softwarefabriken verwenden solche (übrigens in den USA entwickelten) Verfahren durchgängig und mit großem Erfolg (Matsumoto 1989). Außer für die Planung sind die Daten noch auswertbar,

- um Schwachstellen eines Teilprozesses zu finden,
- um den Teilprozeß mit dem größten Ressourcenverbrauch dingfest zu machen,
- um die Projektdurchführung effektiv und vor allem unmittelbar zu kontrollieren,
- um die Qualitätsprobleme präziser erfassen und lokalisieren zu können.

Damit die in der Prozeßdatenbank gesammelten Größen sinnvoll ausgewertet werden können, ist vorausgesetzt, daß sie sehr präzise definiert sind. Solche simplen Maße, wie »Zeilen Cobol-Code« können je nach Interpretation zu völlig verschiedenen Ergebnissen führen. Auf der anderen Seite müssen ausgebildete Mitarbeiter und Ressourcen stehen, um die Messungen und Auswertungen durchzuführen. Natürlich ist es in diesem Zusammenhang naheliegend, an Tools zu denken, die den Meßprozeß automatisieren.

Ein Kernproblem liegt darin, daß alle Beteiligten verstehen müssen, daß dieses statistische Protokoll des Software-Prozesses keine Ressourcenverschwendung ist, sondern ihr produktiver Einsatz.

Dies wird am besten deutlich, indem die Leitung der Anwendungsentwicklung auch praktisch in allen Teams an den definierten Kennzahlen entlang verläuft und zu vorausgesagten Resultaten führt. Einen Projektplan einzuhalten, ist heutzutage für viele Entwickler sicher noch eine neuartige Erfahrung.

Der optimierende Prozeß

Der Übergang vom geleiteten zum optimierenden Prozeß besteht darin, die gesammelten Informationen der Prozeßdatenbank nicht lediglich zur rationellen Herstellung des Produkts zu verwenden, sondern auch dazu, den Herstellungsprozeß selbst zu verbessern. Die Wartung der Software-Entwicklungs-Architektur, die den definierten Prozeß ausmacht, wird also selbst mittels quantitativer Kennziffern und damit effektiv kontrollierbar vollzogen. Dieses Stadium liegt allerdings für die meisten Unternehmen noch in weiter Ferne. Yourdon berichtete Anfang 1991, daß bis dato in den USA überhaupt keine »Stufe 5-Organisation« gefunden worden war.

CASE – die Realisierung planen

Ich hoffe deutlich gemacht zu haben, daß der Einsatz von Software-Werkzeugen bei der ingenieurmäßigen Anwendungsentwicklung nur ein Faktor innerhalb eines komplexen Prozesses ist. Die Voraussetzung einer erfolgreichen CASE-Einführung ist eine korrekte Positionierung innerhalb der Reifestadien des Softwareprozesses. Sie sollte durch eine unabhängige Gruppe vorgenommen werden, da bei einer Selbsteinschätzung die Gefahr unkontrollierbarer Verfälschung – auch ohne Bewußtsein der Beteiligten von diesem Tun – zu groß ist.

Selbst wenn Profis, die auf Erfahrung basierend autonom zu urteilen wissen, die Einschätzung vornehmen, ist es das Hauptproblem, an die wahren Informationen zu kommen. Ein Dickicht von echten Abhängigkeiten und psychologisch bedingten Hemmungen macht es höchst schwierig, ein realistisches Bild zu zeichnen, auf dessen Grundlage dann die Automatisierungsschritte geplant werden können.

Solch ein Automatisierungsplan sieht ganz unterschiedlich aus, je nach dem, wo sich die Organisation befindet. Es ist vermutlich klar geworden, daß auf der Stufe 1 nur sehr wenige Möglichkeiten gegeben sind, Werkzeuge einzusetzen. Erst beim Übergang zum definierten Prozeß kann Tool-Unterstützung in größerem Stil stattfinden. Allerdings als Teil der Implementierung einer Software-Entwicklungs-Architektur, die ein Daten- und Prozeßmodell des Unternehmens umfaßt. Diese sollte immer in einzelnen Schritten nach einem Prioritätsmuster erfolgen. Der Erfolg oder Mißerfolg jeder Teilimplementierung sollte dokumentiert und für eine Anpassung des Automatisierungsplans ausgewertet werden. Es ist sinnvoll, von einem Planungszeitraum von 5 Jahren auszugehen. Eine geringere Spanne würde den Produktionszyklen der Anwendungsentwicklung nicht gerecht, eine längere erhöhte die Gefahr, an bedeutenden technologischen Veränderungen vorbeizuplanen.

Der vielleicht wichtigste Aspekt allerdings besteht in der beständigen Überzeugung und Motivation der Mitarbeiter, den richtigen und erfolgversprechenden Weg zu gehen. In der Produktion von Software macht die Verbesserung und Reifung des Prozesses auch durch Automatisierung zwar den mit dem System ganz besonders intimen Superprogrammierer überflüssig, aber sie ist und bleibt als eine wesentlich geistige Tätigkeit von Interesse an der eigenen Arbeit und dem Willen zur gemeinsamen Leistung aller Teammitglieder in hohem Maße abhängig. Diese Motivation der Mitarbeiter in dem heute anstehenden Übergang zum computerunterstützten Software-Engineering zu wecken, zu erhalten und zu fördern, um so den riskanten Wandlungsprozeß optimal zu unterstützen, ist die vornehmste Aufgabe des Managements.

Ich möchte abschließend noch einmal die Schritte zusammenfassen, mit denen der Herausforderung des Übergangs aus der quasi-handwerklichen Softwareproduktion hin zu CASE begegnet werden kann.

1 Analyse des Reifestadiums der Softwareproduktion unter Hinzuziehung von Beratern.

2 Erarbeitung eines Software-Entwicklungsprozeß-Plans. Dieser beinhaltet:
Organisationsplanung
Automatisierungsplanung
Mitarbeiterplanung (Motivation & Ausbildung).

3 Schrittweise kontrollierte und korrigierbare Realisierung mit anschließender Evaluation.

Nach meiner Erfahrung sind große Anwendungsentwicklungsabteilungen in Deutschland real meist auf Stufe 2 angesiedelt. Virtuell, d.h. in ihrer Selbsteinschätzung, befinden sie sich meist auf Stufe 3. Es kommt darauf an, diese Differenz zu erkennen und sie zu beseitigen. Dann kann man:

1 Die Software-Entwicklungsprozeß-Architektur (SEA) entwickeln, vervollständigen und überprüfen – je nachdem, in welchem Stadium sie sich wirklich befindet.

2 Auf Basis der »gesunden« Selbsterkenntnis über die Bedeutung der SEA (falls sie denn existiert) in der bisherigen Praxis kann man daran gehen, sie zu verwirklichen. Hier haben Tools ihren wichtigsten Platz!

3 Man darf nicht vergessen, daß es eine Stufe 4 gibt, d.h. es müssen Meßgrößen definiert werden und eine Prozeßdatenbank aufgebaut, so daß Erfolge präzise beurteilt und Schwierigkeiten empirisch stichhaltig registriert werden können.

Auf diese Weise wird die Produktion von Software sich auf das industrielle Niveau hinbewegen, das sie braucht, um den Anforderungen der Anwender auch langfristig gerecht werden zu können.

Literaturverzeichnis

H. BALZERT (HG.),
CASE – Systeme und Werkzeuge;
Mannheim 1991, 3. Aufl.

E. DENERT,
Software-Engineering;
Heidelberg 1991

T. GILB,
Principles of Software
Engineering Management;
Reading 1988

W. SEITE HUMPHREY,
Managing the Software Process;
Reading 1989

C. JONES,
Applied Software Measurement;
New York 1991

J. KLEIN,
Vom Informationsmodell zum
integrierten Informationssystem;
in: Information Management
Heft 2. (1990)

B. LONDEIX,
Cost Estimation for
Software Development;
Reading 1987

Y. MATSUMOTO, Y. OHNO (HG.),
Japanese Perspectives in
Software Engineering;
Reading 1989

R. PRESSMAN,
Making Software
Engineering Happen;
Englewood Cliffs 1988

I. SOMMERVILLE,
Software Engineering;
Wokingham 1989

H. THIMBLEBY,
User Interface Design;
New York 1990

W. WIBORNY,
Datenmodellierung, CASE,
Datenmagement;
Bonn 1991

M. PELTZER

*Verteilte Verbundverarbeitung**

* *Dieser Beitrag erschien in der Versicherungswirtschaft Heft 20, 1991.*

Vorbemerkung

Verteilte Verbundverarbeitung, die heute auch gerne unter den Titeln »Client/Server-Konzept« oder »Cooperative Processing« angesprochen wird, ist ein bedeutender zukunftsweisender Trend. Die Host-Terminal-Konfigurationen alten Stils werden nicht durch reine PC-LANs ersetzt werden, wie es die »Downsizing«-Auguren einen oft glauben machen möchten, sondern durch verteilt Systeme heterogener Art, auf denen kommunizierende Software läuft. Man kann verteilte Verbundverarbeitung prinzipiell unter zwei Gesichtspunkten betrachten, einmal vom rein technischen der Realisierung, wo es etwa um den rechnerfernen Prozeduraufruf (RPL) oder Kommunikationsprotokolle geht, oder zum anderen unter dem der Anwendung. Letzteres soll im folgenden geschehen, wobei zur Illustration auf Beispiele aus der Versicherungswirtschaft zurückgegriffen wurde.

Trends

Die Rolle der Informationsverarbeitung (IV) in der Versicherungswirtschaft befindet sich in einem langfristigen Wandel. Konstant bleibt hierin die generelle Mission des IV-Bereichs: Er sollte die verschiedenen Geschäftsprozesse des Unternehmens mit Informationssystemen wirkungsvoll unterstützen! In der Art dieser Unterstützung aber kann man eine Veränderung beobachten. Plakativ gesprochen geht der Trend von der Rationalisierung bestehender Verwaltungsvorgänge zum Angebot zusätzlicher Services für Mitarbeiter und Kunden, die durch die modernen Methoden der IV überhaupt erst ermöglicht werden.

Von besonderer Bedeutung ist in diesem Zusammenhang die Gewichtsverschiebung vom Post-Order-Processing zum Pre-Order-Processing. Hiermit wird der Forschritt bezeichnet, nicht bloß die Bearbeitung des bereits eingegangenen Auftrags, sondern bereits die Beschaffung dieses Auftrags selbst durch Techniken der Informationsverarbeitung zu befördern. So wird die Kundenorientierung innerhalb zentraler Geschäftsprozesse weiter vorangetrieben.

Mit der Entwicklung von Banken und Versicherungen zu Allfinanzinstituten mit einem integrierten Produktangebot steigt der Wettbewerb auf den zusammenwachsenden Märkten. Hinzu kommt die infolge der europäischen Integration sich verstärkende Konkurrenz ausländischer low-price-Anbieter. Mit »Kundenservicekultur« (Geissler) kann die höhere Qualität der traditionellen Produkte verdeutlicht werden. Daß die Versicherungswirtschaft diese Lage erkannt hat, drückt sich in der hohen Priorität aus, die allgemein IV-Projekten zur Vertriebsunterstützung zugesprochen wird.

Im folgenden sollen einige grundsätzliche Überlegungen zum Design geeigneter Anwendungssysteme dargestellt werden. Es kann nicht unmittelbar um Lösungen gehen. Diese müssen aus den konkreten Bedingungen im Unternehmen entwickelt werden. Hier soll indessen ein Rahmenwerk skizziert werden, das ermöglicht, methodisch kontrolliert zu solchen Lösungen zu kommen.

Cooperative Processing

Die enorme Verbilligung der Rechnerleistung im PC- und Workstationbereich und die hohen Preise für Datentransport in Deutschland sowie die Verbesserung der Kommunikationssoftware lassen vom heutigen Standpunkt aus verteilte Verbundverarbeitung als den richtigen Ansatz erscheinen. Damit ist gemeint, daß die einzelnen Komponenten eines Anwendungssystems und die zu verarbeitenden Daten in einem Computer-Netzwerk sinnvoll verteilt werden und zusammenarbeiten. Gehen wir davon aus, daß Rechnerleistung auf drei organisatorischen Ebenen zur Verfügung steht:

- in der Hauptverwaltung (Host, LAN)
- auf den Geschäftsstellen (Midrange System, LAN)
- bei einzelnen Außendienstmitarbeitern (PC, Laptop, Notebook)

Eine rationale Verteilung von SW und Daten, die die HW-Netz-Basis zu einem Verteilten System (vgl. Mullender 1989) macht, hat prinzipiell verschiedene Vorteile:

- Die verteilte Verarbeitung entspricht der Organisation des Unternehmens.
- Die Verarbeitung vor Ort ist in gewisser Hinsicht kostengünstig. Erstens steigen die Kosten für Rechnerleistung und Speicher mit deren Größe

überproportional an. Zweitens sinken mit der Dezentralisierung die Netzkosten, und zwar unter der Bedingung, daß der Kommunikationsüberbau schwächer wächst als die zu übertragende Datenmenge durch lokale Speicherung sinkt.

- PCs als Arbeitsstationen ermöglichen ein qualitatives und quantitatives Serviceniveau, das rein zentrale Verarbeitung mit NPTs (Non-Programmable-Terminals) in angemessenem Kostenrahmen nicht bieten kann. Hierzu gehören die grafische Benutzerschnittstelle und Mausbedienung genauso wie zusätzliche Programmangebote, die lediglich billige »PC-Mips« verbrauchen.
- Ein verteiltes System ist flexibel erweiterbar, kann also mit geringeren Kosten dem Geschäftswachstum angepaßt werden.
- Die Leistungsfähigkeit ist höher, da viele Prozessoren gleichzeitig arbeiten können (Parallelismus).
- Die Verfügbarkeit ist relativ höher, da sie nicht mehr von einem Rechner abhängt. Wenn der Host als Server fungiert, bleibt natürlich die Abhängigkeit teilweise bestehen.
- Die Zuverlässigkeit wächst aus demselben Grund.

Diese Leistungsmerkmale werden z.Z. von Versicherungsunternehmen in DDP-Systemen (Distributed Data Processing) bereits teilweise genutzt. Diese haben allerdings eigene Probleme, die vor allem auf mangelnder Integration beruhen. So sind solche Systeme wegen der Inkompatibilität der Komponenten aufwendig in der Wartung. Außerdem ist es schwierig, die Datenintegrität zu garantieren. Verbundverarbeitung (Cooperative Processing) ist ein sich anschließender Schritt zusätzlicher Integration einerseits und Funktionserweiterung andererseits.

Eine Vergrößerung des Umfangs der Unterstützung durch IV kommt auch beim Einsatz von Laptops und Notebook-PCs im Außendienst in Betracht. Hermanns faßt die Zielsetzungen, die damit verfolgt werden, zusammen:

1 Verbesserung der Servicequalität,
2 Steigerung der Mitarbeitereffizienz,
3 Kostenreduzierung in der Außendienst-Organisation,
4 Image-Verbesserungen. (vgl. Hermanns 1991)

Er hat eine empirische Analyse des Nutzens und der Akzeptanz tragbarer Rechner im Außendienst durchgeführt. Sie bestätigt, daß deren Einsatz von großem Vorteil für Kunden und Unternehmen ist.

Ein Anwendungssystem zur Vertriebsunterstützung zerfällt in drei Hauptabteilungen:

- Präsentation gegenüber dem Benutzer (Dialog)
- Verarbeitungslogik
- Datenmanagement

Allgemein gilt: Der analytischen Trennung dieser Schichten sollte eine Trennung der wirklichen Module entsprechen. Man benötigt Unabhängigkeit der verschiedenen Teile des Systems, um Anpassungen an zukünftige Trends friktionslos vornehmen zu können. Falls man z.B. aus Kostengründen noch nicht mit einer grafischen Präsentation beginnen will, sollte man mit klaren Schnittstellendefinitionen jedenfalls die spätere Vervollständigung des Systems vorbereiten.

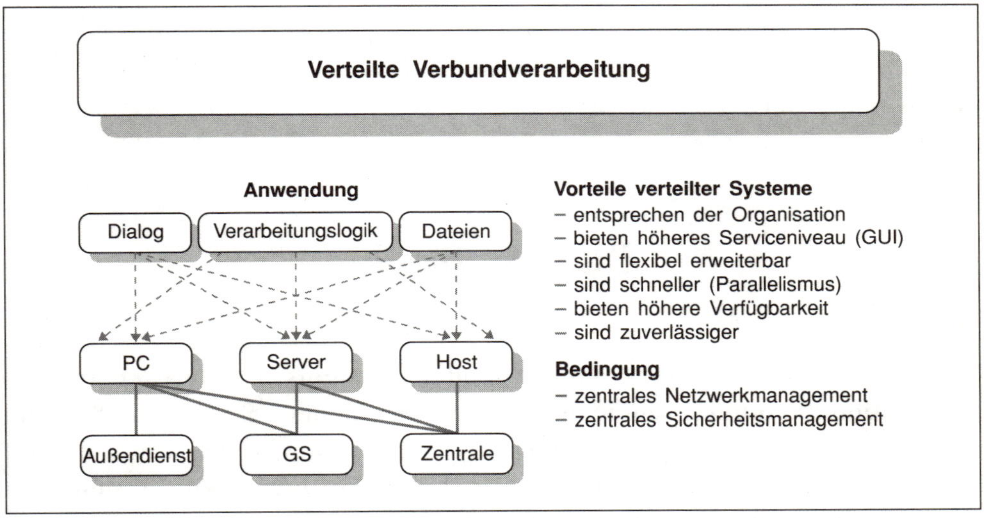

Abb. 7.1: Verteilte Verbundverarbeitung

Prinzipiell können alle Elemente verteilt werden (Abb. 7.1). So kann die Präsentation vom Host gesteuert werden (3270 Durchgriff) oder als eigener Prozeß auf dem PC laufen. Letzteres ist wünschenswert, da so die Grafikmöglichkeiten des PC und die Fenstertechnik voll ausgenutzt werden können.

Auch die Verarbeitungslogik kann an verschiedenen Stellen installiert werden:

- auf dem PC
- auf einem LAN-Server
- auf dem Host.

Dies gilt auch für die Daten.

Laptops und Notebooks spielen in diesem Zusammenhang eine besondere Rolle. Sie können – in Abhängigkeit davon, ob sie aktuell am Netz sind oder nicht – prinzipiell in zwei Modi arbeiten. Bei Netzbetrieb funktionieren sie wie jeder andere PC. Werden sie jedoch im stand-alone-Modus verwendet, so müssen selbstverständlich Programme und Daten lokal gespeichert sein. Diese können allerdings durch das Netz eingespeist worden sein. Die Kontrolle ist in diesem Fall nicht rein DV-technisch zu gewährleisten.

Es sollen nun die drei Schichten eines Anwendungssystems behandelt werden, wobei die Verteilung der Daten auf das Netz von Speichern im Mittelpunkt stehen soll.

Datentopologie

Die Daten bilden die Basis des Anwendungssystems. Im Vertrieb werden Informationen unterschiedlicher Natur verarbeitet. So verwendet ein Außendienstmitarbeiter persönliche Akquisitionsdaten, genauso wie die auf allen Ebenen zugängliche Kundenadresse oder Vertragsdaten. Es stellt sich die Frage nach dem Ort der Speicherung dieser Informationen. Radikale Alternativen wie »alles zentral« oder »alles dezentral« stellen keine Lösung dar, da die Art der Daten zu unterschiedlich ist. Es macht im allgemeinen keinen Sinn, gebietsspezifische Kundeninformationen für die Akquisition in der Zentrale zu speichern. Bei selbständigen Vertretern existiert unter Umständen auch gar nicht die für rein zentrale Datenhaltung vorauszusetzende Vertrauensbasis, und Makler würden ohnehin die ihnen gehörenden Daten selbst verwalten wollen. Von dem Fall, daß häufiger Wechsel von Zuständigkeiten und Gebietsaufteilungen aus Wartungsgründen zentrale Speicherung geraten scheinen läßt, sei hier einmal abgesehen. Gibt es also einerseits gute

Gründe für dezentrale Speicherung, so kann andererseits keine Hauptverwaltung juristische Bestände auf PCs zulassen.

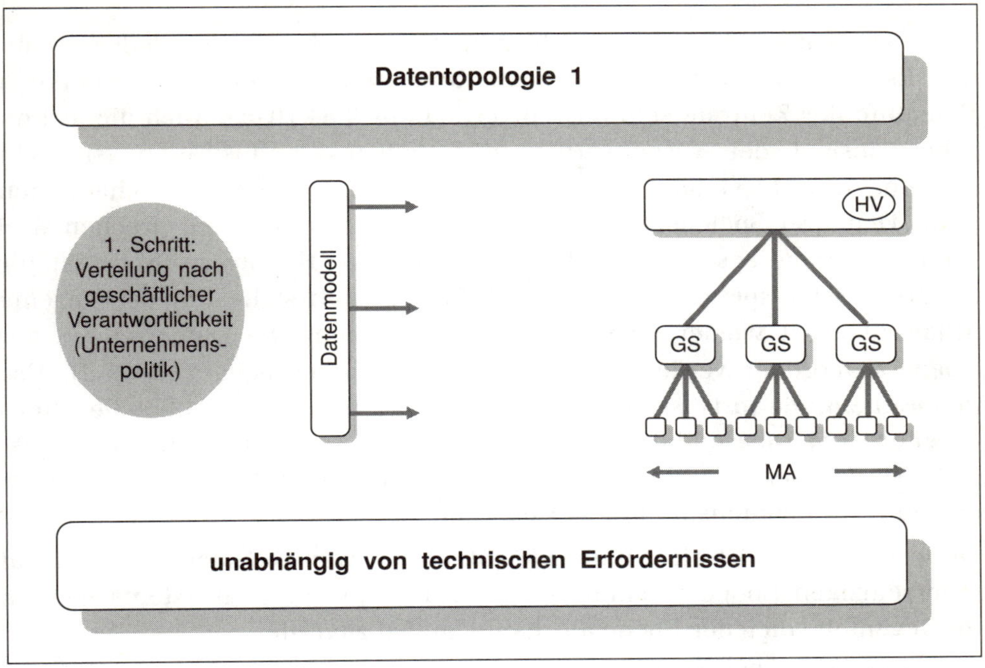

Abb. 7.2: Verteilung von Daten nach geschäftlicher Verantwortlichkeit

Es sollen nun Grundzüge einer Datentopologie, der Lehre von der Verteilung von Daten auf ein Netz von Speichern, aufgezeigt werden, wobei entsprechend der Ausgangskonfiguration von 3 Speicherungsebenen ausgegangen wird:

- Hauptverwaltung
- Geschäftsstellen
- Außendienstmitarbeiter.

Die drei Ebenen bilden mit ihren einzelnen Elementen ein hierarchisches Netz verschiedener Knoten. Diesen werden im ersten Schritt die Datenelemente zugeordnet, die insgesamt benötigt werden. Das Prinzip der Verteilung soll die Verantwortlichkeit sein.

Schritt 1: Verteilung der Daten nach Verantwortlichkeit

Unter »Verantwortlichkeit« wird hier kein juristischer Sachverhalt verstanden. Es geht also nicht darum, daß z.B. Kundeninformationen in diesem Sinn Eigentum der Zentrale sind (als Folgerung aus § 84 HGB). Auch die technische Hinsicht der verantwortlichen Datenbankadministration ist nicht gemeint. Es geht vielmehr um Verantwortlichkeit in einem geschäftlichen Sinn. Den drei Speicherebenen (Host, LAN-Server, PC) entsprechen drei Elemente eines Systems der Arbeitsteilung. Die Hauptverwaltung ist für andere Geschäftsprozesse zuständig als die Geschäftsstelle, und der einzelne Mitarbeiter hat wieder eigene spezielle Aufgaben. Die Daten sollten der Ebene zugeordnet werden, die sie verantwortlich bearbeitet (Abb. 7.2). Also gehören z.B. die juristischen Bestände in die Zentrale, die Außendienstmitarbeiterverwaltung und die Schadenbearbeitung könnten auf der Geschäftsstelle situiert sein, und die kundenspezifischen Informationen gehören zum einzelnen Außendienstmitarbeiter oder Makler.

Diese Zuordnung ist nicht immer leicht, da nur wenige Daten eindeutig auf einer einzigen Ebene behandelt werden. Die Anwendungssysteme werden im Gegenteil von jeder Ebene aus häufig global zugreifen.

- So wertet ein Statistiklauf, der Daten aus allen Ebenen zum Zweck der Vertriebssteuerung aggregiert, eben nicht nur lokale Speicher der HV aus.
- Im Fall einer Krankenversicherung wird u.U. die Versicherungsfallbehandlung auf den Geschäftsstellen vorgenommen. Dann muß z.B. auf zentrale Exkassosysteme zugegriffen werden.
- Der Außendienstmitarbeiter braucht präzise Kundeninformationen und Vertragsdaten aus der Zentrale.

Die Datenverteilung nach Verantwortlichkeit ist in all den Fällen trivial, wo unabhängige Geschäftsprozesse auf eine organisatorische Ebene beschränkt sind und die zugehörigen Daten nicht sekundär verwertet werden. Ansonsten muß eine inhaltlich begründete Zuschreibung verbindlich vorgenommen werden. Dies ist durchaus eine Gelegenheit, die Geschäftsprozesse und ihre Zuordnung zu verschiedenen Ebenen der Organisation zu überprüfen. Die Datentopologie greift also über die Informationsverarbeitung im engeren Sinne hinaus und sollte deshalb prinzipiell in Zusammenarbeit zwischen den verschiedenen Abteilungen auf hohem Managementniveau entwickelt werden.

Ganz bewußt ist zunächst ein reines Business-Kriterium gewählt worden. Die Techniken der Informationsverarbeitung befinden sich prinzipiell in einer dienenden Rolle. Von einer höheren Warte aus betrachtet, sind es nur ihre Unzulänglichkeiten, die dazu zwingen, die Eigenart von Hard- und Software in Rechnung zu stellen. Ziel ist, daß nur das Geschäftskriterium der Verantwortlichkeit angelegt zu werden braucht und bloß technische Fragen wie Antwortzeitverhalten und Verfügbarkeit außer Acht bleiben können.

Aber dies ist ein Ideal. In der Wirklichkeit der sich beständig verbessernden Möglichkeiten der IV bei gegebenem Budgetrahmen müssen Modifikationen in technischer und betriebswirtschaftlich motivierter Hinsicht vorgenommen werden.

Das sich aus dem Verantwortlichkeitskalkül ergebende logische Netz verteilter Daten fällt i.a. nicht mit dem späteren wirklichen, physischen Netz von Speichern zusammen. Aber es ist die Grundlage seiner Gestaltung, und alle Abweichungen sollten kontrolliert vorgenommen werden. Es ist so ähnlich wie mit einem Entity-Relationship-Modell: Dieses wird z.Z. bei Versicherungsunternehmen im allgemeinen nicht vollständig implementiert, und zwar sowohl aus Koexistenz- und Migrationsproblemen heraus wie auch wegen Performance-Überlegungen. Trotzdem ist es die strategische Basis der physischen Implementationen.

Bereits für diese erste Operation, die Verteilung nach Verantwortlichkeit, ist solch ein Datenmodell auch eine ausgezeichnete Voraussetzung. Es ist eben eine strukturierte Sicht der verschiedenen Informationen in ihrem Geschäftszusammenhang. Wie anders sollte die Vielzahl an Datenelementen präzise identifiziert werden? Es verhält sich sogar so, daß die Datentopologie für ein Außendienstunterstützungssystem ein Motor der weiteren konkreten Ausarbeitung eines auf abstrakter Ebene vorhandenen Datenmodells sein kann. In Fällen z.B., in denen die Modellierung der Daten faktisch auf die Geschäftsprozesse der Hauptverwaltung beschränkt ist, kann die Verbundverarbeitung vorbereitende Datentopologie den Anstoß zur Integration der Geschäftsstellendaten geben. So entsteht unter Umständen aus einem HV-Submodell und einem GS-Submodell das unternehmensweite Datenmodell. Auch für den zweiten Schritt des Entwurfs des Speichernetzes ist das Datenmodell von Nutzen.

Schritt 2: Verteilung nach Referenzhäufigkeit

Es geht um die DV-technische Verwendung der Daten. Fast alle Informationen spielen nicht nur im Bereich der Verantwortlichen eine Rolle, sondern werden in mehreren Prozessen auf verschiedenen Ebenen benutzt. Sie entstehen u.U. an anderen Knoten oder werden noch vielfältig an verschiedenen Stellen geprüft, bevor sie in den Bereich des Verantwortlichen gelangen. So werden z.B. die Vertragsdaten nicht unbedingt in der HV generiert und Kundenadressen, wie bereits erwähnt, auf allen Ebenen gebraucht.

Das Prinzip für diesen Schritt der Datentopologie lautet: Die Daten werden dem Knoten ihrer häufigsten Verwendung zugeordnet, und zwar unter dem Gesichtspunkt der Minimierung des Kommunikationsüberbaus (Vgl. Ceri 1984). Hierzu müssen Häufigkeit und Art des Zugriffs (Select, Insert, Update, etc.) genauso in Rechnung gestellt werden wie das Datenvolumen. Ein Beispiel: Sei XX eine Entität. Um zu entscheiden, welcher Ebene XX in Schritt 2 zugeordnet wird, müssen folgende Größen bedacht werden:

- Anzahl und Präsentationsort der Programme, die XX verwenden;
- Frequenz des Zugriffs der einzelnen Programme;
- Verhältnis von Schreib- und Lesezugriffen.

So entsteht ein zweites logisches Netz, das nicht mit dem nach dem Prinzip »Verantwortlichkeit« entworfenen übereinstimmen muß. In ihm ist auch dem betriebswirtschaftlichen Gesichtspunkt der Reduzierung der Netzkosten Rechnung getragen (Abb. 7.3).

Bislang wurde stillschweigend vorausgesetzt, daß Daten auf Entitäten- oder Relationenlevel verteilt werden. Genau dies ist unter dem Gesichtspunkt der Referenzhäufigkeit allerdings nicht haltbar. Man müßte konsequent zur Fragmentierung von Relationen fortschreiten und eben unter Umständen z.B. alle Hamburger Versicherungsnehmer (VN) der Geschäftsstelle zuordnen (horizontale Fragmentierung). Aus demselben Grund ist auch eine vertikale Fragmentierung u.U. sinnvoll: vielleicht werden bestimmte Attribute z.B. der Entität VN am häufigsten vom Außendienstmitarbeiter verwendet, also sind sie ihm zuzuordnen.

Um zur tatsächlichen physischen Verteilung zu kommen, muß ein Kompromiß zwischen den beiden Entwürfen gefunden werden. Im folgenden werden wichtige Kriterien hierfür kurz besprochen.

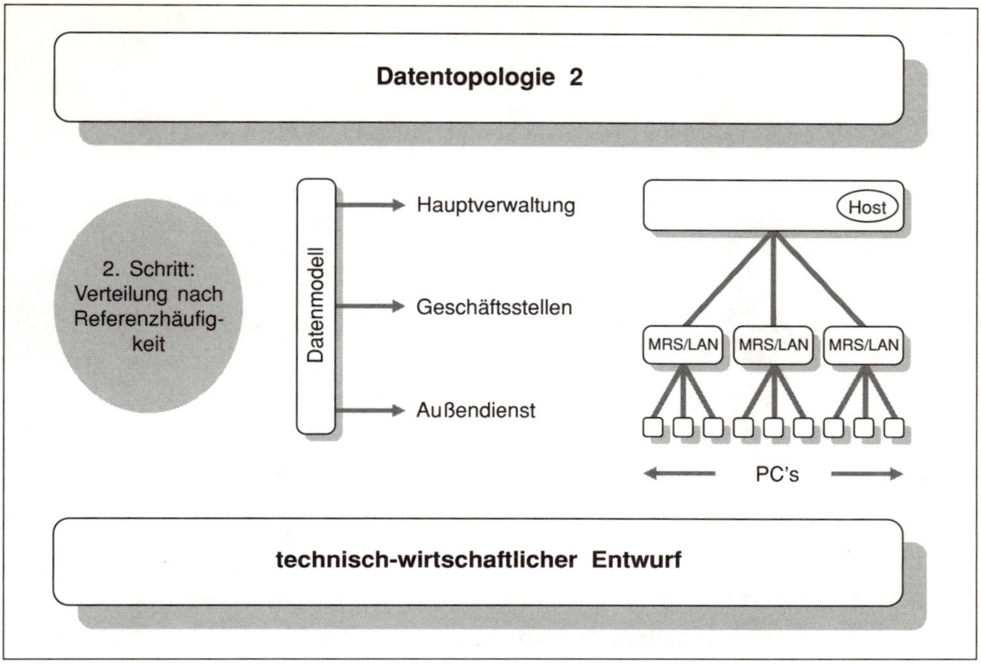

Abb. 7.3: Verteilung der Daten nach Referenzhäufigkeit

Da mit ihrer Hilfe über die Zulässigkeit einer möglichen Implementierung von Teilen der Entwürfe entschieden werden kann, stellt ihre Anwendung gleichsam einen Satz von Filtern dar, an dessen Ausgang das optimierte Speichernetz steht. Natürlich ist eine bestimmte HW-/SW-Konfiguration Voraussetzung.

Die Datentopologie selbst stellt aber gewisse Anhaltspunkte für eventuelle Investitionsentscheidungen zur Verfügung, die durch Folgerungen aus den Gedanken zur Präsentationsschicht ergänzt werden.

Die wichtigsten Kriterien für die Modifikation der logischen Netze des ersten und zweiten Schrittes sind:

- Sicherheit
- Technologien
- Serviceanforderungen
- Zeitrahmen/Kosten.

Diese auch für die Schichten der Präsentation und Verarbeitungslogik wesentlichen Gesichtspunkte sind keineswegs voneinander unabhängig, sondern sehr eng miteinander verknüpft (Abb. 7.4).

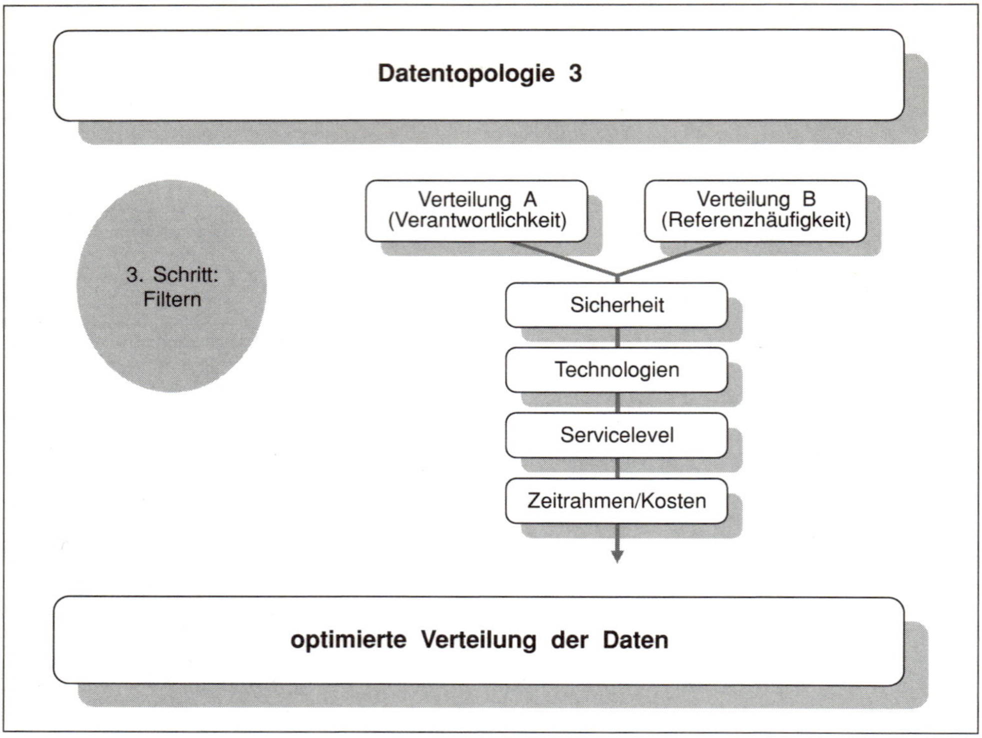

Abb. 7.4: Verteilung der Daten, nach Optimierungs-Kriterien

Filter 1:
Sicherheit

Unter dem Titel »Sicherheit« sind verschiedene Aspekte relevant:

- Zuverlässigkeit
- Zugriffsschutz (Autorisierung, Verschlüsselung)
- Katastrophenschutz.

Die Anforderungen an die Zuverlässigkeit werden mit der Art der Daten variieren. Sie sind umso höher, je näher man sich am Herz der Bestände befindet, den juristisch gültigen Daten. Wenn Eingaben nicht verlorengehen dürfen und sicher abgelegt werden müssen, dann ist das Transaktionskonzept von Bedeutung. Auf allen Ebenen, auf denen solche wichtigen Informationen verarbeitet werden, muß es verwirklicht werden. Hierfür gibt es unterschiedliche Möglichkeiten:

- Durchgriff von jeder Ebene auf den Host, auf dem ein Transaktionsmonitor läuft;
- Transaktionsmonitor auf jeder Ebene mit den entsprechenden Möglichkeiten der Verteilung von Transaktionen;
- Verteiltes Datenbankmanagementsystem, in dem die lokalen und entfernten Zugriffe implizit Transaktionen darstellen.

Die erste Möglichkeit kann auf dem heutigen technischen Stand realisiert werden. Am einfachsten ist ein entferntes Terminal bzw. eine 3270-Emulation auf dem PC. Dies unterstellt natürlich rein zentrale Datenspeicherung und keine Integration der Host-Leistungen mit den Möglichkeiten des PC. Es ist eben ein Anfang. Man kann im zweiten Schritt die Präsentation der Daten und – partiell – ihre Verarbeitung auf den PC verlagern, um die billige lokale Rechenleistung und die Grafikmöglichkeiten zu nutzen. Hierzu dient Programm-zu-Programm-Kommunikation (LU 6.2). Der durch einen Transaktionsmonitor ermöglichte Schutz der Daten betrifft naturgemäß auch jetzt nur die Hostdaten. Insofern sind die Möglichkeiten der verteilten Speicherung sehr beschränkt.

Abhilfe schaffen hier auf allen Ebenen installierte Transaktionsmonitore, die zusammenarbeiten. Dann können Transaktionen synchron oder asynchron verteilt verarbeitet werden, und zwar unter einer Steuerung. Die zugrundeliegende Verteilung der Daten ist allerdings für die Anwendungsprogramme nicht transparent, also auch nicht mit geringem Aufwand flexibel handhabbar.

Dies bringt erst das verteilte DBMS. Es sollte auch Fragmentation Transparency bieten, um die Anwendungsprogrammierung zu vereinfachen. Hierunter versteht man, daß im Anwendungsprogramm keine Rücksicht auf die faktische Verteilung der Fragmente von Tabellen genommen werden muß. Das DBMS verwaltet diese selbst und löst dementsprechend einen SQL-Befehl ohne Orts- und Fragmentangabe lediglich auf Grundlage der Bekanntgabe von gewünschten Tabellen und Attributen auf. Die Möglichkeiten von VDBMS sind auch in anderer Hinsicht sehr reizvoll, aber noch nicht in allen Komponenten zur Produktreife gediehen (Vgl. Date 1990).

Falls Daten aktuell zuverlässig verfügbar sein müssen, reicht der Transaktionsansatz nicht aus. Er sichert, daß eingeleitete Modifikationen sicher stattfinden, auch wenn Netzfehler auftreten und die Daten nicht vor Ort gespeichert sind. Aber den Zugriff auf Informationen garantieren kann man nur durch lokale Replikate, die eigene Schwierigkeiten mit sich bringen.

Solange man ohne verteiltes DBMS, das eine eigene transparente Replikatverwaltung besitzt, auskommen muß, können Datenintegrität an verschiedenen Knoten und Korrektheit (Abhängigkeit von der Periode der Erneuerung des Auszugs) nur »manuell« gesichert werden. Das heißt, es müssen auf Basis der Entscheidung für eine gewisse Erneuerungsperiode (z.B. täglich) folgende Schritte vollzogen werden:

- Extrakt aus der zentralen DB bilden;
- Hostdatensilo um Tagesextrakt vergrößern;
- File Transfer aus Datensilo an Empfänger bei Leitungseröffnung bzw. zu festen Zeiten;
- Integration in lokale DB;
- lokale Backup-Kopie herstellen;
- Bestätigung an Host.

Außer der Umständlichkeit spricht gegen dieses Verfahren nichts, wenn die Daten selten verändert und von der Anwendung nur gelesen werden. Tariftabellen, auf die auf allen Ebenen jederzeit zugegriffen werden muß, können getrost kopiert werden. Schwieriger ist es, wenn Verfügbarkeit von unregelmäßig veränderten Daten garantiert werden muß: Snapshots sind nicht unbedingt tagesaktuell.

Lokale Kopien sind auch unter dem Gesichtspunkt des Zugriffsschutzes problematisch, solange kein Autorisierungssystem existiert, das durchgängig den Zugang zu den Daten auf allen Ebenen einheitlich sichert. Hinzu kommt, daß die Sicherheit der Daten von der physischen Speicherung abhängt. Hier bergen PCs eigene Probleme. Der Benutzer kann sich unkontrolliert Kopien auf Disketten erstellen, und mit der Festplatte wird in der Tat die lokale Datenbasis ausgebaut!

Es gibt für diese Fragen technische Antworten, aber hier ist konkrete Analyse der Sicherheitsanforderungen an die einzelnen Daten wichtig, um radikale Entscheidungen zu vermeiden. Denn entweder wird der persönliche Rechner durch ein Zuviel an Sicherheitsmaßnahmen entwertet, oder er wird aufgrund von Lässigkeiten tatsächlich zu der häufig besprochenen Falle.

Die sorgfältige Auswahl der betroffenen Informationen ist auch hinsichtlich der Verschlüsselung wichtig. Das Prinzip der Encryption ist zwar nicht schwer zu verstehen, aber die Implementierung ist – um es mit mathematischem Understatement zu sagen: nicht-trivial. Trotzdem ist es relevant, hierüber nachzudenken, denn neue Services machen u.U. diese Technik notwendig. So spielt im Bankengeschäft die Verschlüsselung hinsichtlich persönlicher Geheimzahlen eine große Rolle. Mit der Entwicklung von Versicherungsunternehmen zu Allfinanzinstituten wird die Bedeutung dieser Thematik wachsen.

Unter Katastrophenschutz versteht man die Sicherung von Daten gegenüber Gefährdungen, die nicht im normalen Betrieb liegen, also Backup-Konzepte im Gegensatz zur Recovery durch geeignete Software. Auch hier sind die Möglichkeiten auf den verschiedenen Ebenen sehr unterschiedlich. Die Skala reicht von der Entscheidung eines Außendienstmitarbeiters, seine Dateien auf Diskette zu kopieren, was recht zeitaufwendig ist, bis zur automatischen Führung einer Spiegeldatei auf verbunkerten Platten. Wichtig ist es, das Sicherheitslevel für die einzelnen Datenarten festzulegen. Hierbei sollte ein einheitliches, zentrales Konzept realisiert werden. Die geschäftsmäßige Verantwortlichkeit für die Daten fällt nicht mit der Sicherheitsverantwortlichkeit zusammen. Sie sollte in der Zentrale situiert sein.

Filter 2: Technologien

Die Überlegungen zur Sicherheit haben bereits mehrfach auf die Rolle von Technologien verwiesen. Verfügt man z.B. über zuverlässige Netze, so benötigt man weniger lokale Replikate, muß also geringere Redundanz verwalten. Heutzutage ist man hier recht beschränkt, denn Ausfallzeiten von 20 Minuten kommen bei fast allen Verbindungsarten durchaus vor.

Hier ist ein Wort zu Laptops und Notebook-PCs zu sagen. Diese spielen in den Überlegungen zur Datentopologie eine besondere Rolle, da sie unabhängig vom Netz betrieben werden können. Auf ihnen dürfen nur persönliche, nicht global interessante Daten des einzelnen Außendienstmitarbeiters und kontrollierte Kopien globaler Daten gespeichert werden. Falls sie im Netzbetrieb arbeiten, können sie allerdings zur Eingabe auf allen Ebenen bis hin zu Vertragsänderungs- und Neuvertragseingabe dienen – wenn im Netz zuverlässige SW existiert.

In der Planung sollte man jedenfalls zukünftigen Entwicklungen Rechnung tragen, um nicht mit hohen Umstellungskosten konfrontiert zu werden. Das bedeutet zunächst einmal, überhaupt die Datentopologie unter den Gesichtspunkten »Verantwortlichkeit« und »Verwendungshäufigkeit« zu betreiben, ohne sofort auf die gegebenen technischen Möglichkeiten abzustellen.

Des weiteren ist eine Entscheidung für relationale Datenbanken sinnvoll. Alle kommerziell interessanten Entwicklungen basieren auf dem relationalen Modell, insbesondere die zu Verteilten Datenbankmanagementsystemen. Das hat seinen Grund darin, daß eine Satz-zu-Satz-Navigation (wie z.B. bei DL/I) bei Verteilung der Daten wenig Sinn macht. Diese müssen vielmehr in Gruppen pro Knoten angesprochen werden können, auch wenn Einzelfallauskünfte die Regelabfrage darstellen. SQL ist eine hierfür taugliche gruppenorientierte Abfragesprache. Relationale DB-Produkte für die verschiedenen Ebenen sind außerdem verfügbar, so daß unabhängig vom Gesamtplanungszeitraum mit der Realisierung begonnen werden kann.

Filter 3: Serviceanforderungen

Hier sind vor allem drei Aspekte relevant:

- Antwortzeiten
- Verfügbarkeit
- Aktualität
- Integrität.

Wieder gibt es keinen Königsweg. Es muß von Fall zu Fall gewichtet werden, um zur optimalen Entscheidung zu kommen. Selbstverständlich kann man durch lokale Redundanz Antworten beschleunigen und die Verfügbarkeit erhöhen. Aber eben um den Preis geringerer Aktualität und mangelnder Integrität. Wenn der Sachbearbeiter eine definitive Auskunft zum Vertrag geben muß, sollte er Zugriff auf die juristischen Bestände haben, nicht auf ein nur periodisch aufgefrischtes Replikat. Umgekehrt ist es nicht sinnvoll, Daten, die im Lesezugriff sind und über längere Zeit konstant bleiben, aktuell aus der Zentrale zu liefern.

Es geht bei diesen Fragen um Kompromisse, nicht um Ja-/Nein-Entscheidungen. Viele Versicherungsunternehmen beweisen täglich, daß man mit Zeitverzögerungen im Update leben kann. Aber es bleibt eine wenig ideale Lösung, wenn die Produktionsdaten in der Geschäftsstelle zur Verarbeitungszeit nicht mit denen der Zentrale übereinstimmen können und nur dann sicher integer sind, wenn keine Verarbeitung stattfindet, nämlich nach der zentralen Verteilung, die auf den nächtlichen Massenupdate der Hauptverwaltung folgt.

Filter 4: Zeitrahmen & Kosten

Der Zeitrahmen modifiziert die Speicherlandschaft als elementare Bedingung. Je schneller die Lösung zur Verfügung stehen muß, umso mehr muß man sich auf vorhandene HW-/SW-Konfigurationen stützen und – vielleicht noch wichtiger – umso geringer sind die Möglichkeiten, flexible, aber im Grundsatz dauerhafte Lösungen zu realisieren. Man kann in der Anwendungsentwicklung zwischen langlaufenden Systemen und Programmen unterscheiden, die spontanen Informationsbedürfnissen entspringen und u.U. auch recht kurzlebig sind. Für letztere müssen auch Produktionsmethoden angewendet werden, die dem entsprechen: »quick« und – ein wenig – »dirty« sind hier erlaubt.

Dies gilt nicht für die Datentopologie. Umgekehrt ist eine den Bedürfnissen des Geschäfts entsprechende Verteilung auf die drei Speicherungsebenen die Voraussetzung für solche Schnellentwicklungen. So kann z.B. mit entsprechenden Tools ein PC-Auswertungsprogramm sehr viel schneller zur Verfügung gestellt werden als ein entsprechendes Host-Programm. Außerdem wird es erheblich billiger im Betrieb sein, wenn man von den Fällen absieht, in denen im Batch-Verfahren die nächtliche Ruhe auf dem Großsystem ausgenutzt werden kann – wenn es sie denn überhaupt gibt.

Auch unter Zeitdruck sollten die Perspektiven zukünftiger Verbesserung und Erweiterung nicht vernachlässigt werden.

Eng mit dem Zeitrahmen verknüpft sind die Kosten. Eine sorgfältige Datentopologie ist eine Investition, die sich langfristig rentiert. Sie ist die Basis effektiver Anwendungsentwicklung. Es ist inkonsequent, auf der einen Seite ein Datenmodell zu entwickeln, um unkontrollierte Redundanz auszuschließen und Konsistenz zu erreichen, und auf der anderen Seite Wildwuchs in der Speicherlandschaft zuzulassen.

Selbstverständlich ist eine budgetgerechte Implementationsplanung von Bedeutung. Wieder gibt es eine Parallele zum Datenmodell: Genau wie es unmöglich ist, ein unternehmensweites Datenmodell bis auf die Ebene der einzelnen Attribute vollständig vorzugeben, um dann Projekte zu realisieren, genauso unsinnig wäre eine volle Implementierung der Datenverteilung als zeitliche Voraussetzung der Anwendungsentwicklung. Ähnlich wie das abstrakte Datenmodell mit den einzelnen Projekten verfeinert wird, so wird auch die verteilte Speicherung mit den verschiedenen Anwendungen, die sie verwendet, immer vollständiger realisiert.

Dialogschnittstelle (Präsentation)

Die Präsentationsschicht einer Anwendung hat zwei wesentliche Aspekte:

- was präsentiert wird (Funktionen)
- wie es präsentiert wird (Darstellung, Eingabe- und Ausgabemöglichkeiten).

Es gehört zu den Selbstverständlichkeiten der Anwendungsentwicklung, die Funktionen mit dem Benutzer abzustimmen, da die IV-Abteilung nicht über das gesamte notwendige Wissen über die Bedürfnisse der Fachabteilungen verfügt. Dies ist ein wichtiger Prozeß, auch wenn man ohne Berufspraxis feststellen kann, daß ein Außendienstmitarbeiter diverse Services braucht. Er sollte z.B.

- Neueingabe und Veränderung von Kundendaten vornehmen können
- Auswahlen aus seinen Kunden treffen können
- Beispielsrechnungen mit verschiedenen Tarifen dokumentieren können
- Vertragsangebote schreiben können
- Versorgungsanalysen durchführen können.

Nicht richtig allerdings ist die Vorstellung, daß die potentiellen Benutzer den Funktionsumfang zunächst vollständig definieren und die AE-Abteilung ihn daraufhin als Anwendungssystem realisiert. Dies ist nicht lediglich deshalb verkehrt, da die Benutzeranforderungen auch während des Zeitraums der Anwendungserstellung einem Wandel unterliegen. Die Benutzer kennen auch die Möglichkeiten der Informationsverarbeitung zu wenig, als daß dieser Weg sinnvoll wäre. Um zu einem realistischen Pflichtenheft zu kommen, ist vielmehr ein beständiger Austausch zwischen Benutzern und AE-Abteilung notwendig. In ihm kann eine Verständigung über die technischen Möglichkeiten und den Kostenrahmen herbeigeführt werden. Dies ist keineswegs als Freibrief mißzuverstehen, Benutzeranforderungen »in geordneter Weise« zurückzuweisen: Der Nichtfachmann erkennt i.a. durchaus nicht alle Bezüge, in denen IV ihm Service geben könnte.

Eine Funktion, die in Abhängigkeit von den Aufgaben des einzelnen jedenfalls von großer Bedeutung ist, stellt die Kommunikation dar. Der elektronische Versand von Notes und Dokumenten zwischen den Ebenen kann Reaktionszeiten stark verkürzen und ist insofern ein Mittel, die Effizienz der Bemühungen der Mitarbeiter zu erhöhen. So können z.B. Schadenfälle zügig bearbeitet werden, was laut Hürlimann von den Kunden als ein Hauptindikator für Servicequalität bewertet wird (Hürlimann 1991). Vor allem aber wird die Steuerung des Vertriebs unterstützt.

Eine wichtige Charakteristik des Funktionsspektrums, das ein System zur Verfügung stellt, besteht darin, flexibel anpaßbar zu sein. Der für die Konstruktion von Datenmodellen wichtigen Erkenntnis, daß die Datenbasis erheblich stabiler ist als die Verarbeitungsweisen, muß auch auf dieser Ebene Rechnung getragen werden. Dies gilt speziell im Vertrieb. Jeder Marktveränderung entspricht ein Wandel der Anforderungen an ein unterstützendes Informationssystem.

Hierfür eignet sich eine objektorientierte Benutzerschnittstelle (Winblad 1990). Das Ziel, das mit ihr erreicht wird, könnte man als Anwendungstransparenz beschreiben: Der Benutzer hat nicht mehr die Auswahl zwischen verschiedenen Programmen für unterschiedliche Zwecke wie Korrespondenz oder Beispielrechnungen für Tarife, sondern eine einheitliche Oberfläche mit verschiedenen Objekten wie »Kunde«, »Vertrag«, »Tarif«, etc., auf die bestimmte Aktionen ausgeübt werden können und die spezifische Verknüpfungen zulassen. Dies entspricht den Anforderungen von CUA (Common User Access/Advanced Guide) und ist ein erster Schritt, das Schlagwort »Objektorientierung« in einem »MVS-Shop« mit Leben zu füllen. Zusätzliche Anforderungen könnten dann durch zentralen Versand entsprechender Objekte an die PC-Ebene erfüllt werden, und zwar mit einem Höchstmaß von Konsistenz der Benutzeroberfläche.

Solche »Objekte« bestünden dann aus Programmen, die als PC-Clients die zusätzliche Funktion darstellten. Sie würden durch Icons auf dem Schirm repräsentiert und ließen sich mittels Maus starten. Selbstverständlich müssen auch die zugehörigen Serverprozesse installiert und die benötigte

Datenbasis zugänglich gemacht werden. Aber dies ist für den Benutzer transparent.

Die Frage des »Wie« ist durchaus nicht von geringer Bedeutung. Maus und GUI (Graphical User Interface) können wichtige Faktoren des produktiven Einsatzes sein. Sie müssen es nicht. Vielleicht werden sie sogar am sichersten durch eine schrankenlose Propaganda des »click and drag« und eine übertriebene Begeisterung für »Icons« in Mißkredit gebracht.

Bei kluger Verwendung können unter Einbindung dieser Hilfsmittel oder gemäß den Standards von CUA einfach und gleichartig zu benutzende Anwendungsoberflächen erstellt werden, die sehr flexibel angepaßt und erweitert werden können. Gerade die Vielfalt der unterschiedlichen Funktionen bei der Vertriebsunterstützung läßt eine Fensteroberfläche als geeignet erscheinen. Auf der anderen Seite können die Grafikmöglichkeiten sinnvoll für Auswertungen verwendet werden. Dies ist auch im Außendienst wichtig: »Graphische Darstellungen z.B. der Vorsorgesituation eines Versicherungsnehmers hinterlassen beim Kunden einen starken visuellen Eindruck (insbesondere die Lücken bei Unterversorgung an Versicherungsschutz)« (Hürlimann 1991).

Der stärkste Anstoß zum Ersatz von NPTs (Non-Programmable-Terminals) durch PWS geht wahrscheinlich von der Imageverarbeitung aus. Wenn der Sachbearbeiter die einzelnen Fälle nicht mehr als Papiervorlage bekommt und am Bildschirm verarbeitet, sondern unmittelbar gescannte Dokumente behandelt, entfallen alle Reibungen und Fehler, die aus dem Medienwechsel bei der Terminaleingabe von Geschriebenem resultieren.

An dieser Stelle muß die Frage eines geeigneten Betriebssystems für die PCs entschieden werden. Zur Auswahl stehen im wesentlichen DOS/WINDOWS bzw. OS/2, wobei beachtet werden muß, daß manche Notebook-PCs nur DOS zulassen. Es kommt nun ganz darauf an, wie der Vertriebsarbeitsplatz ausgestattet werden soll. Falls es um eine schnelle Lösung mit gekaufter Standardsoftware geht, so ist sicher das diesbezügliche Angebot für DOS/WINDOWS größer, wenn auch die vielgerühmte Verträglichkeit von WINDOWS 3.0 mit PC-SW inzwischen nicht mehr ganz so positiv beurteilt wird wie zu Beginn (Wall Street Journal 8.3.91, Datamation 1.4.91). Außerdem müssen die mangelnde Robustheit der Software und ihre sehr eingeschränkten Möglichkeiten im LAN berücksichtigt werden.

Falls aber das Vertriebsunterstützungssystem strategisch auf Verbundverarbeitung, also echte Integration, ausgerichtet ist, so empfiehlt sich OS/2 aus verschiedenen Gründen. Diese sind einerseits technischer Natur:

- echtes Multitasking
- Speicherschutz
- bessere Netzwerkfähigkeit.

Andererseits resultieren sie aus der Einbettung von OS/2 in die Systemanwendungsarchitektur (SAA). Die für die Produktion unentbehrlichen Netzbetriebswerkzeuge – wie z.B. zentrale Softwareverteilung mit Versions- und Installationskontrolle oder allgemeine Buchführung über die gesamte Konfiguration – werden vor allem im SAA-Rahmen zur Verfügung gestellt.

Die Alternative eines UNIX-Betriebssystems (UNIX wird hier als Gattungsbezeichnung verwendet – nicht als Trademark von AT&T) stellt sich nur, wenn auf den Geschäftsstellen die Leistungen eines PC-LANs nicht ausreichen und man starke Minicomputer einsetzen muß. Hierbei sollte allerdings sehr genau die Kompatibilität der Komponenten untersucht werden. So stehen unter UNIX zwar sehr entwickelte Techniken für Cooperative Processing zur Verfügung (netzwerkweite Dateisysteme, entfernter Prozeduraufruf (RPC) etc.), aber diese können z. Zt. oft nicht durchgängig in heterogenen Netzwerken verwendet werden. Es ist allerdings anzunehmen, daß SAA- und UNIX-Welt weiter zusammenwachsen werden. In jedem Fall aber steigt durch die Einbeziehung von UNIX die Komplexität des Gesamtsystems stark an, was Folgen für den Entwicklungs- und Wartungsaufwand hat.

Zur Präsentationsschicht gehört auch die Druckausgabe. Hier kann durch Verbundverarbeitung erreicht werden, daß von jedem Eingabepunkt aus an der für den aktuellen Zweck günstigsten Stelle gedruckt werden kann. So könnte vom entfernten PC durchaus eine Brieferstellung im HV-Druckzentrum mit Poststraße ausgelöst werden. Umgekehrt können Dokumente, die durch eine Anwendung mit entfernten Daten versehen wurden, lokal gedruckt werden. Oft ist die vorhandene Druckerwelt allerdings sehr heterogen, und nicht alle Geräte beherrschen sämtliche Emulationen. Es sollte bei der Auswahl verschiedener Hersteller und Typen ein unternehmensweites Druckkonzept zugrunde liegen. Nur so kann garantiert werden, daß der Output auch wirklich an allen Ausgabepunkten möglich ist und tatsächlich gleich aussieht.

Verarbeitungslogik

Die dem Benutzer zur Verfügung gestellten Funktionen müssen durch die Verarbeitungslogik des Systems realisiert werden. Auf dieser Ebene des Designs hat man es mit Funktionen zu tun, die nicht mit denen der Oberfläche identisch sind. Sie zerfallen in

- Prüfungen
- Berechnungen
- Ausgabensteuerung
- Anschlußsteuerung (Control Flow).

Alle diese Verarbeitungsmethoden basieren auf Dateizugriffen.

Für die optimale Plazierung der Verarbeitungsmodule innerhalb der Rechnerebenen müssen verschiedene Gesichtspunkte berücksichtigt werden, die voneinander unabhängig sind und teilweise entgegengesetzte Konsequenzen haben (Abb. 7.5).

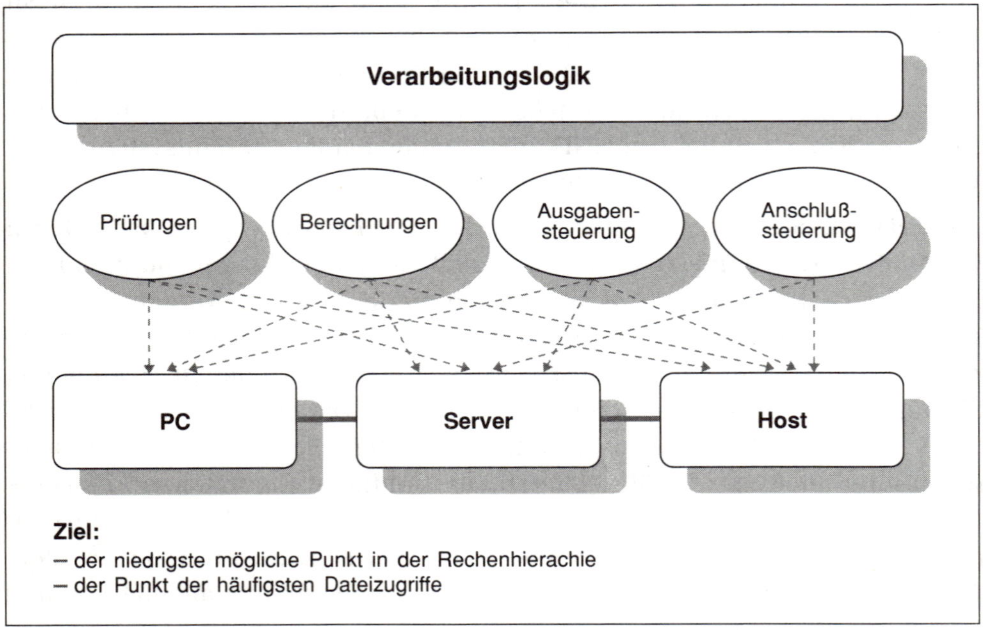

Abb. 7.5: Plazierung der Verarbeitungsmodule innerhalb der Rechnerebene

Es sollte der niedrigste Punkt in der Rechnerhierarchie gewählt werden, die Verarbeitung also möglichst mit der grafischen Präsentation auf dem PC durchgeführt werden: vor Ort eben! Dies gilt auch, da dort die Rechenleistung am billigsten ist. Entsprechend können z.B. Formalprüfungen auf dem PC durchgeführt werden.

Es sollte der Punkt der häufigsten Dateizugriffe gewählt werden, um die Netzkosten zu minimieren. So wird z.B. das Modul, das die komplexen Prüfungen durchführt, die mit einer Vertragsänderung verbunden sind, auf dem Host laufen. Die Kalkulation des Orts maximaler Dateizugriffe ist bei Programmen, die Daten aus den verschiedenen Ebenen in unterschiedlicher Weise (READ/UPDATE) mit wechselnden Volumina benötigen, äußerst kompliziert durchzuführen.

Es versteht sich von selbst, daß die implementierten Funktionen für den Benutzer teilweise transparent sind. Ein Beispiel: Darin, daß der Mitarbeiter die verschiedenen Prüfungen, die z.B. eine Änderung der »versicherten Person« beinhaltet, nicht aktuell anwenden muß, sondern dies automatisch durch das System geschieht, liegt ja gerade ein Rationalisierungspotential.

Bei diesen Funktionen der Designebene kommt es auf Wiederverwendbarkeit an, und zwar in zwei Hinsichten:

- verschiedene Endgeräte (Portabilität)
- verschiedene Anwendungen (Reusability).

Es ist sinnvoll, z.B. die Tarifrechnungen für Versicherungen auf jeder HW-Basis mit demselben Programm vorzunehmen. Gerade bei hohen Qualitätsanforderungen ist Mehrfachentwicklung ungünstig.

Bei Reusability (vgl. Biggerstaff 1989) kann man drei Ebenen unterscheiden:

- Analyse
- Design
- Code.

Meist wird nur an die Quellprogramme gedacht. So werden viele Möglichkeiten übersehen. Gerade auf Analyse- und Designebene können sehr große wiederverwendbare Komponenten entdeckt werden, etwa ganze Funktionen oder sogar Teilsysteme.

In bezug auf Wiederverwendung bereits existierenden Codes in anderen Programmsystemen ist neben der Wahl eines auf allen Plattformen funktionierenden Compilers vor allem wichtig, die richtige Größe der als SW-Bausteine zur Verfügung stehenden Module zu definieren. Setzt man sie zu niedrig an, lohnt sich die Suche nach ihnen nicht. Im umgekehrten Fall verschenkt man Möglichkeiten. Es ist klar, daß die Geschwindigkeit der Suche und damit die Effektivität der Wiederverwendung von der Qualität der Tools zur Softwareverwaltung entscheidend abhängig ist. Auch in dieser Hinsicht ist ein Repository von großer strategischer Bedeutung.

Da die verschiedenen Software-Bausteine miteinander kommunizieren müssen, wird auch ein System von Schnittstellenstandards notwendig. Besonders wichtig allerdings ist eine nicht-technische Komponente: die Programmierkultur. Es gibt einen Arbeitsstil, dem es einfach fremd ist, über Reusability nachzudenken, da jeder Job als Herausforderung an die Kreativität begriffen wird. Rigide Vorschriften, die unpraktische Wiederverwendung fordern, unterstützen diese Kultur, auf deren Abschaffung es in großen Abteilungen ankommen muß. Sie widerspricht methodisch kontrolliertem Vorgehen und höhlt die Verwendung von SW-Tools zur Anwendungsentwicklung aus (vgl. Humphries 1989). Hier muß vom Management behutsam eingegriffen werden, um die Kreativität auf die richtige Stelle zu lenken, ohne die Motivation zu zerstören.

Herausforderungen des IS-Managements

Verteilte Verbundverarbeitung ist nicht bloß eine neue Technik, die mit traditionellen Managementmethoden in die bestehende Landschaft integriert werden kann. Die Einbeziehung von PCs in die unternehmensweite Informationsverarbeitung, ihre Verwandlung aus lediglich persönlichen Rechnern in flexible, programmierbare Arbeitsstationen also, stellt neue Aufgaben, die innovativ angegangen werden müssen. Die bedeutendsten Problembereiche sind:

- die Redefinition der Verantwortlichkeiten für Geschäftsprozesse und zugehörige Daten;
- die Erstellung einer optimierten Datenverteilung innerhalb der Speicherhierarchie;
- die Entwicklung eines unternehmensweiten Sicherheitskonzepts;

- die Auswahl von Verfahren und Hilfsmitteln zur produktiven Entwicklung verteilter Anwendungen;
- die Realisierung eines hochkomplexen Netzwerkmanagements.

In keiner dieser Problemzonen können rein technische Lösungen ausreichend greifen. Es geht vielmehr darum, Lösungsprozesse unter Zuhilfenahme von Technik, Erfahrung und Psychologie zu arrangieren.

Literaturverzeichnis

THOMAS J. PETERS/ROBERT H. WATERMANN J.
In Search of Excellence – Lessons from America's Best-Run Companies;
New York, 1982

JOSEPH N. FRY
J. PETER KRILLNIG
Strategie Anerlysis and Action;
New Fersey, 1986

JAMES M. KONZES,
BARRY Z. POSNER
The Leadership Callenge;
San Francisco, Oxford, 1991

T. BIGGERSTAFT (HG.)
Software Reusability,
Vd. I&II;
Reading 1989

A. WINBLAD U. A.,
Object-Oriented Software;
Reading 1990.

DATE,
Relationale Database – Selected Writings 1985 – 1989;
Reading 1990

S. CERI, G. PALAGATTI,
Destributed Databases;
New York 1984

A. HERMANNS,
V. FLEGEL,
Electronic Marketing im Versicherungsaußendienst
in : Versicherungswirtschaft
Heft 8, 1991

S. MULLENDER (HG.),
Distributed Systems;
Reading 1989

W. HUMPHREY,
managing the Software Process;
Reading 1989

R. HÜRLIMANN,
L. FOPP,
Service-Management in der Assekuranz, in:
Versicherungswirtschaft
Heft 10, 1991

M. PELTZER

*Was bedeutet »objektorientiert«?**

---

* *Dieser Beitrag ist eine überarbeitete Fassung einer Artikelreihe in der Computerwoche (Ausgaben 33-35 1991)*

Vorbemerkung

➡ *It is a capital mistake to theorize before you have all the evidence. It biases the judgement.*
(Sherlock Holmes)

Die Antwort ist ein wenig umständlich, da das Wort heutzutage in erstaunlich vielen Zusammenhängen Verwendung findet. Es gibt deshalb auch phantastisch reichhaltige Gelegenheiten, mit scheinbar präzise formulierten Sätzen geradewegs aneinander vorbeizureden. Die Basiskonstellation ist simpel: A verwendet »objektorientiert« (oo) hinsichtlich Programmierung, B, um die Analyse zu kennzeichnen, C zur Charakterisierung einer Benutzeroberfläche usw. usf.

Zweierlei scheint allerdings Allgemeingut: zum einen ist »objektorientiert« ein Gütesiegel. Man findet kaum noch Software, die nicht »oo« ist. Dieser Marketingaspekt soll hier nicht weiter behandelt werden. Zum anderen scheint jedem klar, daß »oo« viel mehr als eine Bezeichnung ist, die einige Merkmale zusammenfaßt. Es handle sich um eine »Philosophie« oder jedenfalls um ein »Paradigma«, so hört man. Ich möchte im folgenden einen Überblick über die Verwendungsweisen von »Objektorientierung« geben, um einige geistige Hinweisschilder im Dickicht der klugen Gespräche aufzustellen, die sich mit dieser »Prachtstraße zu Softwareentwurf und -realisierung« befassen (so Bertrand Meyer, ein Franzose, der mit dem Namen der von ihm entworfenen »oo«-Sprache nicht wenig anspruchsvoll an einen Hardware-Architekten erinnert: Eiffel).

Den »harten Kern« der ganzen Objektorientierung bildet nach wie vor die Ebene der Programmiersprachen. Hier hat »oo« eine einigermaßen allgemeingültige Bedeutung, und hier ist auch der Ausgangspunkt der Invasion von »oo«-Begrifflichkeit in alle möglichen Abteilungen der Anwendungsentwicklung von der Gestaltung der Benutzeroberfläche über Analyse und Design bis zu den Datenbanken zu finden. Ich werde im folgenden zunächst auf objektorientierte Programmierung und Datenbanken eingehen. Daraufhin werde ich aufzeigen, was »oo« als abstraktes Konzept allenfalls bedeuten kann (Sprache, Paradigma). Auf dieser Basis beschreibe ich, wie Objektorientierung in den der Programmierung vorgelagerten Phasen der Anwendungsentwicklung sinnvoll eingesetzt werden kann, und zwar in einem Großsystemumfeld, wie es für kommerzielle Informationsverarbeitung typisch ist. Hier gibt es noch wenig Einigkeit, insbesondere was das Design betrifft. Die Darstellung ist also recht subjektiv.

OO-P (Programmierung)

Da schon viel Vernünftiges über OOP geschrieben wurde, kann ich mich hier besonders knapp fassen. Es geht im Grunde schlicht darum, daß eine Programmiersprache die fundamentalen »oo«-Konzepte unterstützt. Leider ist es ein wenig vom Konstrukteur der Sprache abhängig, was er für fundamental hält.

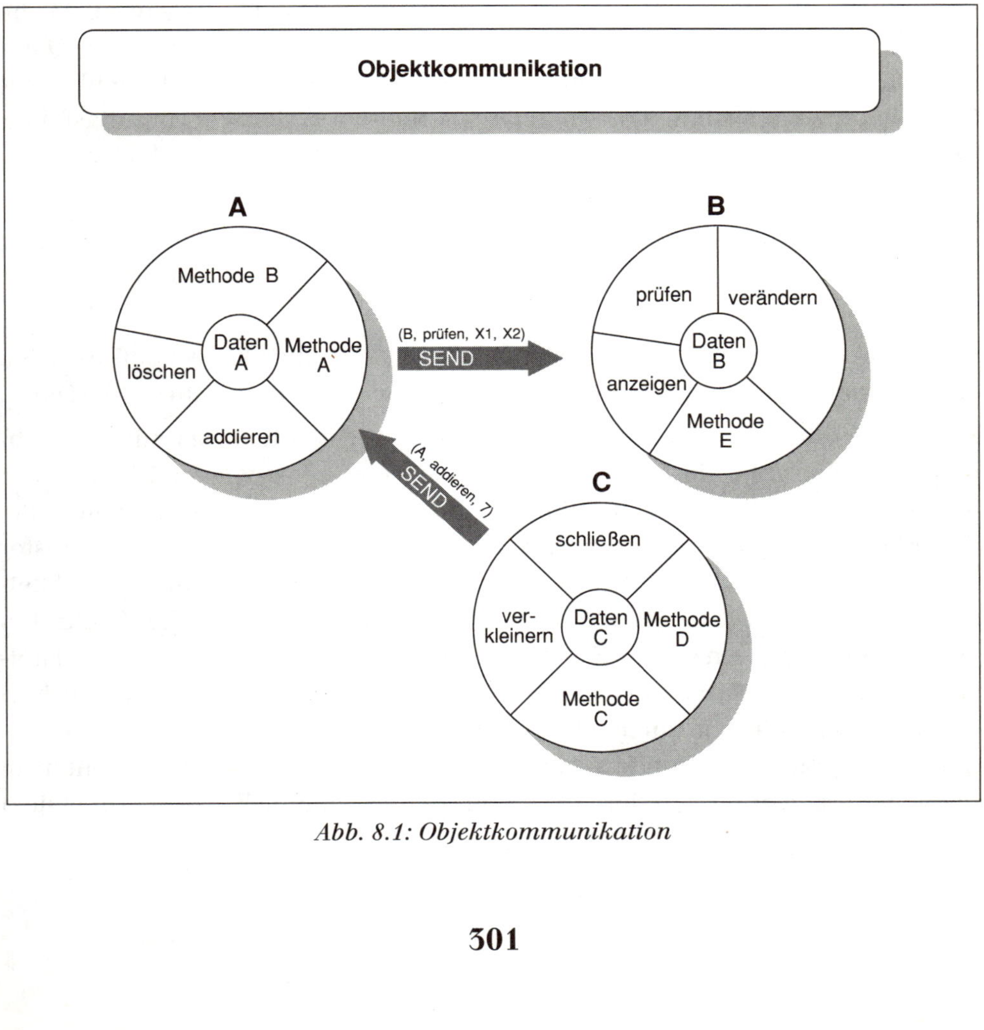

Abb. 8.1: Objektkommunikation

Encapsulation

Ein Objekt besteht aus Daten und Methoden. Diese bilden eine Einheit, insofern ausschließlich durch die festgelegten Methoden auf die Daten zugegriffen werden kann. »Methoden« heißen diese Prozeduren dank SMALLTALK. Man kann sich bildlich die Datenstruktur gleichsam von den zugehörigen Methoden eingekapselt vorstellen – daher stammt auch die Bezeichnung. So wäre z.B. ein WINDOW ein Objekt, dessen Daten aus den verschiedenen Koordinaten, Farbdefinitionen etc. bestehen. Ein Fenster kann man vergrößern, verkleinern und natürlich auch schließen, also müssen entsprechende Methoden programmiert werden. Diese bilden dann mit den Daten das Objekt. Objekte kommunizieren über Nachrichten (Messages) miteinander. Diese Nachrichten enthalten die Auswahl der Methode, die angesprochen wird, und eventuelle Parameter. Sie haben also z.B. das Format (O; M; P1,...Pn), wobei – das angesprochene Objekt (Receiver), M die Methode (Selector) und π die notwendigen Parameter repräsentieren. Diese sind von der Methode abhängig. Im Fensterbeispiel benötigt »Schließen« keine Parameter, wohingegen man bei »Verkleinern« den Verkürzungsfaktor mitgeben muß, damit die neuen Koordinaten berechnet werden können.

Abstraction

Objekte werden durch Merkmalstypen abstrakt in einer Klasse definiert. Sie selbst bilden – mit konkreten Daten – Exemplare (Instances) ihrer Klasse.

Was ich beim Programmieren wirklich festlege, ist nicht das einzelne Objekt, sondern seine Klasse. Diese kann allerdings selbst wieder Objekt einer Metaklasse sein. Bei der Definition der Klasse geht es um alle Attribute, die den Klassenexemplaren gemeinsam zukommen. Am Beispiel: Jedes Fenster hat einen Rahmen, Vergrößerungs- und Verkleinerungsbuttons, eine Titelzeile u.s.w. Nicht Gegenstand der Klassendefinition sind alle konkreten Werte, die einem einzelnen Fenster zukommen, also z.B., was in der Titelzeile steht. Bei unserem WINDOW werden also nicht alle Koordinaten hart codiert – das wäre ja auch ein absurder Rückschritt gegenüber konventionellen Sprachen –, sondern über Variablen definiert, deren Datentyp in machen Sprachen nicht fixiert zu sein braucht (Dynamic Typing). Ein Objekt entsteht dann durch »Instantiation«, d.h. den Variablen werden konkrete Werte zugeordnet.

Inheritance

Klassen können eine Hierarchie (vom Abstrakten zum Konkreten) bilden. Die Subklassen erben Datentypen und Methoden ihrer Supraklasse. Bei Multiple Inheritance sind für eine Klasse mehrere Oberklassen möglich.

Hier merkt man, wie nützlich der Ansatz ist: Reusability ist sozusagen konzeptionell eingebaut. Ich brauche nicht in traditioneller Weise nach Codierung eines Fensters den allgemeinverwendbaren Teil in kluger Weise zu kopieren, sondern setze WINDOW als Supraklasse bei der Definition der anderen Fenster ein. Brauche ich ein Exemplar, das Eingabefelder enthält, definiere ich es als Subklasse WINDOWE und muß nur die zusätzlichen Variablen und Methoden codieren. Benötige ich ein Fenster mit einer Auswahl, so definiere ich eine andere Subklasse WINDOWA und muß lediglich die Buttonreihe für die Auswahl (inclusive Methoden natürlich) programmieren. Falls Multiple Inheritance zugelassen ist – das ist nicht in jeder Sprache der Fall –, könnte ich nun eine Fensterklasse WINDOWAE, in der die Eingaben gemäß einer Auswahl bearbeitet werden, allein dadurch festlegen, daß ich sie als Subklasse von WINDOWA und WINDOWE definierte. Eine u.U. notwendige Anpassung der Methoden könnte durch Überschreiben erfolgen. Es leuchtet ein, daß man mit der Tiefe solcher Vererbungshierarchien aufpassen sollte, um nicht in Probleme beim Änderungsdienst zu geraten.

Polymorphismus

Das bedeutet, daß ein und dieselbe Methode (z.B. Anzeigen) auf verschiedene Datentypen wirkt (z.B. Text, Grafik, Image). Anders ausgedrückt: Wird eine Nachricht, die z.B. die Methode »Print« aufruft, an unterschiedliche Objekte wie Texte oder Diagramme gesendet, so wirkt sie gleichermaßen. Erreicht wird dieser Effekt dadurch, daß man »Print« pro Klasse unterschiedlich implementiert. Technisch gesehen ist »dynamic binding« unterstellt, d.h. die Befehle werden erst zur Laufzeit mit den ausführbaren Instruktionen verbunden.

Information Hiding

So wird die Technik bezeichnet, möglichst viele Details der Implementierung zu verstecken. D.h. es kann nur auf einen Teil der zum Objekt gehörigen Daten und Methoden von anderen Objekten aus zugegriffen werden. Dies wird von manchen Sprachen dadurch unterstützt, daß man bei der Definition von Variablen und Methoden die Attribute »public« oder »private« vergeben kann. Sämtliche Festlegungen, die »private« sind, können vom Programmierer geändert werden, ohne daß sich Konsequenzen für die Wartung der anderen Klassen ergeben. Die öffentlichen Variablen und Methoden, deren Änderung Anpassungen an anderen Klassen notwendig macht, heißen Protokoll.

Grundsätzlich kann man zwischen reinen »oo«-Sprachen, wie SMALLTALK und EIFFEL sowie hybriden Sprachen, wie C++ unterscheiden. Hierbei haben erstere, die speziell für objektorientierte Programmierung entwickelt wurden, den Vorteil, daß alle ihre Möglichkeiten konsequent auf »oo« abgestimmt sind. So ist es für den Neueinsteiger leichter, Rückfälle in die alte Methodik zu vermeiden. Dies ist ein Risiko bei C++ oder Object Pascal. Umgekehrt besitzen solche auf bekannten Sprachen aufbauenden »oo«-Erweiterungen den Vorzug, daß der Programmierer an ihre Systax gewöhnt ist.

Für die Entscheidungsfindung in der Praxis ist sicherlich nicht nur die Geschlossenheit des Systems und die Eleganz der Lösung wichtig, sondern auch

- Kompatibilität (Welche Plattformen?)
- Geschwindigkeit (Compiler oder Interpreter?)
- Größe der Klassenbibliothek

Speziell der letzte Punkt ist von besonderer Bedeutung, denn das Ideal »Programmieren nach dem Baukastenprinzip« unterstellt, daß der Hersteller der Sprache möglichst viele vordefinierte Klassen mitliefert. Trotzdem wird man für die eigenen Belange Spezifisches konstruieren müssen. In großem Rahmen wird die Bibliotheksverwaltung problematisch: Wie kann gesichert werden, daß dasselbe Modul nicht unter fünf Namen programmiert wird? Wie kann man sicher das richtige Objekt finden (bei mehr als 1.500 gelieferten Klassen als Basis)? Wie kann die Verantwortlichkeit für die Bibliotheken (pro Projekt?) geregelt werden?

Die Wahl einer Sprache kann nur unter Berücksichtigung des konkreten Umfeldes erfolgen. Meines Wissens gibt es zur Zeit noch keinen »oo«-Compiler für MVS oder andere Großsystembetriebssoftware. In solchen Umgebungen kommt OOP also zur Zeit nur für Frontendprozesse auf PCs im Rahmen von Verbundverarbeitung mit Hostsystemen (z.B. als Datenbankserver) in Frage. Für diesen Fall ist die Entwicklungsumgebung Enfin/2 sehr interessant (allerdings ein Interpreter). Es handelt sich um ein – SMALLTALK ähnliches – komplettes objektorientiertes Programmier-Environment mit Fenstertechnik auf Windows 3.0 oder OS/2 basierend, das die Kommunikation mit dem Host auf LU 6.2 (APPC) unterstützt.

OO-DB (Datenbanken)

Die Ansätze zu objektorientierten Datenbanken stellen in gewisser Weise eine Ergänzung zur »oo«-Programmierung dar. Die Objekte existieren als Instanzen von Klassen zunächst lediglich zur Laufzeit des Programms. Sollen sie dauerhaft, wiederverwendbar und auch für andere benutzbar gemacht werden, dann reicht es nicht aus, sie in Dateien abzuspeichern. Falls mehrere Personen mit diesen Objekten arbeiten wollen, sind Kontrollmechanismen notwendig für

- gleichzeitigen Zugriff (Concurrency Control)
- Integrität (die Abhängigkeiten müssen berücksichtigt werden)
- Sicherheit (Recovery, Zugriffsschutz).

Man braucht also ein Datenbankmanagementsystem, das Objekte, also Daten und zugelassene Prozeduren gemeinsam abspeichert. Damit der Nutzen dieses neuen Konzepts deutlich wird, muß man allerdings davon ausgehen, daß die verarbeiteten Datentypen vielfältig, unregelmäßig und komplex sind. Geht es um Daten, die sich unmittelbar in Satz- oder Tabellenform darstellen lassen, so ist das relationale Modell ausreichend. Für diese simplen Datenstrukturen können durchaus die erlaubten SQL-Befehle, Typprüfungen und Trigger für referentielle Integrität als Quasi-Methoden interpretiert werden. Die schlichte Tatsache, daß wir es im kommerziellen

Bereich ohnehin noch lange Zeit mit relationalen DBMS zu tun haben, stellt sich so in günstigerem Licht dar (vgl. Winblad 1990).

Das heißt allerdings nicht, daß man nicht in einem »oo«-ähnlichen Sinne RDBMS verbessern könnte, indem man das Konzept der referentiellen Integritätsprüfung verallgemeinert. So könnte man z.B. Prüfroutinen, Trigger und Prozeduren, die für bestimmte VIEWS der Datenbasis gelten, zusammen mit ihnen abspeichern. Statt in den Applikationen, die die in der VIEW definierten Daten verwenden, werden sie einheitlich im DBMS verwaltet. Je mehr solcher Quasi-Methoden man mit flexibel konstruierbaren Datentypen ablegen kann, um so größer sind die Datensicherheit, die Wiederverwendung von Code und die Vereinfachung der Applikationskonstruktion. Diesen Weg gehen z.B. SYBASE und INGRES.

Anders sieht es schon aus, wenn man an eine Büroumgebung denkt. Hier treten neben den »klassischen« Datentypen Texte und – in Zukunft vermehrt – Bilder, Sprache etc. auf. Diese können nicht zureichend in relationalen DBMS verwaltet werden. Eine Anwendung, die auf die verschiedenen Datentypen zugreift, müßte die zugrundeliegenden verschiedenen Speicherungskonzepte selbst verwalten. Das Interesse, diesen Aufwand zu vermeiden, ist ein praktischer Ausgangspunkt für ein OO-DBMS. Es böte eine gleichmäßige Schnittstelle für alle Datentypen und vereinfachte damit die Anwendungsentwicklung und -wartung erheblich. So wurde z.B. OZ+ für Büroinformationssysteme entworfen (vgl. Kim 1989).

Ein anderer Ansatzpunkt ist das CASE-Umfeld, in dem ebenfalls komplexe Datentypen auftreten, die nur spezielle Bearbeitungsmethoden zulassen. Die verschiedenartigen Produkte von Analyse- und Designtools, Generatoren und Wartungsinstrumenten sollten in allen ihren Versionen in einem einheitlichen Information Resource Dictionary System (IRDS) verwaltet werden können.

Ein Hauptanwendungsgebiet von OO-DB-Konzepten scheint mir im technischen Bereich (CAD/CAM) zu liegen, denn beim Arbeiten mit Grafik und in der Produktion fallen sehr verschiedenartige Datentypen an, die ausschließlich in spezieller Weise bearbeitet werden sollen, so daß »Encapsulation« als sinnvolles Prinzip einleuchtet.

Innerhalb eines Konzepts demgemäß die Objekte unmittelbar und unzerlegt gespeichert werden, kann zwischen einem »reinen« und einem evolutionär an SQL anknüpfenden Ansatz unterschieden werden. Letzterer hat den Vorteil, bestehende RDBMS besser integrieren zu können. IBM forscht z.B. in diese Richtung. Einen Ansatz, der kompromißlos eine neue Technologie verwendet, stellt z.B. ORION dar (vgl. Kim 1989, s.o.). Dieses System ist auf CAD/CAM und Expertensystemanforderungen ausgerichtet.

Es bleibt aber festzuhalten, daß die Entwicklung noch so sehr in den Anfängen steckt, daß gar kein Konsens darüber herrscht, was ein »reines« Konzept eigentlich ist (Grundlegend ist: R.G.G. Cattel, Reading 1991; vgl. auch: Rajiv Gupta, Ellis Horowitz 1991) und wie z.B. »Inheritance« sinnvoll implementiert werden kann.

Sprache

Ich beginne den Ausflug in die höheren Sphären von »oo« mit der Sprache, da die unmittelbare Bedeutung des Worts »Objektorientierung« eine Art Folie ist, auf der sich die fachspezifischen Bestimmungen darstellen.

Der Begriff »Objekt« ist sehr abstrakt. Er unterscheidet einen beliebigen Sachverhalt lediglich in zwei Hinsichten von anderen: Erstens wird dieser Sachverhalt als selbständige Einheit gekennzeichnet und zweitens wird er einem Subjekt gegenübergestellt, d.h. als Gegenstand eines Willens betrachtet. Das Subjekt kann mit dem Objekt tun, was es will, unter der Bedingung, daß es die Merkmale und inneren Gesetzmäßigkeiten des spezifischen Gegenstandes beachtet. »Objektorientiert« bedeutet also nichts weiter, als Sachverhalte als Einheiten zu betrachten unter dem Gesichtspunkt, was man mit ihnen anstellen kann bzw. will.

Diese Bindung an bestimmte Vorhaben eines Subjekts ist von entscheidender Wichtigkeit, da man ansonsten nicht versteht, wieso dasselbe Ding in ganz verschiedener Hinsicht Objekt sein kann, bzw. – schärfer – sich als verschiedene Objekte darstellen kann. So ist ein PC vom Standpunkt des Herstellers aus etwas völlig anderes als vom Standpunkt des Benutzers. Der eine betrachtet ihn als eine Liste von Teilen, die in bestimmter Ordnung montiert werden müssen, während der andere ihn als Hardwarebasis seiner Programme schätzt. Erst wenn er nicht mehr funktioniert, fällt dem Benutzer sein PC als Hersteller-Objekt in dem Sinne wieder ein, daß er versucht, das schadhafte Teil auswechseln zu lassen. Als Objekt ist ein Ding also immer in

Beziehung auf ein Subjekt gedacht. Nicht der PC ist also im engeren Sinne Objekt, sondern die Relationen (PC, Produzent) oder (PC, Benutzer).

Nehmen wir statt des Benutzers einen Verkäufer. Es liegt auf der Hand, daß der PC als Objekt eines Anwendungssystems für die Produktion, wo er über den Status seiner Montage Auskunft geben muß, völlig anders aussieht als im System »Vertriebsunterstützung«, in dem er so illustre Attribute wie Preis und Bestellnummer hat, die in der Herstellung keine Rolle spielen. Nichts ist falscher, als den Ausdruck »Objekt« mit »Ding« zu identifizieren – obwohl natürlich die spezifischen Eigenschaften des Dings die Grundlage der Beziehung zum Subjekt sind und damit der Objektkonstitution.

Paradigma

Der in der Informationsverarbeitung beliebte Ausdruck »Philosophie« ist dort eigentlich völlig fehl am Platze. Gemeint sind meist abstrakte Grundsätze, die eine Betrachtungsweise konstituieren, Paradigmen eben. In diesem Zusammenhang gewinnt »Objektorientierung« dadurch Konturen, daß sie vom »prozeduralen Ansatz« abgegrenzt wird. So bemerkt G. Booch, man könne aus den Verben einer Programmspezifikation auf die Prozeduren und aus den Substantiven auf die Objekte schließen (1989). Daten (Objekte) und die Weisen ihrer Verarbeitung (Prozeduren) gehören jedoch zusammen, d.h. sie machen voneinander getrennt gar keinen Sinn. Es kommt ja auch zu recht niemand auf die Idee in Fragen »Satzkonstruktion« einen »major shift« vom Tu-Wort-Approach zum Ding-Wort-Ansatz zu vollziehen! Gern wird die »OO-Philosphie« auch am Kontrast von Diagrammen verdeutlicht. Hausbacken, antiquiert etc. ist dann eine functional decomposition (Abb. 8.2).

Daß das nichts taugt, bemerkt der Kenner gleich an den starren Kästen und geraden Linien. Modern, lebendig und irgendwie natürlicher, weil rund, ist da schon »oo« (Abb. 8.3).

Auf dieser Ebene bildet »oo« lediglich einen Beitrag zur Pausen- und sonstigen Unterhaltung.

Das ist schade, denn das Paradigma der Objektorientierung kann sehr nützlich sein. Es leuchtet einem schnell ein, wenn man z.B. an eine Verkehrsflußsimulation denkt. Die einzelnen Fahrzeuge stellen sich als relativ unabhängige und selbständig bewegende Einheiten dar, die aber aufeinander und auf gewisse Zeichen reagieren. Könnte man das nicht am besten durch Module repräsentieren, in denen gewisse Daten (Geschwindigkeit, Ort, Richtung, Fahrzeugart) mit Verarbeitungsweisen (Ändern, Anzeigen) zusammengeschlossen sind? Diese reagieren dann auf Nachrichten, die sie sich untereinander zusenden, oder von anderen Objekten (z.B. Ampel) zugesandt bekommen. In der Tat wurde »oo« nicht von modernen Philosophen entworfen, sondern von Programmierern, die Simulationsmodelle konstruierten, und zwar in den 60er Jahren (Simula).

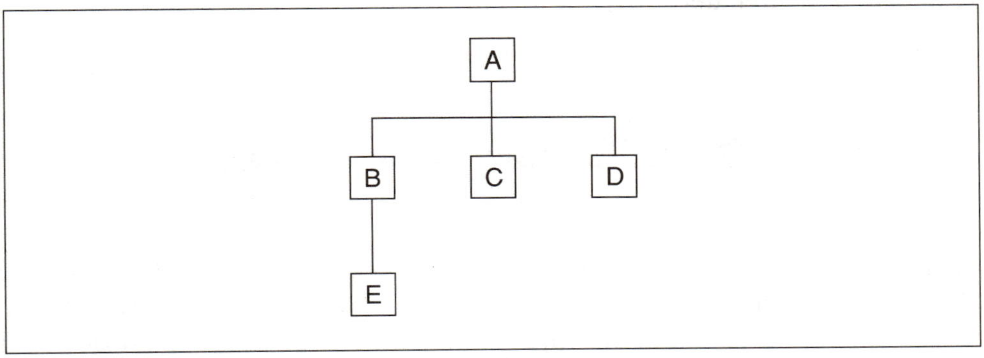

Abb. 8.2: Diagramm – funktionale Dekompositon

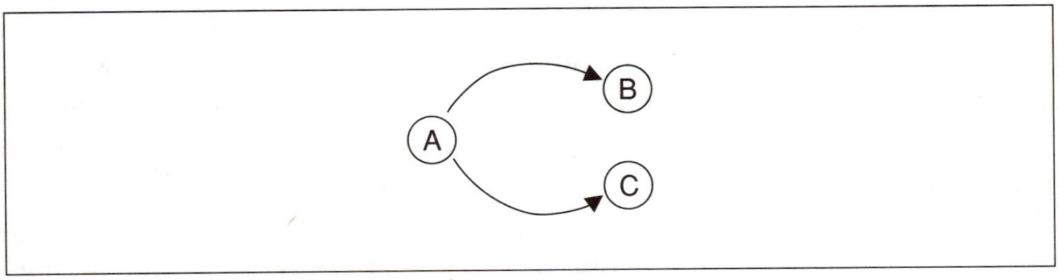

Abb. 8.3: Diagramm – objektorientiert

Aber auch der sog. prozedurale Ansatz hat seine gute Grundlage in der Analogie zu Arbeitsabläufen, die durch Anwendungssysteme unterstützt werden. Das Dekompositionsdiagramm kann einige Plausibilität für sich beanspruchen; es wurde nicht aus Rigidität erfunden. Denkt man nämlich statt an Beziehungen selbständiger Elemente (Simulation) an einen fixierten Arbeitsprozeß mit definierten Zuständen und Varianten, dann paßt es sehr gut: Kunde A will eine Versicherung abschließen, eine Haftpflichtversicherung, als Lehrer, unter Einschluß des Fahrrads, B seine auflösen usw. Der Hierarchie der Masken kann durchaus eine notwendige Folge der Arbeitsschritte entsprechen und die Menüauswahl spiegelt unter Umständen exakt die Varianten der Verarbeitung wider.

Auf dieser abstrakten Ebene, auf der der Streit von den Philosophen beider Richtungen am liebsten geführt wird, kann also gar nicht ausgemacht werden, was das bessere Prinzip ist.

Im folgenden soll aufgezeigt werden, was »oo« sinnvollerweise auf den verschiedenen Ebenen der Anwendungsentwicklung bedeuten kann.

OO-UI (Benutzerschnittstelle)

Maus, Icons und Fenster haben an sich mit Objektorientierung nichts zu tun. Sie können allerdings Mittel sein, eine wirklich objektorientierte Oberfläche zu gestalten. Eine Auswahl an Objekten, die durch den Arbeitsplatz definiert ist (z.B. »Vertrag«, »Kunde« etc.), in herkömmlicher Menütechnik präsentiert und mit einer Auswahl von Verarbeitungsmethoden durch Funktionstasten versehen (z.B. »Löschen«, »Ändern« etc.), ist durchaus schon der Ansatz zu »oo«. Die Spaltung eines Arbeitsprozesses in Objekte (z.B. Vertrag) und Aktionen (z.B. Löschen) ist nämlich die Grundlage der zentralen Idee einer »oo«-Oberfläche. Der »prozedurale Ansatz«, also das übliche Maskendesign, besteht demgegenüber darin, sofort die Einheit von Objekt und Aktion im Arbeitsvorgang als Menüpunkt auf dem Bildschirm darzustellen (also: »Vertrag ändern«, »Kunde anlegen« usw.). Das »Ändern« unter einer Funktionstaste, das je nach Vorauswahl des Objekts auf »Vertrag« und »Kunde« wirkt, ist ein Polymorphismus, auch wenn der Programmdesigner dieses schwere Wort gar nicht kennt. Solch ein Screen ist dem »oo«-Gedanken näher als der Click auf einen Button, das »Datei suchen« auslöst.

Sie besteht darin, auf dem Schirm die Objekte zu repräsentieren, die der Benutzer, das Subjekt, zu manipulieren gedenkt, und ihm Instrumente für diese Manipulation zur Verfügung zu stellen. Die Benutzerschnittstelle erscheint als Angebot, entsprechend den Möglichkeiten der Objekte, diese mit Tastatur- oder – beim GUI – Mauseingaben frei zu bearbeiten.

Betrachten wir beispielsweise den Platz eines Sachbearbeiters in einer Versicherung, so werden in einer »oo«-Oberfläche Verträge, Briefe, Partner, Schäden etc. symbolisch repräsentiert, und die Sachbearbeitung ist eine symbolische Manipulation der Repräsentanten.

Die Imageverarbeitung wird in diesem Zusammenhang sehr bedeutsam, da durch sie in vielen Bereichen nützliche Bildschirmobjekte generiert werden können. Dadurch ist sie eine wirkliche Basis für die produktive Nutzung einer grafischen Benutzeroberfläche an heutigen Bildschirmarbeitsplätzen.

Farben, Fenster und Maus für sich bilden keineswegs bei jeder Anwendung einen Fortschritt an Softwareergonomie. Eine reale Arbeitserleichterung kann aber erreicht werden, indem die Anzahl der Übergänge vom einen Medium (Papier) zum anderen (Bildschirm) reduziert wird. Mit Hilfe der Imageverarbeitung können die zu bearbeitende Eingangspost oder Formulare als Bildschirm-Objekte dargestellt werden. Unser Sachbearbeiter kann beispielsweise die gescannte Eingangspost ansehen, indem er das sie repräsentierende Icon mit Hilfe der Maus über einen ebenfalls als Icon dargestellten Browser bewegt. Falls es sich um einen Beschwerdebrief handelt, kann dieser zügig im elektronischen Papierkorb »abgelegt« werden. Geht es um eine Vertragsänderung, werden die zu modifizierenden Daten mit der Maus dem Objekt »Vertrag« übergeben. So erhöht sich die Qualität der Arbeit, da Lese- oder Tippfehler des Sachbearbeiters ausgeschaltet werden. An diesem Beispiel ist deutlich, wie sich die Vorteile eines Graphical User Interface (GUI) in eine objektorientierte Bildschirmgestaltung einpassen.

Ein Blick auf das, was für »oo«-Fans als Steinzeit gilt: Heute hat der Sachbearbeiter einen Stapel Unterlagen, loggt sich in ein System ein, startet seine Anwendung und beginnt beispielsweise die Schadenbearbeitung. Falls ein Brief geschrieben werden muß, kann eine weitere Anwendung aufgerufen werden, die im günstigen Fall bereits eingegebene Daten übernimmt. Mit solchen Neandertalersystemen gibt es gewisse Probleme:

1 Die durch das Design gegebene Reihenfolge der Bearbeitungsschritte ist im allgemeinen nicht sachlich notwendig. So wird die Flexibilität beschränkt.

2 Die verschiedenen Aspekte der Tätigkeit des Sachbearbeiters sind im allgemeinen nicht vollständig integriert, ja sie sind nicht einmal vollständig durch Anwendungen unterstützt.

3 Die Anwendungssysteme sind nicht so einfach, daß die Fachkenntnisse ausreichen, um sie zu beherrschen.

Die Vorteile einer »oo«-Oberfläche werden plakativ dadurch beschrieben, daß man in den letzten Sätzen das Wort »nicht« streicht. Für den Benutzer gibt es keine Anwendungen mehr (application transparency), sondern nur noch Objekte, mit denen er symbolisch umgeht, und zwar entsprechend Regeln, die ihm als Fachmann bekannt sind, bzw. ihm als mögliche Manipulationen angeboten werden. Was man mit den Objekten anstellen kann, ist entweder als Sammlung von Prozeduren abgelegt oder beruht auf Nachrichtenaustausch zwischen verschiedenen Exemplaren. So kann ein Vertrag z.B. gedruckt oder geändert werden. Drucken beruht auf einer Kommunikation mit dem Objekt »Drucker«. Diese wird auf dem Bildschirm durch Verschieben mit der Maus von »Vertrag A« auf »Drucker X« symbolisiert. Ändern ist hingegen eine Aktion, sie geht nicht über das Objekt hinaus. Wohlgemerkt: Auf der Ebene der Oberfläche! Die sich in der Oberflächengestaltung eines Arbeitsunterstützungssystems ergebenden Objekte fallen keineswegs mit denen der anderen Ebenen (Analyse, Design) zusammen. Betrachten wir einen Augenblick eine mögliche Implementierung: Hier wäre »Vertrag« eine Klasse und der zu ändernde Vertrag xy eine Instanz. »Ändern« wäre eine Methode, die dem Objekt, das die Vertragsdaten enthält, angehört. Da Objektexemplare nur temporär im Hauptspeicher existieren, ist eine Transaktion unterstellt, die den Inhalt der Veränderung auf eine Datenbank sichert. Bevor eine Änderung wirklich durchgeführt wird, finden allerdings vielfältige Prüfungen statt, um ihre Korrektheit zu garantieren. Dies bedeutet Nachrichtenaustausch zwischen verschiedenen Objekten. So erscheint, was auf der Oberfläche eine Aktion ist, auf der Ebene des Designs als Kommunikation.

Eine Grundidee der »oo«-Oberfläche besteht in der Freisetzung des Benutzers von durch Menühierarchien fixierten Arbeitsabläufen. Er soll seinen Umgang mit den Objekten flexibel bestimmen können. Hierin offenbart sich die Herkunft des Konzepts aus der Region des personal computing und der selbständigen und vielfältigen Schreibtischarbeit. Das beinhaltet, daß es bei einer Einführung nur um Arbeitsplätze gehen kann, auf denen die mögliche Flexibilität und Autonomie auch gewünscht ist. Es versteht sich von selbst, daß Eingaben, die einem starren Muster folgen sollen, nicht durch »oo« verbessert werden können. Im Gegenteil: man würde Fehlermöglichkeiten schaffen.

Diese Tatsache rechtfertigt allerdings keine prinzipielle Skepsis gegenüber der Praxisrelevanz des Konzepts. Arbeitsprozesse, die keine Kreativität und damit Flexibilität erfordern, sind prinzipiell automatisierbar. So werden z.B.

mit den Fortschritten der Imageverarbeitung Data-Entry-Plätze stark reduziert werden können, und die Sachbearbeitung umgekehrt wird anspruchsvoller werden können. Das wird auch tatsächlich geschehen, denn hier liegt ein echtes Rationalisierungspotential. Es handelt sich um mechanische, geistig anspruchslose Tätigkeiten, deren rein elektronische Abwicklung qualitätserhöhend und – bei entsprechender Entwicklung der Hardwarepreise – auch kostensenkend wirken würde.

In dem skizzierten Arbeitsplatzmodell einer »oo«-Oberfläche ist ein Ideal fixiert. Die Vielzahl der Anforderungen von Benutzern wird nicht vollständig und endgültig von den Entwicklern erfüllt werden, wie es stillschweigend vorausgesetzt wurde. Aber man kann eine »oo«-Oberfläche in Grundausstattung kaufen. Nun können zusätzliche Objekte integriert werden, die die bereits gegebenen benutzen. Für die Implementierung dieser Integration werden APIs von den Anbietern zur Verfügung gestellt. Es ist natürlich auch denkbar, Objekte als Standardsoftware ergänzend zu kaufen. Hier spielt allerdings die Problematik der Kompatibilität unmittelbar hinein. Die formale Integration bestehender Altanwendungen jedenfalls – mit Click auf ein schickes Icon direkt zu einer antiken Menühierarchie – kann nur ein Durchgangsstadium sein.

In großen Unternehmen ist es sicher so, daß für spezielle Prozesse konstruierte Objekte neu geschrieben werden müssen. Voraussetzung hierfür ist »oo«-Analyse. Diese hat es naturgemäß mit sehr viel mehr Objekten zu tun als den auf dem Bildschirm repräsentierten. Die dem Zugriff des Benutzers entzogenen vollständig automatisierten Vorgänge müssen ja auch erfaßt werden.

OO-A (Analyse)

Wie in jeder die Softwareproduktion vorbereitenden Analyse, geht es um die Fixierung dessen, was geleistet werden soll. Es muß also zunächst der Problembereich fixiert werden, also z.B. ein Flugsystem (Coad/Yourdon verwenden dieses Beispiel in der Darstellung ihres OOA-Dialekts 1990) oder auch eine Fertigungssteuerung. Dann sind die Objekte zu identifizieren. Das ist nicht trivial, da diese erst durch das Vorhaben, also den Problembereich konstituiert werden. Der PC ist, wie erwähnt, in seiner Fertigungssteuerung ein Objekt, und zwar ein anderes, als innerhalb seines Vertriebs. Der Inhalt eines Objekts entscheidet sich an seinen Attributen, d.h. der Art der Daten, durch die es in dem spezifischen (Geschäfts-)Prozeß definiert ist. Es müssen also diese Attribute aufgrund des Problembereiches isoliert werden. Das ist alles andere als eine vollständige Beschreibung eines Dings oder Sachverhalts. Überhaupt sind Objekte nicht unbedingt äußere Gegenstände. Das Objekt »Patient« in einem Krankenhaussystem ist z.B. eine Rolle, in die eine Person mehr oder weniger freiwillig schlüpft, der »Vertrag« in einem System für Versicherungen ist ein Rechtsverhältnis, der »Tarif« im selben System ist eine verbindliche Festlegung usw.

Objekte können prinzipiell in drei Arten von Beziehungen untereinander stehen.

Abstraktion/Konkretion

So ist unser PC eine Konkretion der Abstraktion »Rechner«. Ob es Sinn macht, die Abstraktion eines Objekts als Oberklasse zu definieren oder nicht, hängt rein vom Problembereich ab! Geht es um ein Produktionssystem und werden verschiedene Rechner hergestellt, dann ist diese Oberklasse vom Analysestandpunkt aus nützlich, geht es um einen reinen PC-Vertrieb, dann nicht.

Beim Programmieren hingegen bilde ich unter Umständen Oberklassen, die in einer vernünftigen Analyse keinen Platz haben, lediglich um den Mechanismus der Vererbung auszunutzen. Auch in der Designphase ist das möglich. Ein Beispiel wäre der »Partner« in einem Versicherungssystem. Diese Klasse umfaßt alle juristischen und natürlichen Personen, mit denen ein Versicherungsunternehmen Beziehungen unterhält. Sie bildet eine für Vererbungszwecke brauchbare Abstraktion, ist aber unter dem Analyseblickwinkel i.a. zu dünn.

Teil/Ganzes

Ein Prozessor wäre Teil unseres PC, eines Ganzen. Diese für die Analyse vernünftige Strukturbeziehung wird meines Wissens zur Zeit aber kaum in der Implementierung durch »oo«-Sprachen unterstützt. Trotzdem ist sie in der Analysephase wichtig und spielt unter dem Stichwort Reusability auch im Design eine bedeutende Rolle. Schließlich können dieselben Teile in verschiedenen Ganzen vorkommen. Man denke an einen Stack oder eine Queue.

Kommunikation

Hier ist die Hauptarbeit zu leisten! Die Darstellung des Geschäfts- oder Produktionsprozesses als Austausch von Nachrichten zwischen Objekten ist das Kernstück von OOA. Vereinfacht kann z.B. eine Buchung als Verkehr dreier Objekte dargestellt werden. Das Objekt »Buchung« (B) sendet an »Konto« (A) die Nachricht »100 an C« etwa in der Form (A, Subtrahiere, 100, C). »Konto« (C) erhält von B (C, Addiere, 100, A). Nun müssen A und C noch ihre Aktionen bestätigen. Dann ist die Buchung fertig. Die Summe der an ein Objekt adressierbaren Nachrichten definiert den Leistungsumfang seiner Methoden und den notwendigen Satz von Daten, den es enthält. So muß die Klasse »Konto« im Beispiel Informationen enthalten zum

- Buchungsdatum
- Kontostand
- Herkunft und Ziel einer Buchung.

In diesem Sinne kann man (mit Coad/Yourdan) sagen, daß die Identifikation der »Messages« die Definition von Services erlaube, die die Objekte bieten sollen. Die Modellierung des Kommunikationszusammenhangs stellt auch eine Validierung des bereits gefundenen Ensembles von Attributen dar. Falls das Objekt »Konto« vom Objekt »Haftpflichtvertrag« gefragt werden kann, ob der Beitrag bereits bezahlt ist, dann müssen entsprechende Attribute und zu dem Service korrespondierende Prozeduren vorhanden sein. Resultat der Analyse ist ein extrem modulares und flexibel erweiterbares Modell von nach Abstraktion und Teil-Ganzes-Beziehung klassifizierten Objekten, die durch Attribute (Daten) und Dienste (Methoden) definiert sind, und deren Beziehungen durch Austausch von Nachrichten gestaltet werden.

Teil E

OO-D (Design)

Manchmal wird die Frage gestellt, ob denn bei Objektorientierung die Differenzen zwischen Analyse, Design und Programmierung nicht verschwänden. Eigentlich scheint doch alles schon fertig: Ein Objekt wird ein Objekt-Modul, d.h. ein Exemplar (Instance) einer Klasse, die von einer Oberklasse (Abstraktion) einige Attribute (Variables) geerbt hat (Inheritance), welche mit Prozeduren (Methoden) zusammengeschlossen sind (Encapsulation).

Falls man das Design erstens auf einer tabula rasa und zweitens ohne weitere Bedingungen (Sicherheit, Recovery, Geschwindigkeit) mittels SMALLTALK oder EIFFEL realisiert, ist das (fast) richtig. Man muß allerdings bedenken, daß man es auf der Ebene der Programmierung zunächst mit sehr abstrakten Objekten zu tun hat (z.B. Integer, Punkt, Rechteck etc.).

Falls man allerdings in einem existierenden Getriebe unter einer Vielzahl von Rahmenbedingungen durch die Einführung des Konzepts der Objektorientierung die Produktivität steigern will, dann existiert ein tiefer Bruch zwischen OOA und OOD. Ging man in der Analyse vom sachlichen Problembereich aus, dem »Was«, so geht es in der Designphase um die DV-technische Umsetzung, das »Wie«. Betrachten wir einen Augenblick das Objekt »Drucker«. Unter Analysegesichtspunkten ist hier z.B. wichtig

- die Qualitätsauswahl
- der Ausgabeort (bei Systemen mit mehreren Druckern, Poststraße etc.)
- Geschwindigkeit.

Unter dem Gesichtspunkt des Designs betrachtet man von vornherein ein System von Objekten und interne Probleme wie

- Queuemanagement
- Routing
- Integration (Advanced Function Printing, Postscript)
- Verteilung der für die Dokumenterstellung notwendigen Daten.

Diese prinzipielle Differenz zwischen Analyse und Design wird hinsichtlich der Entwicklung von Anwendungen für Großsysteme noch durch eine große Zahl von keineswegs objektorientierten Standardservices vergrößert, die berücksichtigt werden müssen. Nehmen wir eine kommerzielle Applikation aus der MVS-Welt, so haben wir es im Minimum zu tun mit

- einem Sicherheitssystem (z.B. RACF)
- einem Transaktionsmonitor (z.B. CICS)
- Kommunikationssoftware (z.B. VTAM)
- einem Datenbanksystem (z.B. IMS).

Stellt man diese Situation in Rechnung, so ist klar, daß es keine einfache und allgemeingültige Antwort auf die Frage »Was ist OOD?« geben kann. Ich skizziere im folgenden in aller Kürze an einem Beispiel einen Vorschlag, wie man im Rahmen kommerzieller Informationsverarbeitung OOD betreiben könnte, um die Wartbarkeit und Sicherheit der Systeme zu erhöhen und die Wiederverwendbarkeit von Design und Code zu erhöhen.

Ich gehe von drei Voraussetzungen aus:

- Erstens sei eine »oo«-Analyse erstellt. Dieser steht ja prinzipiell nichts im Weg – außer der Gewohnheit der Anwendungsentwickler.
- Zweitens unterstelle ich eine relationale Datenbank. Das ist nicht notwendig, eine klare Schnittstelle reicht aus, aber es dient der Vereinfachung und scheint mir sinnvoll, da die RDBMS sich weiter durchsetzen werden.
- Drittens setze ich einen PC als Frontend voraus, so daß Verbundverarbeitung betrieben werden kann. Dies ist zum einen realistisch, und zum anderen vereinfacht es das Problem, da für PCs echte »oo«-Entwicklungsumgebungen existieren.

Betrachten wir als Beispiel einen Teil einer Versicherungsanwendung. Er soll in folgender Situation dem Mitarbeiter der Versicherung Service bieten: Herr Zip möchte eine Lebensversicherung abschließen.

Unser Mann von der Versicherung interessiert sich zunächst für Herrn Zips Versicherungsbestand. Er ruft das Bildschirm-Objekt »Versicherungsnehmer« (VN) auf und verlangt das Objekt »Zip«. Nun muß das Exemplar »VN(Zip)« gebildet werden. Im Set seiner Methoden muß »Anzeigen (zugehörige Versicherungen)« enthalten sein. Das sagt uns die Analyse. Vom Designstandpunkt stellt sich die Lage so dar: Dem Modul (Klasse VN) wurde die Nachricht zur Exemplarbildung – also etwa (VN, Instantiate, Zip) – vom Dialogfensterobjekt gesendet. Dieses hatte zunächst seine Methode »Prüfen« angewendet, um Formfehler zu entdecken (Zahlen im Namen o.ä.).

VN(Zip) nun erhält eine Nachricht, um es zu veranlassen, die Liste der übrigen Versicherungen von Herrn Zip anzuzeigen, etwa (VN(Zip), Anzeigen, Verträge). VN(Zip) kennt aber zunächst gar nicht alle diese Verträge. Diese werden nämlich sicher nicht auf dem PC gespeichert, sondern auf einem Server bzw. zentral. Nehmen wir Letzteres an, dies ist der Normalfall.

VN(Zip) muß sich die Werte, die zu seiner Datenbasis gehören und für die Variablen definiert sein müssen, durch eine Kommunikation mit Host-Objekten erst besorgen. Man kann sich den Vorgang wie eine schrittweise Instantiierung vorstellen, die dadurch bedingt ist, daß es nicht sinnvoll ist, alle Daten lokal zu speichern, die unter Umständen gebraucht werden. Der Sinn des Designs der Klasse VN besteht darin, für alle Probleme, die den Versicherungsnehmer betreffen, mit den Exemplaren wie VN(Zip) ein fixes Protokoll zur Verfügung zu stellen. Vom Standpunkt einer eventuellen Weiterverarbeitung solcher Informationen durch andere Objekte auf dem PC sind sämtliche Implementationsschritte, die nun diskutiert werden, unsichtbar (Information Hiding).

Um zu seinen Werten zu kommen, könnte VN(Zip) eine Nachricht an eine Partnerklasse HVN auf dem Host senden. Dieses Programm müßte alle Daten verarbeiten können, die im Zusammenhang mit dem Versicherungsnehmer wichtig sind. D.h. es enthielte als Methoden alle Transaktionen, die die entsprechenden Datenbankzugriffe steuern, also auch die zum Listen der Verträge von Zip. Als Implementierung handelte es sich um ein Unterprogramm des Transaktionsmonitors, das abhängig vom beim Aufruf übergebenen Parametern entsprechende Transaktionen startet, deren Ergebnisse übernimmt und weiterreicht – z.B. an VN(Zip).

Betrachten wir nun den Fall, daß Herrn Zips Antrag eingegeben werden soll. Es wird das Bildschirm-Objekt »Vertrag« aufgerufen. Zu seinen Methoden gehört »Neuanlage«. Es wird also auf dem PC ein Objekt Ver(Zip) kreiert, das in der Lage ist, die notwendigen Daten aufzunehmen. Die Variablen würden durch entsprechende Nachrichten vom Dialogfensterobjekt gefüllt. Zur wirklichen Neuanlage gehört aber eine komplizierte Prüfung, natürlich ein Update der juristischen Bestände und vieles mehr (z.B. Drucken und Versenden des Vertrages). Prüfung und Update müssen unter unseren Voraussetzungen auf dem Host stattfinden. Es würde sich empfehlen, von Ver(zip) eine Nachricht an ein Hostobjekt »Prüfung« zu senden, und zwar mit den Größen (Vertrag(Leben), Neuanlage, Zip). Die Oberklasse »Prüfung«, die virtuell für solche Prüfungen notwendige Daten und verschiedene generelle Prüfmethoden (z.B. für Änderungen, Kündigungen etc.) enthält, ruft nun eine Subklasse »Prüfung für Lebensversicherung« (PLV) auf, welcher die Methode für Neuanlagen zur Verfügung steht. Das Objekt PLV(Zip) ist nun ein Exemplar dieser Klasse, welches die Methode für Neuanlage geerbt hat. Vom Standpunkt der Implementation handelt es sich bei »Prüfung« um ein Steuerprogramm, das abhängig von den übergebenen Parametern ein weiteres Steuerprogramm, für den konkreten Fall – in unserem Fall PLV – aufruft, das selbst dann die notwendigen Transaktionen zur Datenbeschaffung und Berechnung aufruft, bzw. andere Steuerprogramme benachrichtigt, falls Daten, die zu anderen Objekten (z.B. VN, Inkasso etc.) gehören, gebraucht werden. Man erreicht so eine starke Isolierung der Implementation der verschiedenen Objekte und ein stabiles Protokoll gegenüber den Objekten, die die Resultate weiterverarbeiten.

In unserem Beispiel könnte PLV(Zip) mit der Nachricht an Ver(Zip) reagieren, daß Neuanlage unmöglich ist, da Herr Zip schon die bestehenden Versicherungen nicht bezahlt, etwa (Ver(Zip), Zurückweisen, zahlt nix). Hier wäre »Zurückweisen« eine Methode, die den Parameter »zahlt nix« in höflicher Weise verarbeiten kann. Falls umgekehrt alles in Ordnung wäre, könnte PLV(Zip) an das Host-Vertrags-Objekt HVer eine Nachricht senden, die die Neuanlage auslöst, etwa (HVer, Anlegen, Zip, LV, Versicherungssumme..). Hier würde nun die Methode »Anlegen« die nötige SQL-Befehlsfolge absetzen, um die Datenbank mit den juristischen Beständen zu aktualisieren. Außerdem müßten noch verschiedene Nachrichten an andere Objekte versendet werden wie die Bestätigung an Ver(Zip), ein Zusatzeintrag bei HVN usw.

Gehen wir noch einmal die »oo«-Essentials durch:

Encapsulation, Abstraction und Information Hiding
Diese waren – hoffentlich erkennbar – die Designprinzipien.

Inheritence
Man erinnere sich an »Prüfung«. In einem System, in dem mehrere Versicherungsarten verwaltet werden, also etwa Kfz-, Unfall und Lebensversicherung sind manche Teile der Prüfungen gleich (wie z.B. die Kontenbetrachtung). Diese Teile werden vererbt, indem die entsprechenden Transaktionen in die einzelnen Spartenprüfungsmethoden übernommen werden. Was die Daten betrifft, so handelt es sich z.B. bei HVer um eine Supraklasse, die alle Attribute enthält, die den verschiedenen Versicherungsvertragsarten gemeinsam sind. Hier liegt eine Schnittstelle zum Datenbankdesign, und es wird klar, wie hilfreich ein korrektes Entity-Relationship-Design mit Sub- und Supra-Entitäten sein kann.

Polymorphismus
Man kann durchaus die Nachrichten z.B. zum Anlisten der Versicherungsfälle des letzten Quartals identisch gestalten, auch wenn es um unterschiedliche Sparten geht. Je nachdem ob das Objekt Schaden(Kfz) oder Schaden(Hausrat) sie erhält, werden eben ganz unterschiedliche Transaktionen gestartet.

Zusammenfassend kann gesagt werden, daß solch ein Design sicher die Schnittstellen verbessern und die Isolierung der Module erhöhen würde. Somit ist das System besser wart- und erweiterbar. Man könnte die Sicherheit verbessern, indem nur den fixierten Methoden Update-Zugriff auf die Datenbank gegeben würde. Außerdem würde die Wiederverwendbarkeit auf Transaktionsniveau erhöht – darunter freilich nicht. Hier greift erst »Inheritence« im Sinne von OO-P.

Was tun?

Vom Standpunkt eines »MVS-Shops« scheint es mir außerordentlich wichtig, zu einem Entschluß über die Bedeutung zu kommen, die man der Objektorientierung geben will. Heutzutage werden in den Abteilungen für Anwendungsentwicklung die Weichen für eine ganze Dekade gestellt. Diese Festlegung wird durch Investitionen in CASE-Werkzeuge noch zementiert. Diese sind nämlich keineswegs so methodenneutral, wie sie auf Marketingniveau oft dargestellt werden.

Es handelt sich bei Objektorientierung nicht um eine bloße Mode, die ohnehin bald uninteressant ist. Genauso wenig ist »oo« allerdings der Deckel, der auf alle Töpfe paßt, wie die »Philosophen« glauben machen wollen.

Meines Erachtens ist es hier und jetzt sinnvoll, die IS-Services für Geschäftsprozesse dingfest zu machen, die durch eine flexiblere und komfortablere Oberfläche am meisten gewinnen würden. Diese Arbeitsplätze sollten mit einer grafischen »oo«-Benutzeroberfläche als erste ausgestattet werden. Natürlich ist es ein langer Weg, bis alle Objekte realisiert sind. Aber er wird vom Abwarten nicht kürzer. Bei der Neuerstellung der Applikationen sollte OOA angewendet werden. Literatur gibt es genug. Also ist es eine Frage der Ausbildung. Einen möglichen Weg für OOD habe ich angedeutet. In bezug auf die Implementierung scheint mir OOP für den auf dem PC laufenden Frontendteil der Anwendung richtig. Die Hosttransaktionen sollten nach OOD-Prinzipien in einer gewöhnlichen Programmiersprache produziert werden.

Ich bin mir bewußt, daß hier mit sehr starken Vereinfachungen argumentiert wurde, aber die Planung der Einbeziehung solcher moderner Trends wie Objektorientierung in eine bestehende DV-Landschaft kann nur Resultat einer konkreten Analyse der spezifischen Situation sein. Wer auf einer tabula rasa beginnen kann, hat es da leichter.

Literaturverzeichnis

B. MEYER,
Objektorientierte Software-entwicklung;
München 1990

A. WIMBLAD u.a.,
Object-Oriented Software;
Reading 1990

W. KIM (Hg.),
Object-Oriented Concepts, Databases and Applications;
Reading 1991

R. CATTELL,
Object Data Management;
Reading 1991

R. GUYTA,
E. HOROWITZ (Hg.),
Object-Oriented Databases with Applications
Englewood Cliffs 1991

G. BOOCH,
What is and isn't object oriented design;
in: American Programmes 1989

P.COAD, E. YOURDON,
Object-Oriented Analysis;
Englewood Cliffs 1990

Stichwortverzeichnis